· 广东省教育科研"十三五"规划重点课题"在普通幼儿园实践融合教育的支持策略研究"研究成果
· 2019年顺德区社会建设"众创共善"计划项目"普通幼儿园实践融合教育支持计划"研究成果

# 幼儿园融合共生教育模式理论与实务

主　编　陆月崧

副主编　梁乐敏　刘　学　梁平谦　乔文君　徐江婷

编　委　陈珑梅　成宁丹　代　礼　代远强　杜咏怡
　　　　方克进　关绮娴　华　嘉　黄晖如　黄静婵
　　　　黄文锋　黄晓媚　李　萍　李禧祺　李晓阳
　　　　梁乐敏　梁平谦　刘　学　陆月崧　罗　全
　　　　马　捷　乔文君　徐江婷　姚恒旋　姚淑芳
　　　　叶改娟　赵靖文　邹　妩

WUHAN UNIVERSITY PRESS

武汉大学出版社

图书在版编目(CIP)数据

幼儿园融合共生教育模式理论与实务/陆月崧主编.—武汉：武汉大学出版社,2020.12(2024.5 重印)
ISBN 978-7-307-22001-0

Ⅰ.幼… Ⅱ.陆… Ⅲ.幼儿教育—幼儿师范学校—教材 Ⅳ.G61

中国版本图书馆 CIP 数据核字(2020)第 239547 号

责任编辑:郭　静　　　责任校对:李孟潇　　　版式设计:马　佳

出版发行：**武汉大学出版社**　　(430072　武昌　珞珈山)
　　　　　(电子邮箱:cbs22@whu.edu.cn　网址:www.wdp.com.cn)
印刷:湖北云景数字印刷有限公司
开本:720×1000　1/16　　印张:17.5　　字数:247 千字　　插页:4
版次:2020 年 12 月第 1 版　　2024 年 5 月第 3 次印刷
ISBN 978-7-307-22001-0　　　定价:51.00 元

"我"是光荣的小小兵

阳阳与外教（蜘蛛面具）

师生共融

我们一起看

感统训练

精细动作训练

邀请华南师范大学李闻戈教授
开展融合教育教师专业培训

邀请岭南师范学院石梦良教授
开展融合教育教师专业培训

2017广东幼教年会融合教育
分论坛

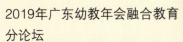

2019年广东幼教年会融合教育
分论坛

融合教育研讨交流　　　　　　教育局领导莅园指导

特教工作部成立

看望已上中学的小博

走进小学看望毕业的小文

走进小学开班会

教孩子如何帮助自闭症
儿童

自闭症关爱日宣传活动

第八届省教育教学成果一等奖
——快乐成长课程

省幼儿园特色建设方案一等奖证书

省教学成果二等奖证书

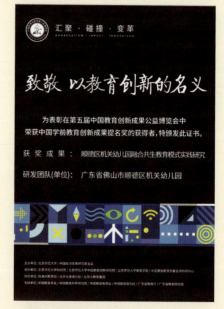

中国学前教育创新成果提名奖证书

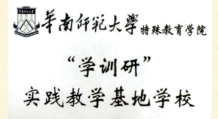

华南师大学训研基地牌匾

南京特教师院科研基地牌匾

# 序 一

我和顺德机关幼儿园陆月崧园长认识十几年了。当初，我还在广东外语艺术职业学院学前系从事幼儿教师的培养和培训工作，陆园长得知我是特教专业的，兴奋地对我说："我们幼儿园帮助过几十个这样的孩子，很需要得到专业的指导和帮助"。这让我感到吃惊也很敬佩。因为据我所知，当时绝大多数幼儿园园长和老师拒绝接纳这些"只会捣乱添麻烦"的孩子。普通生的家长也认为这些特殊需要的孩子只能去特殊学校，否则会影响，甚至会伤害到自己的孩子。加上幼儿园普遍缺乏专业准备和资源支持，因此大家都怀着偏见，拒绝特殊需要的孩子入园就成了第一理由。有位园长还曾直接对我说："我们幼儿园不要这样的孩子。"所以，能主动接纳还用心去了解学习专业干预方法的园长是少之又少。陆园长当初顶着多大的压力，不言而喻。顺德机关幼儿园和其几个分园像对待普通幼儿一样用爱去接纳帮助他（她）们成长！大家渐渐发现，这些特殊需要的幼儿其实是可以改变的。一次，陆园长指着一个在操场上做早操的小朋友给我看，说："大家天天做早操，他最初只知道在队伍里乱跑，看多了也能合着音乐比划几下。现在竟然能站在队前给大家领操了。让他（她）们跟着大家一起参加活动，上课。只要给他（她）提供适当的指导和帮助，这些孩子是会进步的。"师生和家长因此也有了更大的信心。就这样一坚持就是二十年，并帮助了108名特殊需要的幼儿健康成长。这些孩子绝大部分能顺利升入小学、中学，早年的已大学毕业参加工作了。我想在这些孩子和家长的心目中，陆园长和顺德机关幼儿园的老师们功德无量！是在做帮助特殊需要的孩子和家庭的积德行善的大好事。

1

后来我调到华南师范大学特殊教育系工作，专门从事特殊教育师资的培养与培训。系里只要有特教领域融合教育方面的专业培训、讲座，或参观学习的机会，信息只要递过去，陆园长总会亲自挂帅带领园里的老师们一起来参加。通过培训大家逐渐了解国内外在早期干预方面的一些理念和先进的做法。在实践中她们面对每个孩子也在不断地探索和钻研矫治的办法，顺德机关幼儿园的老师们在特教领域的专业技能和经验也在不断提升。从最初的仅凭爱心和经验到逐渐走上专业的轨道，能通过发现筛查—鉴定评估—制订个别化成长方案—搭建支持体系，建立融合共生模式，每一步都凝聚了陆园长和顺德机关幼儿园老师们的心血。目前在特殊教育领域，国家开始力推融合幼儿园和早期干预，当其他幼儿园还在做理念的宣导，还在思考有没有条件和资源接纳特殊需要的幼儿时，顺德机关幼儿园早已达成共识，积极探索专业成长之路，逐步形成了融合共生教育模式，并可以起到示范引领的作用，与其他幼儿园分享经验和做法。当初的顺德机关幼儿园也逐渐壮大成幼儿教育集团，每次到机关幼儿园视导总忘不了四所园一起开会讨论学习的情景。他们团结齐心，和睦相处，相互促进，共克难关。我常想，有这样的一个集体和氛围，没有什么理想不能实现。

特殊需要儿童的早期发现和早期干预目前是世界范围内研究的热点和重点。美国实施的开端计划（Head Start）是联邦政府在近四十年来，投入大量资金和资源为推进全社会对处境不利儿童及其家庭和社会环境的关注和支持的一个项目。今年年底随着我国"精准扶贫"工作的收官，相信国家会越来越重视特殊需要儿童早期干预的工作。虽然我相信融合教育是幼儿权力的概念会逐渐被普遍接受，但我认为搭建支持体系，为不同幼儿提供有意义及有效的课程和教育方案，仍有很长的路要走。融合教育的复杂性和困难也并不是在短期内就能全部解决的。促进融合教育的发展，我们一直在路上。也因此更加相信顺德机关幼儿园的老师们在这条路上越走越信心百倍！

李闻戈

华南师范大学特殊教育学院

于 2020 年 5 月 2 日

李闻戈：

华南师范大学特殊教育系教授。硕士生导师，曾任系主任、特殊教育硕士点牵头人。2004年获得华东师范大学特殊教育专业博士。2017年荣获教育部、中残联"交通银行特教园丁奖"，曾主持、参与省级、市级课题研究二十余项。发表学术论文40多篇，翻译、参编教材6部，出版专著《情绪与行为障碍儿童的发展与教育》等。

# 序 二

很多年前就听说顺德机关幼儿园陆月崧园长带领团队在"幼儿园融合教育"方面做了大量工作，看完她和老师们写的这本《融合共生教育模式的理论与实务》，心生敬佩！在长达 20 年的融合教育的路上，顺德机关幼儿园帮助了 100 多名特殊需要幼儿顺利读完幼儿园，最终顺利升入小学、中学，甚至大学，这在我国整体融合教育环境并不乐观的情况下，可以想象他们所面对的困难和挑战。

这本书从理论到实践总结了他们在校园融合环境建设、特殊幼儿的评估与 IEP 设计、幼小衔接以及办园理念等方面的思考与实践。他们秉承"无论残疾还是健康，无论男孩还是女孩，无论家境一般或殷实，每一个孩子都应该享受自己唯一的童年，享受公平、优质的学前教育"。这一办园理念，获得了每一位进入幼儿园的家长的理解及认同。在每年招生时，开展"假设您孩子所在班级有一名特殊需要幼儿，您是否愿意接受?"的调查，对乐意接受的家庭，则优先录取其子女。这样的举措即使在今天，也是需要魄力和底气的。

作为一个民办幼儿园，能够利用自己有限的保教费去帮助特殊需要幼儿及家庭，实在难能可贵。将幼儿的差异转换成教育资源，不仅帮助特殊需要幼儿顺利融入，同时也实现了特殊需要幼儿及家庭与普通幼儿及家庭的相互融合、幼儿园与社会相互融合的目标。

作为一名儿科医生和特教工作者，我一直认为，学龄前期的教育对于一个人的一生有着重要的影响。对于有特殊需要的儿童来说，学龄前期的早期介入与融合支持更是可能改变其生命轨迹的关键所在。希望有更多的幼儿园开展融合教育，尊重儿童的差异、发展儿童的优势、提高儿童的能力、减少融合阻碍，帮助每个孩子成为最优秀的自己，创建和谐包容的教育环境。

于 2020 年 7 月 7 日

樊越波：

中国精协孤独症机构工作委员会副主任

华南师范大学自闭症研究中心主任

广东省孤独症康复教育协会会长

中国第一所自闭症学校——广州市康纳学校创始人、校长

# 目　　录

# 第一章　幼儿园融合共生教育模式概述

## 第一节　幼儿园融合共生教育模式的基本内涵

### 一、融合教育

融合教育(Inclusion Education，也翻译成全纳教育)，旨在使特殊需要儿童在最接近正常化的教育环境中接受教育。Stainback(1984)指出融合教育应该是所有学生(包括重度障碍者)在普通学校环境中接受教育，享有平等受教育机会，并且能获得适当的支持服务。① 所谓支持，在汉语词典中有"支援""赞同，勉励"的意思，教育支持既包括教师和家长等外部支持，也包括来源于学生相互间的支持。支持就是利用资源和策略来提升一个人的生活质量，我国研究者对于随班就读学校支持系统的研究认为学校基本的支持系统有教师支持、同伴支持、学校领导的支持、社会资源支持等。

1994 年《萨拉曼卡宣言》对融合教育的内涵进行阐释："每一个儿童都有独一无二的个人特点、兴趣、能力和学习需要"，"数据显示，融合教育方针的普通学校，是反对歧视、创造欢迎残疾人的社区、建立融合型社会和实现人人受教育的最有效途径"，"提供了一个对广大孩子有效的教育，并且提高了教育的效率，最终实现了整个教育系统的资金使用的效率。"可

---

① 朴永馨主编. 特殊教育词典(第二版)[M]. 北京：华夏出版社，2006：333.

见《萨拉曼卡宣言》中的融合教育内涵包括三个方面：融合教育相信每个儿童都独特、与众不同，要针对所有儿童个体差异实施教育；融合教育是反对歧视，重视实践与社会融合的有效工具；融合教育是高效率的学校组织方式，可以提高教育资金的使用效率。①

融合教育的支持者认为所有儿童都能在普通教室里接受适合他们需要的教育，在自己所在的社区里接受优质的支持与服务，应彻底消除特殊需要儿童与正常儿童之间的差别以及特殊教育与普通教育之间的不同，要建立平等、接纳、合作的社区与学校。②

## 二、特殊教育与融合教育是两种不同的特殊幼儿安置形式

正如我们参加某个项目评审时专家问我们：你们融合教育在做什么事情，已经有特殊学校在开展特殊教育了，你们幼儿园为什么还要开展融合教育？纵观历史：古今中外，特殊教育与融合教育的核心之争在于特殊需要儿童应该被安置在隔离的环境中还是被安置在普通教室中？研究热点主要集中在学业成绩、教学内容与策略、社会适应三个方面。

特殊教育的支持者认为特殊教育计划比普通课堂更有利于促进特殊需要儿童在学业上的进步，融合教育并没有满足特殊需要儿童的学习需求。有学者研究表明，一半的残疾学生没能够在普通教室的环境中表现出学习成绩的提高。如 Baker 和 Zigmond 认为融合教育将学生们安置在正规学校并没有改变学校的教学实践和文化，对于有特殊教育需要的孩子来说，当他们被纳入主流学校，学校却没有实施全面的系统的制度、课程与教学的变革，那么这些孩子就可能辍学。③ Fuchs 坚定地主张保留特殊教育，她认

---

① 景时. 中国式融合教育：随班就读的文化阐释与批判[D]. 华中师范大学硕士学位论文，2013，5：18.

② 邓猛. 从隔离到全纳：对美国特殊教育发展模式变革的思考[J]. 教育研究与实验，1999(4)：41-45.

③ Renato Opertti, Jayne Brady, Leana Duncombe. Moving Forward：Inclusive Education as the Core of Education for All[J]. *PROSPECTS：Quartely Review of Comparative Education*，2009，39：205-214.

为特殊教育在许多方面都是独特的，普通教育从来不可能产生。"特殊教育"的特殊在于：重视个别化教学、以研究为基础、注重实证研究，这些在大部分普通教育班级很少被考虑，因为以研究为基础的个别化教学在面向全班的普通教育中是无法实现的。盲目地实施融合教育只会使更多学生付出沉重的代价。①

融合教育的支持者们则认为，普通学校的学习环境更有利于特殊需要儿童在交往合作过程中增进友谊、发展社会技能以及提高学业成就。特殊需要儿童与正常儿童的交往、同伴辅导、合作学习可以提高特殊需要儿童的社会接纳与学业发展。② 残疾学生和普通学生通过形成学习小组能够分享学习过程、建立友谊关系、获得成功体验。③ 另外融合教育对正常学生也有很多好处：减少对人类差异的恐惧、社会认知的增长、自我概念的进步、自我原则的发展等。④

在特殊教育发展的历史中，一直实行普通教育与特殊教育的二元教育体制，普通教育与特殊教育相互隔离，这种相互隔离的模式在20世纪受到挑战。客观地说，在特殊学校，学生只在同质群体里组成关系网络，在一个封闭的环境中进行社会化训练，养成的只能是一种残缺、封闭、狭隘的文化，缺少对外面世界的了解，增加了融入外界社会的困难。我们选择特殊教育机构还是选择融合幼儿园作为特殊需要幼儿的安置形式，主要依据是哪一种安置形式对特殊需要幼儿的发展进步帮助更大，对满足他的特殊需要更有利。一般来说，重度和多重残疾的幼儿适合去特殊教育机构，大

---

① Kauffian, J. M. How We Might Achieve the Radical Reform of Special Education[J]. *Exceptional Children*, 1993, 60: 6-16.

② Sale. P. & Carrey D. M. The Sociometric Status of Students with Disabilities in A Full-inclusion School[J]. *Exceptional Children*, 1995, 62(1): 6-19.

③ Jekins J. R. & O'connor, R. E. Cooperative Learning for Students with Learning Disabilities: Evidence form Experiments, Obserevations, and Interviews [A]. in S. Ggaham. K. Harris & L. Swanson(eds). Handbood of Learning Disabilitives[M]. New York: Guilford, 2003.

④ Staub. D. Peck. C. A. What are the Outcomes for Nondisabled Students [J]. *Educational Leadership*, 1994, 52(4): 36-40.

量轻度甚至中度残疾的儿童(大约占 70%)适合去普通幼儿园进行融合教育。依据顺德区机关幼儿园长达 19 年的融合教育实践经验,先后接纳了 108 名特殊需要幼儿入园融合,目前 36 名孩子在园融合,已毕业 72 名特殊需要幼儿。除 4 名"特儿"毕业后被安置到了特殊学校,其余 68 名孩子都顺利入读小学、中学,且最早发现并接受融合教育的学生现已大学毕业并参加了社会工作,融合教育的成功率高达 94.4%。

### 三、幼儿园融合共生教育模式的基本内涵

#### (一)幼儿园融合教育的必要性

1. 融合教育符合社会主义精神文明建设的需要

2014 年,教育部、民政部、中国残联等 7 个部委联合制定并发布了《特殊教育提升计划(2014—2016 年)》,其中提出要全面推进全纳教育,使每一个残疾孩子都能接受合适的教育,各地要将残疾儿童学前教育纳入当地学前教育发展规划,列入国家学前教育重大项目,支持普通幼儿园创造条件接收残疾儿童。2016 年 3 月 1 日公布的《幼儿园工作规程》中提出:"幼儿园应当为在园残疾儿童提供更多的帮助和指导"。2017 年,教育部等七部门又印发《第二期特殊教育提升计划(2017—2020 年)》,进一步提出要加快发展非义务教育阶段的特殊教育,支持普通幼儿园接收残疾儿童。习近平主席在党的十九大上提出要全面推进教育公平,努力让每个孩子都能享有公平而有质量的教育。融合教育是建设文明社会的需要,一个社会文明的程度和这个社会如何对待弱势群体是息息相关的,融合教育,关注儿童中的弱势群体,尊重特殊儿童的需要,维护每个孩子受教育的权益,体现了人权和教育的平等,是我国精神文明建设的主要组成部分。

2. 融合教育有利于特殊需要幼儿与普通幼儿共同发展

我国最早在 20 世纪 90 年代就正式提出了"融合教育"的思想,并在天津、山东等地就"特殊儿童随班就读试行方案"进行试点。受当时理论认识、技术手段和师资条件的限制,"随班就读"实质上大多成了"随班混

读"，特殊孩子成了教师的沉重负担，教师对特殊孩子的帮助也微乎其微。后随着理论的研究与实践的深入，越来越多的证据显示普通环境更加适合特殊需要儿童的发展，在普通环境中融合的特殊需要幼儿，他们的问题更容易得到纠正和解决，将来更具有走向社会的可能和能力。融合教育从幼儿园开始，越早干预，康复的效果会越好，为特殊需要儿童将来接受义务教育和走入社会打下良好的基础。台湾地区的郑丽月教授曾说早期为学前教育付出一块钱的成本，可以为后期的义务教育和走向社会节省十块钱的花费。融合一名特殊需要幼儿就是挽救一个家庭，帮助他们顺利地融入社会生活。同时在融合教育过程中，普通幼儿也能获得成长和发展，他们学会了感恩、关怀、包容和尊重等精神素养。

### （二）幼儿园融合共生教育模式的含义

我园从2001年开始进行了长达19年的幼儿园融合教育工作实践，结合幼儿园的具体生态环境提出了幼儿园融合共生教育模式以及融合共生教育模式的教师支持策略。所谓幼儿园融合共生教育模式是指通过接纳特殊需要幼儿随班就读，建构由幼儿园、社会、高校、医院、特教机构、家庭等组成的融合共生系统，实现幼儿融合共生、师生融合共生、家长融合共生、社会融合共生的目的，让全体幼儿、家长、教师都得到发展。融合共生教育模式下的教师支持策略是指普通幼儿园基于现有条件，通过自我培养、流程规范、资源整合等途径提升普通幼儿园教师的融合教育素质，解决幼儿园"敢接、会接"特殊需要幼儿的难题。

1. 融合共生教育模式需要一定的前置条件

融合共生教育模式并不能接纳融合所有特殊需要幼儿，目前轻度的自闭症、发育迟缓、多动症、唐氏宝宝等特殊需要幼儿经过幼儿园的融合教育均能顺利入读小学。究其原因主要受班级规模影响，孩子众多，而特殊需要幼儿需要个别辅导，老师人手不足；另一方面由于目前普通幼儿园缺少具有特殊教育专业背景的老师，普通教师对特殊需要幼儿的干预有效性得不到保证，因此幼儿园在接纳特殊需要幼儿之前就需要进行前期评估。

前期评估的内容主要包括生活自理能力、语言理解能力、集体生活能力等方面。如果孩子生活能够自理，也基本能够理解老师的指令，症状较轻的，即可独自进班；对于症状偏重的幼儿，如果在家长陪读的情况下能够融入班级生活，也可以接纳到融合班级中来。

2. 随班就读是融合共生教育模式的主要形式

目前对于"随班就读"没有权威的定义，随班就读似乎成了一个不言自喻的概念。顾明远在其编撰的《教育大词典》中指出：随班就读是残疾人接受教育的一种方式，就是在普通学校招收能够跟班学习的残疾学生，如肢残、轻度弱智、弱视、重听等学生①。华国栋认为随班就读是指特殊儿童在普通教育机构中和普通儿童一起接受教育的一种特殊教育形式②。朴永馨认为随班就读是在我国社会文化、经济、教育等实际条件下，中国人自己总结和探索出来的，具有我们自己的民族性。③邓猛比较了中西方特殊教育模式之后认为随班就读是西方融合教育形式与我国特殊教育实际的结合，是一种实用主义的融合教育模式。④虽然随班就读至今在中国没有达到西方融合教育的高度，但是却为融合教育打下了良好的发展基础，其主要的意义在于改变了人们对于特殊教育的传统观念，并对特殊教育体制产生了巨大影响⑤。

3. 融合共生教育模式价值追求

以前我们在研究融合教育的时候往往只强调帮助特殊需要幼儿持续提升其融入班级和社会的能力，而忽视了对其他幼儿的培养，这样就必然会影响融合教育的效果。幼儿园的融合教育离不开家长、社会等各方面的共

---

① 顾明远主编. 教育大词典[M]. 上海：上海教育出版社，1990：264.

② 华国栋. 随班就读教学[M]. 北京：华夏出版社，2000：3.

③ 朴永馨. 努力发展有中国特色的特殊教育学科[J]. 特殊教育研究，1998(1)：1-3.

④ 邓猛，朱志勇. 随班就读与融合教育——中西方特殊教育模式比较[J]. 华中师范大学学报(人文社会科学版)，2007(4)：125-129.

⑤ 黄志成. 全纳教育展望——对全纳教育发展近10年的若干思考[J]. 全球教育展望，2003(5)：29-33.

同努力。虽然当前儒家的仁爱思想、社会主义和谐社会理念、素质教育的理念为融合教育的开展奠定了文化基础，但是儒家文化下的等级观念、当下盛行的精英教育观念严重阻碍了融合教育的发展。融合共生教育模式不仅强调通过各种努力让特殊需要幼儿顺利入读小学，更重要的是强调关系对象的共同生存与发展，包括特殊需要幼儿与普通幼儿的融合共生、幼儿园教师与幼儿相互融合共生、普通幼儿家长与特殊需要幼儿家长融合共生、社会各界关心与接纳特殊需要幼儿，构建一个和谐的社会融合共生生态系统，共同建设一个和谐美满的社会。

## 第二节　幼儿园融合共生教育模式的基本框架

经过近 20 年的实践探索和学习，基于陆月崧园长"把唯一的童年留给每个孩子"的学前教育思想，我园初步构建了独具特色的幼儿园融合共生教育模式。包括融合共生教育模式的价值观念与教育目标、融合共生的教育手段与资源调配、融合共生教育目标的实现路径、融合共生的教育内容与实施方法、融合共生的教育评价方式等。形成了《幼儿园融合共生教育标准化服务流程》和《融合共生幼儿园校园建设标准》，其核心模式框架包括以下几个方面。

### 一、价值观念

1. "把唯一的童年留给每个孩子"的办园理念

1997 年，陆月崧园长前瞻性地提出"把唯一的童年留给每个孩子"的办园理念，强调童年的"唯一性"，珍视童年的独特价值，强调教育的公平性，让每一个孩子都享有快乐的童年。

2. 发现、尊重与把握幼儿的发展规律

幼儿天生具有仁爱之心、平等之心、同情之心，天生善于模仿与学习，开展融合共生教育模式是为了探索幼儿的发展规律，尊重幼儿，顺势而教，将差异化发展转换为教育资源，实现"融合共生教育"的目标，包括让特殊需要幼儿顺利融入幼儿园生活并为入读小学做好准备，让普通幼儿学会关爱、学会担当等。

3. 幼儿教育的整体性、系统性与可持续性

幼儿的发展离不开教师的专业发展，离不开教育资源的科学配置，融合共生教育模式关注幼儿教育的整体性、系统性与可持续性，关注融合共生教育生态系统资源的合理配置，注重充分调用幼儿园、中小学、家长、社区、高校、医疗机构等资源。

## 二、解决方案的基本框架

### (一)教育目标

1. 幼儿教育目标

融合教育在发展目标上，表现为让特殊需要幼儿"进得去、学得好、出得来"，① 我们认为基于"把唯一的童年留给每个孩子"的办园理念的融合共生教育模式下的幼儿发展目标不仅应当定位于特殊需要幼儿，也应该关注普通幼儿的发展，将差异转换为教育资源。特殊需要幼儿的融合教育发展目标定位于生活自理、语言沟通、社会交往、动作发展、认知发展、感知觉发展等能力的提高，普通幼儿的融合教育发展目标定位于同理心、责任心、关爱他人等品质的培养。

2. 家长教育目标

在幼儿园开展融合教育最大的难题是普通幼儿家长对特殊孩子的态度，诸如许多家长因班里有特殊孩子，而联名要求教师、园长让该特殊需要幼儿转园的情况时有发生，更有极端家长声称"你不走我走"。在生源决定民办园生存的前提下，许多民办园根本不敢或不愿接收特殊需要幼儿，朱楠的研究发现虽然大部分的普通幼儿家长口头愿意让自己的孩子跟特殊

---

① 吴文彦，厉才茂，社会融合——残疾人实现平等共享的唯一途径[J]. 残疾人研究，2012：2.

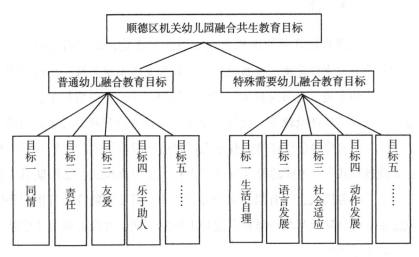

图 1-1　幼儿园融合共生教育目标

需要儿童在一起共同学习，但是能够接受特殊需要儿童在普通学校学习的家长不到一半。① 随着融合教育实践取得不断进步，许多家长的观念也发生了改变，大部分家长愿意积极接受特殊需要儿童随班就读。② 融合共生教育模式致力于让特殊需要幼儿家长能够愿意积极参与到融合教育中来，普通幼儿家长愿意接纳特殊需要幼儿及其家长，让家长们相信融合教育有利于幼儿的成长。

3. 社会教育目标

融合教育的开展离不开家长、社区、政府部门的大力支持，尤其是家长，他们在融合教育过程中起着至关重要的作用。融合共生的社会教育目标就是承认差异、融合共生，营造全社会关注与接纳特殊需要幼儿的良好环境，让每位家长都知道差异也是一种优势，可以促进儿童彼此之间共同发展。

---

① 朱楠等. 随班就读学校氛围案例研究[J]. 中国特殊教育, 2009(3): 24-29.
② 牛玉柏. 家长对残疾儿童随班就读态度研究[J]. 中国康复理论与实践, 2005(1): 12-13.

### (二) 实施手段

融合共生教育模式强调课程实施手段的多样化，旨在构建一个生态的、和谐的教育支持系统。钱丽霞指出，教育支持系统是按一定的教育需求，将相关的人员、资源与技术组成的有机整体①。方俊明指出，有效的教育支持系统主要涉及政策、设备、专业人员、家长和社会五个方面的支持②。目前日本的融合教育模式有三类：①巡回教师模式；②资源教师模式；③助教模式③。美国的融合教育模式有：①咨询模式；②团队教学模式；③助手服务模式；④有限移出服务模式④。国外的融合教育很大程度上只注重解决特殊教师与资源教室数量不足的问题，并没有致力于营造一个良好的生态环境。

针对我国幼儿园现状，我们认为幼儿园开展融合共生教育主要立足于以下四个方面的支持：一是环境融合。包括安全的、适合特殊需要幼儿感知的环境；二是家园融合。首先特殊需要幼儿的家长要接受孩子的现实，并理解为何要早发现、早干预的观念；其次要家园配合，老师与家长要经常沟通孩子存在的问题，相互启发，研究策略，让特殊需要幼儿家长陪读，解决教师人手不足的问题，让普通幼儿家长、特殊需要幼儿家长、幼儿园三方相互衔接并共同支持幼儿的发展。三是课程融合。融合教育最大的好处就是让幼儿相互帮助，学有对象，认识与接纳人的多样性与差异性。在课程设计上有针对特殊孩子的专门课程，也有面向整体的普通课程，尤其是幼儿的游戏课程。四是医校融合。特殊需要幼儿离不开专业医

---

① 钱丽霞. 普通学校促进不同学习需要学生有效参与的策略——可持续发展教育视野下的全纳教育实践研究[M]. 北京：北京科学出版社，2008：160.

② 方俊明. 融合教育与教师教育[J]. 华东师范大学学报：教育科学版，2006，3：37-42.

③ 曹婕琼. 美国、日本、中国大陆地区融合教育的比较与思考[J]. 中国特殊教育，2003：4.

④ 邓猛，朱志勇. 随班就读与融合教育——中西方特殊教育模式的比较[J]. 华中师范大学学报(人文社会科学版)，2007(46).

生的评估与指导，个别多动症孩子有时还需要药物的配合治疗。普通幼儿园教师因为缺乏特教知识，所以与特教机构合作，让特殊需要幼儿半天在幼儿园接受融合教育，半天在特教机构进行一对一康复训练。

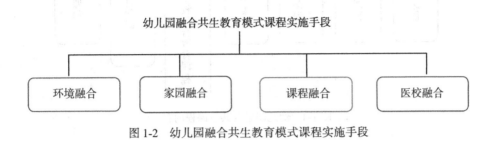

图 1-2　幼儿园融合共生教育模式课程实施手段

### （三）实施路径与内容

融合教育的根本目的是为幼儿提供一个正常的生态环境，让其适应社会生活。融合共生课程的实施路径有环境创设、集体活动、区域游戏、日常生活、家园联系等多个方面，具体课程包括生活自理课、社会交往课、阅读课程、游戏课程、生命课程、节日课程、家长学校的融合教育课程等，课程内容注重生活化、情景化、全面性等特点。

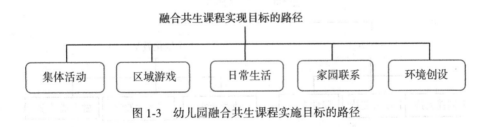

图 1-3　幼儿园融合共生课程实施目标的路径

### （四）实施方式

融合共生教育模式的实施方式包括支架式和个别化教学辅导两种方式。支架式主要体现在集体教学中的支持，包括同伴支持、成人支持、隐

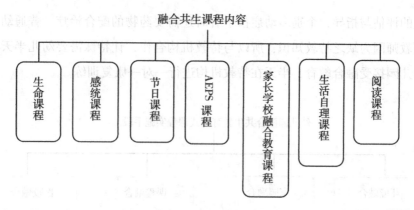

图 1-4　幼儿园融合共生课程内容

性支持等，尤其是同伴的支持更有效，通过选派一两个能力较强的小朋友做小组长，帮助特殊需要幼儿尽快融入集体生活。个别化教学包括三种方式，添加式教学，如特教机构或特教资源室开展的一对一有针对性的辅导；融入式教学，就是让全班幼儿一起学习相同的内容，旨在让特殊需要幼儿在集体或小组中感受集体的温暖而乐意根据榜样示范，不断尝试等；嵌入式教学介于两者之间，是在集体活动尤其是生活游戏过程中，老师针对某个教育契机或者教育问题而开展的随机教学。

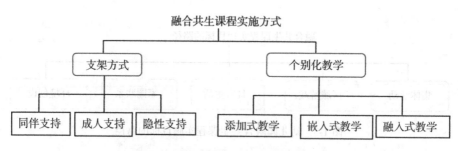

图 1-5　幼儿园融合共生课程实施方式

### （五）实施评价

融合共生教育模式下的教学评价是非常重要的，不仅可以让我们了解到特殊需要幼儿在某个阶段的发展状况，某阶段的进步与改变情况等，从而分析干预策略与内容是否科学有效，也可以帮助我们确定既有的教育策略与内容并锁定新的发展方向等。

评价周期包括周评价、月评价和学期评价，评价对象包括家园融合共生评价、幼儿融合共生评价与社会融合共生评价。

图1-6　幼儿园融合共生课程评价体系

### （六）资源配置

开展融合教育，公办幼儿园已经很难，而民办幼儿园则更难！由于师资力量、基础设施等条件的限制，民办园必须想尽办法整合各方资源，可以考虑从以下几个方面入手：

社会资源：包括公共社区资源、社会捐赠与高校特教资源等。如今很多社工走进社区，很多特殊学校也面向社会开放，为家长提供咨询服务。还可以参加或组织社会捐赠活动，比如腾讯"99公益日"活动等。

政府资源：以项目的方式推进，幼儿园可以通过申请特殊需要幼儿教育项目的方式获取政府的资助，包括政府给每名特殊需要幼儿的家庭教育补贴等。此外，政策支持也是一个方面，比如政府教育部门为开办融合教育的幼儿园给予一定的政策支持，让民办幼儿园愿意接纳特殊需要幼儿。

家长资源：开展融合教育离不开家长的理解与支持，尤其是特殊需要幼儿家长，他们为了孩子的成长倾注了大量的心血，同时也吸取丰富的、优秀的育儿经验。为了充分发挥家长的作用，请他们在幼儿园做兼职特教教师是一个很好的做法。

医疗资源：幼儿园开展融合教育离不开专业特殊教育机构的支持，尤

13

其是个别化教育的开展。幼儿园要与在特殊教育行业有专门研究的机构保持良好的交往关系，以便在必要的时候获得其专业技术支持。如果幼儿园没有特教资源室，那就与特教机构合作，让特殊需要幼儿半天在幼儿园接受融合教育，半天在机构进行康复训练，相互补充，发挥资源整合作用。

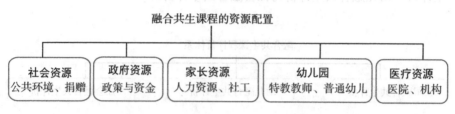

图 1-7 幼儿园融合共生课程的资源配置

# 第二章 幼儿园融合共生教育模式服务流程

## 第一节 班级特殊需要幼儿的发现与评估

每学期开学，从孩子们进入幼儿园开始，教师在一日生活中细心观察每一位孩子，如果发现异常，会立即报告保教室，保教室集中教研人员对这个孩子进行观察并给予初步评估，确实可疑者再向园长办公室报告，同时用心做好家长思想工作，最后寻求专业机构的诊断评估，具体过程如下：

### 一、班级发现

由于幼儿就近入读，很多幼儿园招生时只检查幼儿是否完成预防疫苗接种，其他方面关心较少。许多家长在家中也没有发现幼儿的一些异常特征，致使幼儿的很多问题难以在入园之前被成人发现，直到幼儿入园后通过教师在集体活动中的观察才得知。

#### (一)初步判断

幼儿入园第一个月，我们要求老师细心观察，如发现幼儿有持续的特殊行为需以文字、图片及视频的方式记录全过程。我们还要求教师参照以下几种明显的特征给予幼儿充分的关注：

①独自行动，缺乏互动，老师、同伴叫其姓名都没反应。很少与人目

光对视。

②对环境、事物有固定不变的强烈欲望，一旦改变就脾气暴躁。

③对某些物品有特殊的偏好。

④语言发展相比同龄人迟缓，声调、语速及节律等方面异常，或者虽有语言但基本不能交流。

⑤经常说一些莫名其妙的偏激语言。

⑥机械记忆力异常突出。

(二)《美国精神疾病诊断和统计标准手册》(DSM-IV-TR)参考标准

1. 在社会交往方面存在质的缺损，表现为下列中的至少两条：

(1)在诸如目光对视、面部表情、身体姿势和社交姿势等多种非语言交流行为方面存在显著缺损。

(2)不能建立适合其年龄水平的伙伴关系。

(3)缺乏自发性地寻求与他人共享快乐、兴趣和成就的表现，例如不会向他人显示或指出感兴趣的物品。

(4)与人的社会或情感交往缺乏，例如不会主动参与游戏活动，喜欢独自嬉玩。

2. 在语言表述与交流交往方面存在质的缺陷，表现为以下至少1条：

(1)口头语言发育迟缓或完全缺乏，且没有用其他交流形式例如身体姿势和哑语来代替的企图。

(2)拥有充分语言能力的患者表现为缺乏主动发起或维持与他人对话的能力。

(3)语言刻板、重复或古怪。

(4)缺乏适合其年龄水平的装扮性游戏或模仿性游戏。

3. 行为方式、兴趣和活动内容狭隘、重复和刻板，表现为以下至少1条：

(1)沉湎于一种或多种狭隘和刻板的兴趣中，在兴趣的强度或注意集中程度上表现异常。

16

表2-1　　幼儿园特殊需要儿童观察记录表(教研室)

| 幼儿姓名 | | | 幼儿性别 | | 出生年月 | |
|---|---|---|---|---|---|---|
| 所在班级 | | | 保教老师 | | 观察时间 | |
| 观察目的 | | | | | | |
| 观察项目 | 社会交往 | | | | | |
| | 语言能力 | | | | | |
| | 刻板行为 | | | | | |
| | 生活自理 | | | | | |
| 教师评价 | | | | | | |
| | | | | | 观察人(签名): | |

(2)固执地执行某些特别的无意义的常规行为或仪式行为。

(3)重复刻板的装相行为,例如手的挥动、手指扑动或复杂的全身动作。

(4)持久地沉湎于物体的部件。

如果在以上三个项目中符合6条,在第1项中符合至少2条,在第2项和第3项中符合至少1条,则可初步判断该幼儿属于自闭症谱系障碍。

班主任结合上述标准或其他科学标准发现幼儿有以上情况就必须及时

上报幼儿园保教室，由保教室安排老师现场反复观察，整理记录，再由保教室汇报给园长进入集体观察阶段，有条件的幼儿园可与当地妇幼保健院或者专业医疗机构合作，对幼儿的身心健康进行一次普查。

## 二、集体观察审议

园长、业务园长、保教室等行政人员依据班主任对幼儿情况的记录与反映，确定安排后续工作，找出幼儿的明显特征，联系并告知幼儿家长，进一步商定寻求专业的医疗机构进行评估。

观察的手段包括书写纪实、照片记录、视频记录等，一方面可以作为集体分析的素材，另一方面为后续的家长工作做好准备。因为大部分家长一开始都不太重视孩子的异常，总觉得孩子长大一点就没事了，更不愿意承认自己的孩子比别人差。观察的主要内容包括社会交往、语言能力、刻板行为、生活自理四个方面。

## 三、联系专家，进行专业评估

近年来特殊需要幼儿越来越多，就其具体的病理目前没有统一的说法，比如《自然神经科学》一学者通过自己的研究，认为特殊需要幼儿的大脑杏仁核区域异常活跃，经常把别人的脸部判断成带有威胁性的信号。幼儿园由于自身的专业限制不能对幼儿的特殊行为随意下结论，专业的判断必须由机构专家给出。

专业评估工作也受多方面的因素影响，首先专业医院少，评估预约难，诊断成本高。目前广东只有中山大学附属第三医院开展相关评估业务，并且评估成本非常高，包括来回路程远、预约时间长、评估费用高等都是家长所顾虑的问题。多数家长一开始不太重视，认为孩子还小，就以"多动""还是个孩子""调皮淘气""我小时候也这样"等说辞为由不肯积极配合，所以幼儿园说服家长带孩子去做评估就需要花费很多心思。

有了专家的评估结果，就可以针对不同的类型采取不同的教育策略，让专家建议、家长经验与幼儿园教育策略形成一股合力，从而实现教育效果最大化。早发现、早干预更有效也逐渐成为家园共识，并被大量的事实所证明。

目前，我们幼儿园从幼儿的感知觉、粗大运动、精细动作、语言与沟通、认知、社会交往、生活自理、情绪与行为等几个方面进行初步的评估，同时结合专业机构的评估为特殊需要幼儿制定个别化教育方案。

# 第二节　特殊需要幼儿的入班流程

当前，不敢或不肯接收特殊孩子的幼儿园普遍存在，原因有多方面，这些不在本书讨论。我们接纳确诊的特殊孩子主要分为以下几个过程。

## 一、沟通

由于开展融合教育的幼儿园较少，当那些家长了解到我园会接纳时，都表现得非常急切，希望立即安排学位，并表示任何困难都可以克服。此时幼儿园一定要真诚地接待每位家长，理解他们的焦虑。首先要耐心详细地为家长介绍幼儿园的教育理念和融合教育的方法，并告诉家长路还很长，困难很多，而且教育效果不能一蹴而就；同时指导家长在家如何干预，并和孩子约定正式访园的时间。

## 二、填写《特殊需要幼儿入园登记表》

良好的沟通是融合共生教育的前提条件，因为沟通决定了良好家园关系的建立。完整填写入园登记表则是了解特殊需要幼儿的第一手材料，为后期制定有效的个别化教育方案奠定基础。

## 三、家访

家访是为了解孩子在家的真实养育情况，包括家庭教育观念、方法和环境等。家访的形式与时间可以灵活安排，老师要耐心倾听家长的心声，努力营造一个能使家长感到放松的环境，注意自己的肢体语言，与家长交流时表露出来的应该是关心、理解，而不是同情。沟通时不仅要关注特殊需要幼儿的"问题"或"情况"，而且也要寻找孩子的"优点"，给家长提供一些相对应的支持，告诉他们在家里可以怎么做，让家长感受到老师的专业，感受到幼儿园的关心和支持。家访前提醒家长希望所有家庭成员都能出面交流，以便老师获取更多准确真实的幼儿信息。

家访的主要内容包括幼儿的生活自理能力、行为习惯、健康状况、家长对孩子的态度、家长的教育策略等。此外，还包括家长的养育观念、身体状态、有无烟酒嗜好等。在此过程中，幼儿园教师一方面可以核实家长填写的入园登记表信息，另一方面也可以寻找一些教育的切入点。了解幼儿的喜好与家长的教育策略，都能为幼儿后期的有效融入与个别化教育方案的制定与实施带来帮助。特殊需要幼儿的融合教育离不开家长的积极参与，不仅入园前进行家访，入园后教师也不定期地家访。

## 四、做好教师工作与家长工作

希望全班家长接纳特殊需要幼儿的前提是班主任自愿接纳特殊需要幼儿。班里有一名特殊需要幼儿对老师的工作提出了更高的要求，这要比普通幼儿付出更多的耐心与爱心。所以园长们会告诉融合班级的老师：真实表现自我就行，人非完美，相信家长会明白；而且，从事特殊需要幼儿的研究，尤其是为他们制定个别化教育方案，有利于提升自己的专业能力，这样以后不管教什么样的孩子、怎样的班级都没问题。我们还会为融合教师的专业成长提供各种便利，外出学习、优先参加特殊教育专业知识培训等。当然，家长工作也要做好，我们会真诚地告诉他们，人都有不足之处，您孩子的班主任也一样；陪读的家长不能把自己当成教育旁观者，而要融入班级，把自己当成班级的工作人员。事实证明，陪读这一做法非常成功，极为有效。除此以外，普通家长的家长工作也很重要，我们可以以第一次家长会为载体，用同理心感化其他家长，让普通家长接纳班级的特殊需要儿童。这样，班级的融合教育才能凸显其效果。

## 五、入读前评估

编班前，我们要对孩子的全面情况进行评估，这包括运动技能、认知能力、生活能力、语言能力、社交能力等方面，并视孩子症状轻重和实际情况进行编班；并且决定孩子是独自进班还是需要家长陪读。当然，还要在孩子入读后定期分析，从家长全程陪读到半程陪读，再到偶尔陪读，最后不陪，这其中有许多成功的案例。考虑到避免让教师感觉工作压力过大，原则上一个班最多不超过两位特殊需要幼儿。

表 2-2　　　　　　　　　　**特殊需要幼儿报名登记表**

| 儿童信息 | 姓名 | | 性别 | | 出生日期 | 年　月　日 | 贴照片 |
| --- | --- | --- | --- | --- | --- | --- | --- |
| | 临床诊断 | | | | 诊断时间 | 年　　月 | |
| | 诊断机构 | | 评估专家 | | 报读班级 | | |
| | 户籍 | | | | | | |
| | 居住地址 | | | . | | 家庭电话 | |

| 家庭主要成员情况 | 父亲姓名 | | 年龄 | 文化程度 | 工作单位及职务 | 联系电话 |
| --- | --- | --- | --- | --- | --- | --- |
| | 母亲姓名 | | | | | |
| | | | | | | |
| | 家庭模式 | 大家庭（　）核心家庭（　）单亲家庭（　）寄养家庭（　） | | | | |
| | 居住情况 | 别墅（　）公寓（　）租住房（　） | | | | |
| | 教养方式 | 严厉型（　）民主型（　）放任型（　）综合型（　） | | | | |
| | 语言环境（可多选） | 普通话（　）粤语（　）英语（　） | | | | |
| | 抚养照顾人（可多选） | 父母（　）爷爷奶奶（　）外公外婆（　）保姆（　） | | | | |

续表

| | | | | | |
|---|---|---|---|---|---|
| 儿童自身状况 | 过敏史<br>（含药物、食物等） | | | | |
| | 饮食习惯 | | 睡眠时间 | 午睡 | ___时至___时 |
| | | | | 晚睡 | ___时至___时 |
| | 喜欢的活动场地和内容 | 室内 | 最爱看的电视节目 | | |
| | | 室外 | 最常玩的玩具 | | |
| | 独处时常做的事 | | 经常一起的玩伴 | | |
| | 语言表达能力 | | 认知/认字能力 | | |
| | 数数 | | 自理能力 | 会：_____<br>不会：_____ | |
| | 吃饭 | 饭量：_____<br>吃饭时长：_____<br>特别喜欢的食物：__ | 大便 | 一天一次□<br>一天两到三次□<br>一天零次□<br>几天一次□ | |
| | | | 小便 | 正常□　不太正常□ | |
| 特殊行为 | 有否伤害自己/他人 | | | | |
| | 逃跑 | | | | |
| | 特殊爱好 | | | | |
| | 其他 | | | | |

22

续表

| 目前主要障碍情况 | |
|---|---|
| 既往康复教育情况 | |
| 说明 | 本人_____是孩子_____之父/母，如实反映了孩子的情况和行为编写，如有隐瞒，愿承担相应责任。 |

表 2-3         **特殊需要幼儿家长访谈记录表**

| 幼儿姓名 | | 幼儿性别 | | 出生日期 | |
|---|---|---|---|---|---|
| 访谈时间 | | 访谈地点 | | 幼儿父母 | |
| 谈话内容 | | | | | 备注 |
| 简要分析 | | | | | |
| 访谈老师 | | | | 记录人 | |

表 2-4　　　　　　　　　　**特殊需要幼儿入读前情况评估表**

| 姓名 | | | 性别 | | 出生年月 | |
|---|---|---|---|---|---|---|
| 入读时间 | | | | 是否需要陪读 | | |
| 类别 | 项目内容 | | 评估情况 | 简单说明 | | |
| 生活能力 | 饮食 | | | | | |
| | 睡眠 | | | | | |
| | 衣着 | | | | | |
| | 如厕盥洗 | | | | | |
| 社交能力 | 愿意参与集体活动 | | | | | |
| | 在活动中有交流 | | | | | |
| | 会等待，能寻求帮助 | | | | | |
| | 能听信号进行活动 | | | | | |
| 语言能力 | 对别人的语言有反应 | | | | | |
| | 能用自己的语言表达自己的想法 | | | | | |
| | 能听明白指令 | | | | | |
| 运动能力 | 会走路 | | | | | |
| | 碰到障碍会绕道走 | | | | | |
| | 会跳跃 | | | | | |
| | 精细动作 | | | | | |
| 认知能力 | 能识别危险 | | | | | |
| | 能识别颜色 | | | | | |
| | 知道老师是谁 | | | | | |
| 安置建议 | | | | | | |
| | | | 评估老师：　　　　　　评估时间： | | | |
| 注意事项 | | | | | | |

# 第三节　个别化教育方案的制定

　　个别化教育方案(Individualized Education Program，简称 IEP)最早由美国于 1975 年提出。IEP 是为每一位特殊需要儿童所制定的教育方案，由幼儿园普教、特教、相关治疗师和儿童的父母，针对特殊需要儿童的学习特性、能力和需求，共同拟定适合该儿童未来一年的学习重点和评量学习成效的机制。是在对儿童个性尊重的基础上，把以教材、教师为中心的教育变为以儿童为中心、真切关照每个学生潜能开发、个性发展的教育。① 为特殊需要儿童科学有效地制定 IEP 将会更加有利于孩子的成长，更加有利于教师专业素质的提升，让教学行为更加有效。

## 一、IEP 的基本内容

　　幼儿园依据《特殊需要幼儿入园登记表》《特殊需要幼儿家访记录表》《特殊需要幼儿试读情况评估表》《特殊儿童评估结果分析表》开始制定 IEP 教育方案。IEP 教育方案的基本内容主要包括以下几个方面：

　　1. 基本资料。包括幼儿姓名、性别、年龄、障碍类型、父母的职业文化、兴趣爱好、手机号码等。

　　2. 基本发展情况。特殊需要幼儿当前的发展水平和行为表现，包括其学习的优势、劣势分析等。

　　3. 发展目标。依据《幼儿园一日生活常规评量表》①《学前儿童教育发展评量表》，专业机构鉴定结论及评估结果制定特殊需要幼儿发展的长期目标和短期目标，具体的内容依然关注其生活自理、社会交往、语言表达能力、幼儿一日生活常规等几个方面，目标行为越具体越好。

　　4. 目标通过的标准。当我们选定一个具体的目标行为点后，我们就需要一个临时的终点，即以具体的行为的表述内容作为发展达到的目标。如

---

　　① 蔡蕾，学前融合教育理论与实务[M]. 郑州：河南大学出版社，2012(49).

自理能力领域中，比如会拿勺子吃饭、想小便的时候会用眼光或者语言告知老师等。

5. 教育方式与教育内容。针对长（短）期目标选择不同的融合教育方式，包括融入式、添加式、嵌入式等学习方式，再依据目标及教育方式挑选出不同的教学内容，制定特殊需要幼儿融合教育干预方案。

6. 执行的起止日期。为了方便及时跟进与跟踪特殊需要幼儿融合教育发展的有效性，我们就必须设置一个实施计划的起止时间。时间长短依据设置的目标的难易程度而有所不同，一般为一个学期。

7. 评估程序和测量方法。幼儿教师由于受自身专业知识的影响，对于幼儿的发展评价往往是依据自己的经验来进行，具有一定的局限性。所以我们要医校结合，专业的事情交给专业的人去做，幼儿园建议特殊需要幼儿定期去专业机构进行评估，然后带回专业人员的建议在幼儿园进行整合与落实。

8. 家长、园长和教师的签名。签名是为了建档的需要，是教育的连续性需要，有了签名，一方面说明对这个行为的重视，另一方面是为了以后追踪的需要。当我们碰到一些疑问的时候，可以让这些人聚集在一起来研究更加有效的对策。

## 二、制定 IEP 的基本流程

### 1. 选好团队，制定好 IEP 初稿

良好的团队是个别化教育方案有效实施的保证。有效的个别化教育方案制定团队应该包括资深特教教师、幼儿班主任、园长、特教专家教授、幼儿家长等成员。融合共生模式强调的就是家长、社会、幼儿、教师的共同成长，这样的团队才能充分综合各方面的因素，包括幼儿园环境、家庭环境、幼儿能力发展水平等。当然由于幼儿园自身资源限制，所以在召开 IEP 会议之前，我们自己的教研员、园长、教师依据相关材料起草一个 IEP 初稿，这样专家、家长来了之后就不会空谈，让后续的专门的 IEP 会议更加有方向，效率更高。

2. 召开 IEP 会议，确定 IEP 方案

首先，给家长发放 IEP 会议通知书，告知家长参加会议的重要性，请他们准时参加会议，并提出宝贵意见。如果父母双方都有空，最好可以一起来幼儿园参加会议。其次，每次会议围绕一名特殊需要幼儿召开，这样就能集中力量与目标去解决问题，当然家长资源也是可以共享，彼此之间可以相互切磋。

IEP 会议一般由资深特教老师包括保教主任、教研员等主持，会议的内容主要包括介绍到会人员，说明开会的目的，简述特殊需要幼儿的能力优势与劣势，请与会人员一起讨论 IEP 初稿。讨论的内容主要包括目标是否设置合理？对策是否科学？在此过程中会碰到哪些困难？有什么对策？最后由会议主持人总结讨论结果，形成会议记录，并交给与会人员签名确认。在与会后结合家长、教师、专家的意见修改 IEP 教育方案并交给该班教师与家长。

(1)IEP 教育目标设置是否合理

我们要综合各个方面的评价资料，包括家庭访谈、专家评估、试读评估等相关资讯书写一份比较完整的评估报告。综合分析特殊需要幼儿各个领域的优弱势，书写特殊需要幼儿个别化教育方案的目标。IEP 教育方案的目标，分为长期目标和短期目标两种。长期目标是针对某个领域内幼儿广泛的和一般性教育目标，以儿童的全面发展为根本点，目标完成设定的时间一般为半年至一年之间。短期目标是为了完成长期目标所设定，是将长期目标分解为若干个行为小目标而设定的目标。这些行为或技能是可以测量或者可以观察的，时间一般以天或者周计算，是为了解决某个小问题而设定，一般长期目标可以分为 3~5 个短期目标。比如我们设定生活自理能力的目标时，长期目标设定为：会收拾自己的生活用品，短期目标就可以将该长期目标拆分为 4 个短期目标：①能辨认自己的物品；②能把用过的东西及时归位；③会收拾自己用过的物品；④会收拾自己的生活用品，并能注意有没有遗漏。

(2)个别化教学计划是否科学与可行

我们每个老师必须清楚个别化教育方案是一个系统的工程，从时间上来说往往超过一个月。而个别化教学计划是班级教师将幼儿的短期培养目标转换为一个个教学活动，也就是教学计划的活动都是为了解决某个具体细小的问题。就其开展的形式有小组形式和集体形式。个别化教学计划的制定需分析幼儿的初始表现与预期表现，定期评价其发展状况，评价时可以结合具体的内容对幼儿进行评价，最后书写结论。在教育计划表上每次都要书写好开始日期、完成日期、评价结论与评价人等。在会议过程中我们与会人员要讨论每个教学计划的可行性以及目标达成的评估方法。只有这样形成一个个可行的操作菜单，我们才可以让一线老师去执行，让特殊需要幼儿家长在家庭教育过程中给予积极配合。

3. IEP 教育方案的执行

融合教育最好的地方在于让特殊需要幼儿融入正常的学习生态环境中去，让孩子通过自身的相互影响获得发展。所以在融合班级里对教师提出了更高的要求，他们既要面向全体幼儿又要兼顾个别差异，工作会更加繁忙。一对一的辅导我们建议去当地的特殊教育机构或者本园的特教资源课室，我们更多地应该关注在集体游戏或者教学活动中为了教育或者修复特殊需要幼儿某种行为问题而实施的教育活动。三位保教人员要分工合作，针对目标进行合理的任务分配。班级教师也可以将 IEP 教育方案与教学计划呈现在教室容易看见的地方，以便提醒老师执行。在实施方案的时候，教师可以依据自己的观察及时与保教室、园长进行沟通，经过商讨后及时调整自己的教学行为。有关具体操作流程将在下一节详细说明。

**附：**

## IEP 会议通知单

尊敬的_____家长：

您好！

为了更加有效地帮助幼儿成长，我园定于××××年×月×日×时为

××小朋友召开个别化教育（IEP）会议，届时将会依据该幼儿的有关学习与发展情况，与专家、教师一起为孩子拟定本学期的长（短期）目标，您的参与将会让我们的教育方案更加有效。请您当天准时参加我们的会议，并提出您宝贵的意见。谢谢！

×××幼儿园

××××年×月×日

表 2-5　　　　　　　　　　　**特殊需要幼儿评估分析表**

儿童姓名　×××　性别　男　　　　　出生日期 2015 年 6 月 23 日

教育诊断人　成宁丹　　　　教育诊断日期 2018 年 12 月 25 日

| 领域 | 能力现状分析 | 优弱势分析 | 训练目标 |
|---|---|---|---|
| 感知觉 | 1. 能辨认出常见物品<br>2. 能通过触摸辨认出物体的形状<br>3. 能按颜色配对积木 | 优势：<br>能辨认出常见物品；能通过触摸辨认出物体的形状；能按颜色配对积木<br>弱势：<br>视觉注视；视觉追视；听觉反应；触觉反应 | 1. 辨认自己的影像<br>2. 指出图形拼图的正确位置<br>3. 指出动物拼图的正确位置<br>4. 杯下寻物<br>5. 对 3 种不同触觉刺激作出反应 |
| 粗大运动 | 1. 会双脚离地跳<br>2. 会推大笼球<br>3. 能双脚交替上楼梯 | 优势：<br>灵活爬行；一步上下一级楼梯；原地跳，双脚离地5cm；站立推球至 1.5 米处<br>弱势：<br>单手端半杯水步行；双手接球；站立时弯腰拾地上物品 | 1. 拍、接、踢、抛球<br>2. 单手端半杯水步行<br>3. 跑步时能避开障碍物 |

续表

| 领域 | 能力现状分析 | 优弱势分析 | 训练目标 |
|---|---|---|---|
| 精细动作 | 1. 能叠起 7 块积木<br>2. 能解扣子<br>3. 能完成形状拼板<br>4. 能自发涂画 | 优势：<br>打开盖子；穿珠子；叠起 7 块积木；解扣子；把物品放入大容器中<br>弱势：<br>拧开盖子；在指定范围内画直线；标准位置敲打物品 | 1. 在指定范围内仿画<br>2. 沿曲线剪下形状<br>3. 拧开水瓶盖子 |
| 语言与沟通 | 1. 能模仿短句<br>2. 能执行简单动作指令<br>3. 语言理解较差 | 优势：<br>语言模仿；能仿说短句；能指认常用物品、家庭成员；能执行简单动作指令<br>弱势：<br>语言理解：未能理解"你、我、他"；未能比较物品大小、长短……语言表达 | 1. 先引起别人注意再指东西、人或事件<br>2. 转头看说话的人 |
| 认知 | 1. 不能完成 6 块拼图<br>2. 能配对外形相同的红、绿颜色<br>3. 不能理解事物的因果关系 | 优势：<br>在口令下，指出自己的身体部位；能配对外形相同的红、绿颜色；能说出颜色名称<br>弱势：<br>事物的因果关系；简单的推理；排序 | 1. 知道动作引起的直接后果<br>2. 明白物品间的关系<br>3. 找寻物品 |

续表

| 领域 | 能力现状分析 | 优弱势分析 | 训练目标 |
|---|---|---|---|
| 社会交往 | 1. 与妈妈的互动较好，能较好地执行妈妈的指令<br>2. 语言交往能力较差 | 优势：<br>与照顾者互动较好；被动下能打招呼与告别<br>弱势：<br>语言与非语言能力弱；与陌生人互动 | 1. 认识自己<br>2. 学会控制自己 |
| 生活自理 | 1. 进食方式都掌握较好<br>2. 如厕、刷牙、洗脸、洗手及脱衣服需大人辅助 | 优势：<br>进食方式都掌握较好；能独立如厕；能用手势表示如厕需要<br>弱势：<br>物品归位；收拾餐具 | 1. 将自己的玩具放在固定位置<br>2. 将自己鞋、袜放在平时的指定位置 |
| 情绪与行为 | 1. 未能很好地表达与调节情绪<br>2. 不能发出求助 | 优势：<br>与照顾者分离时的反应；没有一些明显意义的古怪行为或动作<br>弱势：<br>情绪表达与调节；要求得不到满足时不能忍耐；不能发出求助；不能理解他人情绪 | 1. 在要求得不到满足时学会忍耐<br>2. 学会求助 |
| 家长建议与希望 | 希望孩子在幼儿园能结交到一至两位好朋友；同时希望在资源教室可进行小组形式的授课。希望孩子能尽快适应幼儿园生活，能独立上学。 | | |
| 分析人员签名 | | 家长签名 | |

表 2-6　　　　　　　**特殊需要幼儿个别化教育计划 ( IEP )**

| 儿童姓名 | ×××  | 性别 | 男 | 出生日期 | 2014 年 10 月 | 班别 | 小三班 | | | |
|---|---|---|---|---|---|---|---|---|---|---|
| 评估人 | ××× | | | 实施起止日期 | 2018 年 11 月至 2019 年 2 月 | | | | | |
| 评估领域 | 长期目标 | | | 短期目标 | | | 评鉴结果 | | | |
| | | | | | | | 3 | 2 | 1 | 0 |
| 感官知觉 | 1. 辨认自己的影像 | | | 1.1 能伸手轻拍镜子里的自己影像 | | | ✓ | | | |
| | | | | 1.2 能在相片中辨认出自己的面孔 | | | ✓ | | | |
| | 2. 对 3 种不同触觉刺激作出反应 | | | 2.1 能对其中 1—2 种材料有正常反应 | | | ✓ | | | |
| 粗大运动 | 1. 踢、抛接球 | | | 1.1 会单脚踢固定不动的球并维持平衡 | | | | ✓ | | |
| | | | | 1.2 能向前踢球 1 米 | | | ✓ | | | |
| | | | | 1.3 能单手过肩将球向前抛出 | | | | | ✓ | |
| | 2. 单手端半杯水步行 | | | 2.1 能单手端半杯水走 5 步 | | | | | ✓ | |
| | 3. 跑步时能避开障碍物 | | | 3.1 快走 | | | ✓ | | | |
| | | | | 3.2 在跑步时能停止或改变方向来闪避障碍 | | | | ✓ | | |
| 精细动作 | 1. 在指定范围内仿画 | | | 1.1 在指定的范围内仿画竖线、横线、圆形 | | | | ✓ | | |
| | 2. 剪断纸条 | | | 2.1 能剪断小纸条 | | | ✓ | | | |
| | 3. 拧开或盖上水瓶盖子 | | | 3.1 能拧开半紧水瓶盖子 | | | ✓ | | | |
| | | | | 3.2 喝水过后知道去盖盖子 | | | ✓ | | | |
| | | | | 3.3 会使用自己的水杯去喝水 | | | ✓ | | | |

32

续表

| 评估领域 | 长期目标 | 短期目标 | 评鉴结果 | | | |
|---|---|---|---|---|---|---|
| | | | 3 | 2 | 1 | 0 |
| 语言与沟通 | 1. 会表达自己愿望 | 1.1 会指一样东西或人 | ✓ | | | |
| | | 1.2 对简单的问题会以声音和姿势反应 | ✓ | | | |
| | 2. 转头看说话的人 | 2.1 会转头看出声的东西 | | | ✓ | |
| | | 2.2 会转头看别人正在谈论的东西 | | | | |
| | 3. 能听懂指令 | 3.1 能按照老师的指令取拿物品 | | ✓ | | |
| | | 3.2 能听懂禁止性口令 | | ✓ | | |
| 认知 | 1. 知道动作引起的直接后果 | 1.1 会绕过障碍物以改变自己位置 | ✓ | | | |
| | | 1.2 移开或绕过障碍物以得到东西 | ✓ | | | |
| | 2. 明白物品间的关系 | 2.1 利用一个物品去得到另一个物品 | | | ✓ | |
| | | 2.2 利用一个物品的部分和/或支持物去得到这种物品 | | | ✓ | |
| | 3. 会寻找自己的物品 | 3.1 到平时放东西的地方寻找那样东西 | ✓ | | | |
| | | 3.2 当东西不在它平常的地方时，会持续地寻找它 | | | ✓ | |
| 社会交往 | 1. 认识自己 | 1.1 认识自己的东西（衣服、鞋子等） | ✓ | | | |
| | | 1.2 听到有人喊自己的名字时会有所反应 | | ✓ | | |
| | 2. 学会控制自己 | 2.1 能够听从"不行""不可以"等指令 | ✓ | | | |
| | 3. 能接受同伴的帮助 | 3.1 当同伴帮助自己时能够接受 | ✓ | | | |

续表

| 评估领域 | 长期目标 | 短期目标 | 评鉴结果 | | | |
|---|---|---|---|---|---|---|
| | | | 3 | 2 | 1 | 0 |
| 生活自理 | 1. 将自己的玩具放在固定位置 | 1.1 会收拾个人物件包括书包 | | | ✓ | |
| | 2. 能够将自己鞋袜学具等放在指定位置 | 2.1 将自己的鞋、袜放在平时的指定位置 | | ✓ | | |
| | | 2.2 知道哪里拿的学具去放回原来的地方(物品归位) | | ✓ | | |
| | 3. 能够自己去大小便 | 3.1 有大小便的时候能自己表达 | ✓ | | | |
| | | 3.2 会自己去大小便 | | ✓ | | |
| 情绪与行为 | 在要求得不到满足时学会忍耐 | 1.1 认识自己的面部表情 | ✓ | | | |
| | | 1.2 将自己鞋、袜放在平时的指定位置 | ✓ | | | |
| | 学会求助 | 2.1 会留意他人的表情 | | ✓ | | |
| | | 2.2 碰到困难时会求救别人 | | ✓ | | |

注:3—表示能独立完成 2—表示在语言提示下可完成 1—表示在触体帮助下可完成 0—表示不能完成

表 2-7 **特殊需要幼儿融合教育干预方案**

| 幼儿姓名 | ××× | 性别 | × | 班别 | ××× | | |
|---|---|---|---|---|---|---|---|
| 教师姓名 | ××× | 计划日期 | 2020 年 3 月 1 日至 2020 年 4 月 1 日 | | | | |
| 领域 | 目标 | | 干预策略 | 可干预时段 | 干预后效果 | | |
| | | | | | 3 | 2 | 1 | 0 |
| 感知觉 | 能完成 4 块的动物拼图 | | 视觉提示、语言辅助(提示) | 区域活动 | ✓ | | | |
| 粗大动作 | 能单手连续拍球 3 次 | | 个别辅导、同伴支持 | 户外、课后 | ✓ | | | |

续表

| 领域 | 目标 | 干预策略 | 可干预时段 | 干预后效果 | | | |
|------|------|----------|------------|:-:|:-:|:-:|:-:|
| | | | | 3 | 2 | 1 | 0 |
| 精细动作 | 能穿中号珠子10颗 | 肢体辅助 | 区域活动 | ✓ | | | |
| 语言与沟通 | 能跟随伴奏完整地唱出熟悉的儿歌 | 正向行为支持、个别辅导、同伴支持 | 区域活动 | | ✓ | | |
| 认知 | 能把不同的玩具分类摆放 | 视觉提示(一样的放在一起、按图归放)、同伴支持 | 区域活动 | ✓ | | | |
| 社交 | 能回应别人的问好 | 语言辅助(提示) | 在园时段 | ✓ | | | |
| 自理能力 | 能独立脱拉袜子 | 肢体辅助、语言辅助(创编儿歌) | 午休前准备 | | ✓ | | |
| 情绪与行为 | 会用适当的方式(语言、动作)表达自己的情绪 | 通过观察、利用行为动机量表分析行为;辅导孩子辨别自己不同的面部表情来理解自己的心情(视觉辨别) | 在园时段 | | | ✓ | |
| 常规 | 能安静地进入寝室,有秩序地上床 | 社交故事、同伴支持、肢体辅助、语言辅助、强化物 | 午休时间 | | | ✓ | |

注:3—表示能独立完成 2—表示在语言提示下可完成 1—表示在触体帮助下可完成 0—表示不能完成

# 第四节 个别化教育方案的实施

将特殊需要幼儿放在融合班级里面是远远不够的,融合教育不是简单地为幼儿增加社会经验,更重要的是让特殊需要幼儿获得高质量的学习经验。特殊需要幼儿个别化教育方案的制定与实施难就难在幼儿教师会碰到许多自己之前没有遇到过的问题，如学习障碍、行为问题、语言障碍等，而这些问题一方面会打扰其他普通幼儿的学习，更重要的是普通幼儿教师难以识别特殊需要幼儿所存在的问题，没有办法使用有效的对应策略。那么如何有效实施个别化教育方案呢？

## 一、班级团队建设

良好的合作是幼儿园融合教育成功的前提，个别化教育方案实施过程中的合作主要是指三位或四位保教人员的合作，老师与幼儿家长的相互配合，尤其是随班陪同的家长。要想合作成功，必须从以下几个方面做起：

（1）全员参与。有关人员都要参加，并且保证充足的沟通时间；

（2）相互支持。团队成员要信任与尊重彼此的意见，肯定其付出的心血；

（3）加强研究。团队成员及时针对发送的问题进行有效的研究。

## 二、聚焦问题

班级团队在商讨问题的时候一定要聚焦问题本身，而问题的来源则是个别化教育方案中的某一个短期或中期目标。汇集解决问题的困难与方法，执行所选择具体方法，评估解决方法是否有效，一旦团队成员对面临的问题有了清晰的了解，并有了共识，那么就能迅速找到解决问题的方法。

如自闭症幼儿一个很明显的行为就是目光不与别人对视，那么班级就要针对这个情况结合幼儿园一日生活流程来一起交流、讨论。

首先，我们要清楚其行为背后的原因。因为有些"自闭"儿童对视很不舒服，故通过训练没效时不必强求。训练时可以如此实行：

（1）在一日环节里面，我们在哪里可以进行目光对视相关教育？

（2）×××最近好像有进步了，今天和我说话的时候看了我近30秒。

（3）×××妈妈，他对什么物品非常感兴趣呢？

（4）在什么时候他的注意力比较集中，玩跳跳床的时候。

(5)每天早上我总是让她看着园长、老师说早上好，用手护着他的头。（这个动作不经常）

(6)我觉得上课的时候，尽量让他原地坐着就已经很不错了，看不看，听进去什么知识我们先不要太在意。

通过小组讨论我们可以制定更加有效且适合幼儿与班级情况的具体对策，更重要的是全体成员都要达成共识，但方法可灵活运用。

## 三、研讨对策

在一般情况下，之所以要研讨对策，一般涉及解决幼儿短期目标中的某个行为问题，所以我们要学会运用应用行为分析理论去分析与解决幼儿的问题。所谓"应用"是指改变后的行为要具有社会意义；所谓"行为"是指可以观察测量的外显活动或反应；所谓"分析"是指分析行为问题产生的原因和评量行为干预方案的效果。它强调改变行为分为三个要素：行为前因、个体及行为的后果。也即刺激(S)、个体(O)、反应(R)，如行为前因包括环境因素、时间和人等，个体包括生理状况、能力、情绪反应等，行为结果往往涉及两个方面包括强化与惩罚。

1. 问题行为前因分析

一般而言，特殊需要幼儿的问题行为的出现主要基于以下几个原因：

(1)引起别人的注意

(2)获得具体的事物

(3)获得感官刺激

(4)避免或逃避不喜欢的事物

(5)避免与别人接触

2. 选择积极的行为干预模式

一般传统的行为干预模式往往采取的是一种粗野的模式，家长或教师针对目标行为往往采取的是一种令人厌恶的后果来进行，比如游戏的时候没有听从老师的指挥就罚幼儿跑步 10 圈，向家长打"小报告"等方式，这种干预模式不但收效甚微，还会留下后遗症。

融合共生教育模式的行为干预强调的是一种积极的、小步子的干预。针对行为问题与目标行为，我们控制前因，安排有效的行为后果，从而强化幼儿正确的行为。在整个过程中，我们注重提升幼儿的个人能力，如社交、自我管理等，立足于培养幼儿具有一定的融入正常的集体游戏活动与生活中的能力。

在行为后果技术处理方面，对于幼儿积极的行为，尤其是社会化行为我们要给予积极的强化，也就是正强化，以期良好行为的持久保持；对于不好的行为，我们可以采用负强化的方法，以期减少该行为发生的频率或者消失，而不是采用粗暴的方法去强迫幼儿按照要求去做，我们要学会等待，只有等待奇迹才会出现。

### 四、实施路径与对策

IEP 计划的操作程序实际上就是教学的全过程，即从接案到评量，具体操作如下：接案、教育诊断、拟定个别化教育计划、教学设计、实施以及评量与修正教学。

(IEP 计划的操作程序实际上就是教学的全过程，操作程序如下：接案→教育诊断→拟订 IEP→设计教学活动→实施教学→评量修正教学。

①接案

面谈：鉴定后家长同意孩子入学，即与家长面谈，了解儿童家庭情况及儿童成长、发展等情况。

试读：新生有 1~2 周的试读，让学生适应新环境并观察其身心状况。

编组：根据儿童发展等测验及观察，依年龄、程度编组，或作灵活编组(依活动需要)

②教育诊断。对学生做全面的测评，包括生长发展史、儿童基本情况、生理发展、智力适应力及视、听、动作发展及形成原因分析，得出教育诊断结果、学生优弱点、教育建议等。

③拟订 IEP 教育计划。依教育诊断结果拟订个别化教育计划的长、短期目标及教学策略、协助人员与环境等。

④按 IEP 计划进行教学活动设计。如，选择教学内容、目标、决定教学顺序、编选教材采用教学法、安排教学环境等。

⑤实施教学、进行教学活动设计，运用教学法、教学策略，由相关人员完成教学目标的活动。

⑥教学评量。教学活动后对教学过程、结果的评议，关系到新的教学活动的开始。

（一）教师个别辅导

1. 情景教学：指的是在日常生活、学习、工作的人、事、物中实施教育教学。情景教学适合长期性、生活性和与认知相关的教学活动。情境教学的特点是自然，学生能主动参与和易收实效。对于需要长期、持续性训练的目标；在适当的场所、时间、具体事件当中表现的、与生活密切相关的活动；与情境相适的行为培养以及与认识有关的目标都可以采用情景教学法。

2. 游戏教学法：指运用游戏的方式，将教学目的、内容融入其中，教师通过游戏活动，遵循游戏的规则，进行教学。

3. 工作分析法：指对某一技能或工作（整体的工作目标），依其顺序或构成而作的分解（分解成小阶段、小步骤、小目标）。是一种化整为零，化繁为简，步步为营，再化为整，再综合分析、评量的工作，也是一种训练方法。

4. 协同教学法：指的是一种异于一般传统的班级教学，由两个或两个以上教师，若干辅导人员组成一个教学团队发挥个人才能、共同计划，在一个或数个学科中应用各种教学资源合作教学，重在改变教学形态的教学法。以本园为例，班上的特殊幼儿除了在班上由自己的班主任进行教学以外，还会由专门的特教老师给他进行有针对性的辅导课程，同时也会有不同学科或专长的老师给他们上一些艺术课程，比如舞蹈、围棋和游泳，多方面丰富特殊幼儿的学习生活。

5. 回合式操作教学法（DTT）：英文全称是"Discrete Trial Teaching"，

DTT 是应用行为分析法（Applied Behavior Analysis，ABA）的原理去执行具体教学操作方法，是一种非常具体，非常系统的教学方法，越来越多的孤独症康复训练都使用这种教学方法，此法既适合幼儿园教师个别辅导，也适宜在幼儿一日生活及幼儿园特教资源教室里进行。

（1）回合式操作教学法操作过程

所谓回合式操作教学法的具体过程是先由干预人员给出一条简短明确的指令让自闭症儿童作出一个单一性动作，如自闭症儿童根据指令完成这一动作则立即予以预选的奖励，必要时，也要由干预人员给予适当的口头提示或必要的身体辅助，待其能自己完成该动作后再逐步撤销提示与辅助。它具体由三个环节组成：

①给孩子发出指令或要求；

②促使孩子对之作出回答或反应；

③结果强化（对孩子的反应强化或提示加强化）；

一般干预人员完成一个操作流程后会稍微停顿后再作出下一个指令（开始新的指令）。将每一项要教的技能分成小步骤，然后一步步练习，不断强化教学，反复训练每个步骤，直到目标达成。比如我们要教会特殊需要幼儿学习洗手就要有以下六个步骤：打开水龙头、搓手、擦肥皂、再搓手、关水龙头、把手擦干……

（2）回合式操作教学法几个操作技巧

①指令。指令就是要求幼儿做什么事情的时候出示的刺激，一般可以分为语言指令和非语言指令，指令的意义在于让幼儿理解别人的意愿，建立起自己与别人之间"是有关系"的意识。发指令的时候一定要注意统一性、不重复性，要与强化物相结合。比如我们强调：当老师问你问题的时候要"起立"，而不能说"起立，起立，起立"，否则特殊需要幼儿会理解为他可以等待或者不反应。如果幼儿没有做出正确的反应，我们需要保持冷静，不要着急，更不要和孩子怄气，对孩子的不适当反应可以忽视，可以平静地对孩子说："不要紧，再做一遍吧。"

②强化物。选择有效的强化物可以更加有利于良好行为的出现，一般

强化物应与幼儿的生理需求有关，包括食物、饮品、亲抚等，也可以是一些外在的强化物，包括其喜欢的玩具、游戏等。具有"奖励性"是强化物选择的根本原则，此外有效、安全、可实现、可管理也是挑选强化物的标准之一。在幼儿家访的过程中，老师应该详细了解幼儿喜欢的东西或者活动，以便用来作为强化物的依据。

③辅助。辅助是一种附加的刺激，旨在帮助特殊需要幼儿在指令和正确反应之间建立联系，保证其反应的正确性。辅助的种类包括身体辅助、动作示范、手势辅助、方位辅助、语言辅助、视觉辅助等。

③DTT 与传统经典的教学方法的区别

过去，经典的教学方法中往往是老师给孩子提供（看或讲）很多信息内容，孩子在老师教授的过程中只需要被动的"听"，无需做出明确的反应。而 DDT 只给孩子很少的"信息"，比如两张动物卡片，一张是牛，一张是小老鼠，老师给其一个简单的指令"把牛给我"，对孩子的要求十分明确，孩子因此就十分清楚。因此相对来说 DDT 不是那种被动、消极的学习方式，而是一种积极的学习方法，每次"操作"时孩子必须做出反应，施教者也会给予强化。

## （二）家长或特教专业人员陪读

特殊需要幼儿是否能够生活自理，是否能够听得懂教师的指令，这两个最基本的条件决定了幼儿园融合教育是否能够成功开展。如果该特殊需要幼儿在这两个方面的能力都非常弱，幼儿园就有必要请家长进入幼儿园陪读。结合多年的实践经验，能够顺利融入小学里的特殊需要幼儿都是家长付出大量的心血与时间。家长陪读让特殊需要幼儿更加有效地融入普通幼儿生活学习环境中，解决了幼儿园带班教师精力、时间不足的困难。良好的家园合作关系更加有助于特殊需要幼儿的成长，尤其是定期不定期陪读家长与教师的及时沟通，让各种教学行为更加有效，家长与教师彼此之间均收到教学相长的效果，最重要的是保证家园教育的一致性与连续性。目前有些特教机构专门培训专业的"影子老师"，为特殊需要幼儿家庭提供陪读服务，解决家长没有时间或专业性不够的陪读问题。当然，专业机构人员陪读有利有弊，好的一面是，他们的专业知识更多一点，但另一方面缺少了亲情的陪伴，不利于为幼儿提供安全稳定的环境，当然时间也许会弥补这个不足。

(三)半日机构辅导，半日幼儿园融合

目前大多数幼儿园没有特殊教育背景的专业教师，更没有特教资源教室。依据我们的经验，半日机构辅导，半日幼儿园融合则是一种非常有效的途径，一方面解决了幼儿园专业与场地不足的问题，另外一方面也解决了家长工作的问题。更重要的一点，是让"特需"儿童融入自然、普通的教育环境中，有利于孩子们融合共生，互促成长。一般来说，上午幼儿园的活动内容与配班教师都十分充足，所以上午在幼儿园接受融合教育，饭后，由家长把孩子接走回家休息，或在园起床后，直接到特教机构进行有针对性的训练。幼儿园与特教机构相互配合，让资源发挥效益最大化，幼儿园的教师可以去特教机构学习，特教机构的老师也可以到幼儿园观摩，全面了解特殊幼儿的状况以及双方教师如何开展干预，相互借鉴加以完善，共促"特儿"进步，保持教育的一贯性。

# 第五节　特殊需要幼儿入读小学前的评估

目前接受特殊需要幼儿的幼儿园并不多，小学在最近几年也逐步开始接纳特殊需要幼儿。幼儿园是特殊需要幼儿能否顺利融入小学、中学乃至大学的关键点，因为幼儿园阶段重点培养幼儿的生活自理能力、语言能力、社会交往意识与能力等，这些都是幼儿入读小学的必备能力。

特殊需要幼儿进入小学前需要进行前期评估。

## 一、特殊幼儿能否入读小学的评估

每年小学招生的时候就是特殊需要幼儿家长最煎熬的时候，因为他们要面临孩子能否入读小学、哪间小学能接受特殊需要幼儿的问题。目前，接受特殊需要幼儿的小学比较少，尤其是民办小学。那么，特殊需要幼儿需要具备哪些能力才能够进入小学呢？下面这几个标准无论对于特殊需要幼儿还是普通幼儿都具有一定的参考意义。

1. 生活自理能力：能够自己穿、脱衣服和鞋子，自己整理书包，主动吃饭，会收拾碗筷，会自主上厕所。

2. 动作发展能力：会使用扫把扫地，会将卫生纸对折两次，会使用剪刀剪直线，会使用铅笔写字，会使用筷子吃饭夹菜。

3. 语言发展能力：会说出自己的姓名、年龄、性别等基本资料，能依指令做出先后两件事，能遵照指令拿物品，会清楚表达自己的意见。

4. 认知发展能力：看见几何图形时，能正确描述出圆形、正方形、长方形、三角形等名称，能区分左、右，能写出阿拉伯数字一到二十。

5. 社会发展能力：眼睛会看着说话的人，有困难时会请求帮助，注意力能够集中，游戏时能和大家轮流玩，并耐心等待，游戏时能遵守规则，不随便打人或骂人，能坐得住 20 分钟。

## 二、填写特殊需要幼儿能力发展评估表

特殊需要幼儿能力发展评估表分为自我管理、动作发展、认知发展、社会性发展四大板块，共计二十六项，一般通过二十项以上的特殊需要幼儿能进入小学就读。特殊需要幼儿就读小学后也会面临一些问题，这需要幼儿园、小学、家庭三方的沟通与配合，共同帮助特殊需要幼儿适应小学生活。

## 三、召开综合评议会议

在小学招生季开始之前，幼儿园组织园长、保教主任、特殊教育专业教师(有就参与)、班主任、特殊需要幼儿家长、小学教师一起参与综合评议会议，根据评估材料得出能否升入小学的结论。

表 2-8 　　　　　　　　　**特殊需要幼儿能力发展评估表**

班别：　　　　　　幼儿姓名：　　　　　评价日期：

| 项目 | 评估内容 | ✓ | ✕ | 备注 |
|---|---|---|---|---|
| 自我<br>管理 | 能自己穿脱衣服、鞋子 | | | |
| | 会自己整理书包 | | | |
| | 会自己上厕所 | | | |
| | 会自己吃饭 | | | |
| | 能集中注意力 20 分钟以上（上完一节课） | | | |
| | 能每天早上按时起床，准点到幼儿园 | | | |
| 动作<br>发展 | 会使用工具扫地 | | | |
| | 握笔姿势正确 | | | |
| | 会解鞋带和系鞋带 | | | |
| | 会削铅笔 | | | |
| | 会倒步走 10 步以上 | | | |
| | 会正确地上下楼梯 | | | |
| 认知<br>发展 | 知道自己的姓名、性别、年龄 | | | |
| | 能够听从指令去行动 | | | |
| | 会清楚表达自己的意见 | | | |
| | 会书写自己的姓名 | | | |
| | 知道本班 3 位老师的称谓，知道爸爸妈妈的名字 | | | |
| | 会书写阿拉伯数字 1—20 | | | |
| 社会性<br>发展 | 能控制好自己的情绪 | | | |
| | 会看着别人的眼睛说话 | | | |
| | 有困难会请求别人帮助 | | | |
| | 能依据指令做出先后 2 件事情 | | | |
| | 游戏时能遵守规则 | | | |
| | 不随便打人或骂人 | | | |
| | 听到别人喊自己的名字时有回应 | | | |
| | 游戏时能和大家轮流玩 | | | |

| 项目 | 评估内容 | ✓ | × | 备注 |
|------|---------|---|---|------|
| 综合<br>评价 | | | | |
| | 评价人(签名) | | | |

通过对评估材料的分析，大家共同讨论该特殊需要幼儿是否具备就读小学的能力、仍存在哪些问题，以及入读小学后应注意的事项等，讨论过程应充分听取多方意见，尽力为幼儿与家长做出一个科学的判断。

目前接纳特殊需要幼儿的小学相对较少，对于本地区哪些幼儿园开展了融合教育、哪些小学接受特殊需要幼儿，幼儿园掌握的信息和资源相对较多，因此可以向家长提供建议，帮助特殊需要幼儿就读小学。这就是我们所说的幼儿园融合教育后期服务。

# 第六节 特殊需要幼儿入读小学后的跟踪服务

不同的学龄阶段有着自己不同的教育教学任务，当特殊需要幼儿进入小学后是否完全就与幼儿园无关呢？我们认为对特殊需要幼儿进行持续的跟踪服务不仅体现一个幼儿园的责任感，更重要的是保证了特殊需要幼儿教育的衔接性，让他们能够顺利地过渡到小学的学习与生活中。

## 一、目前普通小学反映特殊需要幼儿存在的问题

### (一)"学习基础信息"不全面

学习基础是制定个别化教育计划的基础，是对学生的学习态度、能力、情感等各方面的反映。从认知能力和学习行为习惯的描述上来看，超过一半的教师仅仅只描述了随班就读学生小部分的学习习惯和认知能力。

比如：学生上学迟到、课堂上不专心、不能按时完成作业等。老师对他们的评价往往局限于现有的认知水平与行为习惯水平，而这些恰恰是特殊需要幼儿去了小学后需要继续学习与发展的基本技能。

### (二)负面、消极的评价较多

在随班就读的班级一眼就可以看出哪些是特殊需要学生，他们在行为习惯、认知能力等方面的水平，相对于同班同学来说差距比较大。如果老师不能像幼儿园老师一样，给予他们充分的鼓励，那么特殊需要学生是很难在一个新的学习环境中寻找到自己的落脚点与价值存在感。对于他们来说，更多地需要老师从他们的点滴进步、行为习惯的改变等方面给予积极的评价，而不是从学科成绩来进行评价。这些情况从老师的评语与评价中体现出来，如"学习态度端正""能认真完成作业""今后多加努力""希望……"等，这都说明普通学校教师并没有充分了解学习基础的内容及其重要性。

### (三)家长教育的作用没有得到充分的体现

父母是孩子最好的老师，是个别化教育计划的重要资源，是老师的好搭档。在幼儿园，很多家长都能积极参与到特殊需要幼儿的班级生活与学习中来；而去了小学后，家长由于生活的压力以及周围环境的压力，很少去关注、关心孩子的学习生活，更不要说参与到小学教育中来。往往是特殊需要幼儿在学校与同学闹矛盾、打架等重大问题，家长因此被老师请到学校来，才会去关心、参与到孩子的教育中来。

## 二、针对特殊需要幼儿的幼小衔接工作的开展

特殊需要幼儿入读小学前这一阶段，幼儿园可以根据幼儿现有能力特点，专门针对特殊需要幼儿开展相关的幼小衔接工作，包括以下几个方面：

## （一）决定安置地，认识相关负责人员

就近入学是目前最为鼓励的教育安置方式，家长和老师可提前去了解邻近学校，包括校方对身心障碍学童的接纳态度或基本看法，师生比如何，学校整体环境如何。

## （二）情景模拟，提前暖身适应

在面临新环境时，特殊需要儿童的身心可能产生不适应感。对此，幼儿园有必要提前进行情境模拟练习，提出可能的期待，依据循序渐进的原则，让他们逐渐适应，提前为进入新环境做好准备。

## （三）实地参观，熟悉新环境

在征得校方同意的情况下，家长或幼儿园老师可提前带特殊需要儿童参观新学校，以有趣的方式来熟悉环境，从而降低他们的排斥感和焦虑感。

## 三、搭建幼儿园与小学融合共生教育桥梁

### （一）分享成功经验，缩短适应期

幼儿园教师可与新学校的教师以及行政人员分享教导该儿童的成功经验，草拟或简述孩子现阶段的能力，提供给新接手教师参考，以减少磨合期，让小学阶段教师及早掌握他们的学习需求，缩短适应期。

### （二）做特殊需要幼儿的"灭火器"与"救命草"

特殊需要幼儿进入小学后，由于社交、语言、生活自理能力等方面发展存在缺陷，通常没过多久就会遭到老师、同学、家长的投诉，有些严重的甚至出现"打人"现象。这时候就需要小学校长、老师高度接纳他们的思想，尽可能地包容特殊需要孩子，尽力做好家长工作。同时，幼儿园的园长、老师、家长与孩子也可以现身说法，帮助小学做好普通孩子家长的工

作，让同班的家长与同学愿意接纳他们。

### (三)家长要做特殊需要幼儿社交关系的"催发剂"

比如：家长经常去小学做一些义工，给同学们讲一些有趣味的故事，有时候甚至给同学们讲讲某某脾气不好，希望同学们接纳他，愿意同他做好朋友，经常邀请同学去自己家里做客，帮助特殊需要幼儿建立良好的社交关系。

### (四)经常到小学探望特殊需要儿童，让他们有成就感与归属感

一般来说很少幼儿园园长和老师再去小学看望他们，而如果我们园长、老师经常去看望他们，给他们带点好吃的，与同学们分享，有利于他们社会情感的发展。让他们知道这个世界有很多人关心与爱护他们，并逐步学会感恩。

### (五)参与特殊需要幼儿入读小学后的家庭教育

为了配合特殊需要幼儿家长保持教育的延续性，我们经常会沟通与打听特殊需要幼儿在家里的生活情况，让他意识到爱的延续。有时候家长也可以将老师、园长的情况告诉特殊需要幼儿，让他们学会关心幼儿园里曾经爱他、关心他的人，让他们学会感恩。有时候甚至可以买一些鲜花回去幼儿园看看自己曾经生活、玩耍过的地方，和一直关爱自己的老师，支持特殊需要幼儿进行情感的交流与培养。

### (六)了解特殊需要幼儿在小学、中学的学习生活的状态，完善融合共生教育模式

通过走访特殊需要幼儿所在的小学或中学，与他们现任的教师、校长沟通教育经验与策略，从而完善幼儿园融合共生教育模式下的教学策略，让融合教育开展更加有效。这样做有利于幼儿园的融合教育立足于一个长远的生态系统之中，更好地去考虑教育的落脚点。尤其是几个教育价值取

向点是否正确，包括社交、语言、生活自理能力的培养等，通过跟踪服务也让我们每个从事融合教育工作者明白：融合教育是一个系统的工程，是一个长期的工程，也是一个充满爱的灵魂的工程。

# 第三章  幼儿园融合共生教育模式
# 实践标准与对策

## 第一节  融合共生教育模式下的校园建设标准

幼儿园要实施融合教育，必须具有一定的标准。依据教育部等七部门提出的《第二期特殊教育特升计划（2017—2020 年）》文件精神，结合我园长达 19 年的融合教育经验，为了让更多的幼儿园参与融合教育工作，我们建议融合教育校园建设可以参考以下几个标准：

### 一、组织与建设

#### （一）幼儿园管理：策划与执行

幼儿园园长、老师愿意接受特殊需要幼儿，具有融合教育的思想与教育理念，条件允许的情况下设立资源教室，或者有固定的教育机构合作。每个班级至少含有 1 名特殊需要的幼儿。

#### （二）领导与监察

幼儿园由园长或者 1 名副园长主抓融合教育项目，对融合教育实行质量监控管理，包括教学质量、幼儿发展水平、家长观念改变、育儿水平提升等。营造接纳特殊需要儿童的校园文化氛围；组织幼儿园教师进行相关研讨活动，邀请专业教授进行相关指导；能够为老师提供必要的专业及资源支持。

### （三）教师专业发展

幼儿园需有特殊教育专业背景的教师 1 名，对普通教师进行相关的策略支持，对特殊需要幼儿的教育发展提供初步的观察评估指导。普通教师每学期有相关融合教育专业知识培训，包括理论培训、实操培训、园内培训与外出学习培训。

## 二、教与学

### （一）课程和评估

幼儿园有专门针对特殊需要幼儿的相关课程内容，能够依据医疗专业结构的评估结果，制定相关个别化教育方案，为幼儿提供相适应的教育内容；能够依据内容与班级幼儿的实际情况运用不同的教学策略，促进特殊幼儿与普通幼儿的发展；能够依据相关的评估标准对幼儿进行初步的观察评估；能够依据有关理论对幼儿的行为进行记录，并提供给评估专家进行评估，包括入读小学前的能力评估。

### （二）特殊需要学生学习和教学

依据个别化教育方案组织教学活动，能够运用集体教学与个别辅导等多种教学形式帮助特殊需要儿童进行融入与学习。对于个别融入困难者可以由社工或家长在教学与生活中给予协助，同时建立特殊需要幼儿个别化教育方案和个人成长档案。

## 三、幼儿园校园文化及资源支持

### （一）校园文化

幼儿园需经常举行融合教育宣传活动，包括幼儿园园内与面向社会的宣传活动，让更多的人关注与接纳幼儿融合教育，从而支持幼儿园开展融

51

合教育工作。幼儿园园长、教师、家长对融合教育的接纳度高，参与度高，无论是幼儿还是家长都知道融合教育的概念，懂得关心与支持特殊需要儿童。

## (二)家园合作

幼儿园要经常组织家长开展融合教育相关活动，经常向家长汇报幼儿融合教育的开展情况，包括普通幼儿与特殊需要幼儿家长。通过培训转变家长观念，提高家长对融合教育的接纳程度，让家长经常对自己孩子在家开展相关教育，支持与配合幼儿园组织的各种融合教育活动。

## (三)校外资源链接

幼儿园对外联系以及对外资源链接主要有高校特殊教育专家支持、医校结合、幼儿园与校外机构合作等方面。只有进行全方位合作，才能弥补幼儿园自身资源的不足，才能让幼儿园融合教育效果实现最大化。此外幼儿园还需要对本园特殊需要幼儿毕业生进行跟踪服务，包括就读小学、中学等。

## 四、特殊需要幼儿表现

### (一)情意发展和态度

特殊需要幼儿愿意并能开心地上幼儿园，在幼儿园内情绪逐步稳定，能逐步融入集体生活中，能为集体做一些力所能及的事情，会感恩父母、老师与同学；能努力在集体活动中有所表现，碰到困难会寻求帮助，对周围发生的事情会给予关注。

### (二)同伴关系发展

对同班同学能做到和平共存，友爱相处。能在老师的提示下，对同班同学有语言回应，愿意接受同伴的帮助，在同伴主动的前提下，能够和同伴一起游戏与运动，能基本融入集体生活。

表 3-1　　　　　顺德机关幼儿园融合校园建设内容与标准

| 项目 | | 指标 | 分值 | 评分操作 | 得分 | |
|---|---|---|---|---|---|---|
| | | | | | 自评 | 他评 |
| 组织与建设 | 幼儿软硬件配备 | 幼儿园园长、教师愿意并已经接纳特殊儿童 | 2 | 有特殊孩子记2分，没有记0分 | | |
| | | 幼儿园设立资源教室 | 2 | 有记2分，没有0分 | | |
| | | 平均每个班级至少含有1名以上特殊需要幼儿 | 2 | 达到标准记2分，少1个班级扣一分，直到0分为止。 | | |
| | | 幼儿园有无障碍通道 | 2 | 有记2分，没有记0分 | | |
| | | 融合班级有提供结构化、视觉提示的教室环境 | 2 | 有记2分，没有记0分 | | |
| | 领导与监察 | 幼儿园有1名园长或者副园长主抓融合教育项目 | 2 | 有记2分，没有记0分 | | |
| | | 热情接纳前来报名的特殊需要幼儿并为其提供教育建议 | 2 | 有接纳记录记2分，没有记0分 | | |
| | | 具有融合教育质量监控制度，包括教学质量、家长思想观念等 | 2 | 有记2分，没有记0分 | | |
| | | 每周一次融合教育教研活动，每月一次幼儿园与家长融合教育交流活动 | 2 | 有记2分，没有记0分 | | |
| | | 幼儿园能为教师提供融合教育相关专业资源支持 | 2 | 有记2分，没有记0分 | | |
| | 教师专业发展 | 幼儿园配有1名大专以上的特殊教育专业教师 | 2 | 有记2分，没有记0分 | | |
| | | 幼儿园教师具备观察与记录特殊幼儿行为的能力 | 2 | 有观察记录记2分，没有记0分 | | |
| | | 幼儿园教师具备依据相关材料设计个别化教育方案的能力 | 2 | 有个别化教案方案记2分，没有0分 | | |
| | | 特殊教育专业教师定期去指导普通班级的教师去开展融合教育 | 2 | 有记2分，没有记0分 | | |

续表

| 项目 | | 指标 | 分值 | 评分操作 | 得分 | |
|---|---|---|---|---|---|---|
| | | | | | 自评 | 他评 |
| 教与学 | 教师专业发展 | 普通班级教师融合教育专业素质高,勇于接纳特许需要幼儿 | 2 | 有记2分,没有记0分 | | |
| | | 幼儿园具有相对固定的特殊教育的专家教授对其进行定期入园指导 | 2 | 有记2分,没有记0分 | | |
| | | 幼儿园每学期都有不少于5次以上的融合教育专业培训,包括园内与园外 | 2 | 5次以上记2分,少一次扣0.5分 | | |
| | 课程 | 具有能够提供视觉辅助、字体放大、有图片或者影片的教材 | 2 | 有记2分,没有记0分 | | |
| | | 每节课包含多种活动,包括针对特殊需要幼儿而设计的教学活动 | 2 | 有记2分,没有记0分 | | |
| | | 利用社会性故事等方法帮助特殊需要幼儿学习和自己相处、和别人相处及与环境相处的道理和规则,协助他们理解别人的感受和观点 | 2 | 有记2分,没有记0分 | | |
| | | 有专门针对特殊需要幼儿能力不足或强势能力而设计的课程内容 | 2 | 有记2分,没有记0分 | | |
| | | 具有简单不冗长的图书,依据需要可将冗长的教材切割成较短的段落 | 2 | 有记2分,没有记0分 | | |
| | 教学 | 有针对特殊需要幼儿制定个别化教育方案 | 2 | 有记2分,没有记0分 | | |
| | | 利用多感官模式教学,包括视觉、听觉、动觉、嗅觉等 | 2 | 有记2分,没有记0分 | | |
| | | 鼓励特殊需要幼儿在班上能参与讨论和发表自己的建议 | 2 | 有记2分,没有记0分 | | |

| 项目 | | 指标 | 分值 | 评分操作 | 得分 | |
|---|---|---|---|---|---|---|
| | | | | | 自评 | 他评 |
| 教与学 | 教学 | 确定幼儿能听懂老师的指令,必要时候给予特殊幼儿复述指令内容 | 2 | 有记2分,没有记0分 | | |
| | | 协助特殊需要幼儿和普通幼儿在各项活动中分组,分配角色和任务 | 2 | 有记2分,没有记0分 | | |
| | | 为特殊需要幼儿都安排1—2名普通幼儿做好朋友 | 2 | 有记2分,没有记0分 | | |
| | | 教授特殊需要幼儿任务时,能够将复杂口令简单化 | 2 | 有记2分,没有记0分 | | |
| | 评估 | 定时追踪幼儿的生活作息,确定幼儿有做游戏、练习和康复训练的时间 | 2 | 有记2分,没有记0分 | | |
| | | 建立每日工作检核表,并要求家长帮助幼儿做好记录。知道自己完成作业的情况,并建立奖励机制 | 2 | 有记2分,没有记0分 | | |
| | | 针对普通幼儿与特殊需要幼儿具有不同的评价标准 | 2 | 有记2分,没有记0分 | | |
| | | 评估的内容是一小点一小点的评估,避免冗长复杂的评估 | 2 | 内容适合记2分,不是很科学记1分 | | |
| | | 即使特许需要幼儿没有完成的很好,也能积极称赞其每一点进步 | 2 | 有记2分,没有记0分 | | |
| | | 评估之后能及时为特殊需要幼儿建立档案,并为下一阶段的教学提供建议 | 2 | 有记2分,没有记0分 | | |
| | | 有针对幼儿情况建立特殊需要儿童的个人评估与教育档案 | 2 | 有记2分,没有记0分 | | |

续表

| 项目 | | 指标 | 分值 | 评分操作 | 得分 | |
| --- | --- | --- | --- | --- | --- | --- |
| | | | | | 自评 | 他评 |
| 校园融合教育文化氛围 | 学校氛围 | 幼儿园经常面向家长宣传融合教育 | 2 | 有记 2 分，没有记 0 分 | | |
| | | 幼儿园园长、教师、家长对融合教育接纳度高 | 2 | 高于 90%记 2 分，低于 90%记 1 分 | | |
| | | 班级幼儿都乐意主动与特殊需要幼儿玩耍 | 2 | 关系融洽记 2 分，不是很融洽记 1 分 | | |
| | | 调整适合的座位(①靠近老师；②易于协助；③远离窗户、走廊；④看得清楚；⑤听得清楚；⑥不易被干扰；⑦其他) | 2 | 有关注与调整特殊幼儿位置记 2 分，没有记 0 分 | | |
| | | 积极协助特殊需要幼儿参与班级及幼儿园组织的各项活动，必要时及时给予辅具、配备助理人员 | 2 | 有记 2 分，没有记 0 分 | | |
| | 家园合作 | 建立家园联系沟通渠道，并积极与家长沟通特殊需要儿童在园情况 | 2 | 有记 2 分，没有记 0 分 | | |
| | | 幼儿教师主动告知家长幼儿在园接受服务情况 | 2 | 有记 2 分，没有记 0 分 | | |
| | | 家长积极配合幼儿园完成相关教育任务，并积极反馈幼儿在家情况 | 2 | 有记 2 分，没有记 0 分 | | |
| | | 家园经常坐在一起研讨孩子的教育问题 | 2 | 有会议记录记 2 分，没有记 0 分 | | |
| | 校外资源链接 | 幼儿园经常与特殊教育机构包括特殊学校进行交流 | 2 | 有会议记录记 2 分，没有记 0 分 | | |
| | | 幼儿园具有相对固定的高校特殊教育专家教授的指导 | 2 | 有会议记录记 2 分，没有记 0 分 | | |
| | | 幼儿园经常与融合教育幼教同行、融合教育学校进行交流 | 2 | 有会议记录记 2 分，没有记 0 分 | | |

| 项目 | | 指标 | 分值 | 评分操作 | 得分 | |
|---|---|---|---|---|---|---|
| | | | | | 自评 | 他评 |
| 校园融合教育文化氛围 | 校外资源链接 | 幼儿园对本园毕业的特殊需要幼儿进行跟踪服务 | 2 | 有会议记录记2分，没有记0分 | | |
| | | 能够与中小学进行融合教育沟通，相互吸收经验 | 2 | 有会议记录记2分，没有记0分 | | |
| | | 能够做到医校结合，同校外特教资源保持联系与沟通 | 2 | 有会议记录记2分，没有记0分 | | |
| 特殊需要幼儿表现 | 情意发展 | 特殊需要幼儿每天乐意上幼儿园，在幼儿园情绪稳定 | 2 | 出勤率90%以上记2分，其余1分 | | |
| | | 能够在老师要求或者主动情况下帮集体做一些力所能及的事情 | 2 | 有记2分，没有记0分 | | |
| | | 会感恩父母、老师与同学，知道要与同伴一起玩 | 2 | 有记2分，没有记0分 | | |
| | | 在集体活动中遇到困难会寻求帮助，会表达自己的需求，对周围发生的事情会给予关注 | 2 | 情况良好记2分，其余记1分 | | |
| | 同学关系发展 | 能接受同伴的帮助，与其一起活动 | 2 | 情况良好记2分，其余记1分 | | |
| | | 特殊幼儿能说出5名以上同伴的名字 | 2 | 达到记2分，一个没有达到扣1分 | | |
| | | 对同伴的语言要求有所反应 | 2 | 会记2分，不会记1分 | | |
| | | 会说谢谢、你好、早上好等礼貌用语 | 2 | 会记2分，不会记1分 | | |
| | | 对同伴做错事后，能在老师的提醒下向同伴道歉 | 2 | 会记2分，不会记1分 | | |
| | 学业表现 | 能按照老师的指令去完成自己应该完成的任务 | 2 | 能够听从记2分，效果不强记1分 | | |
| | | 知道班级常规，能够按照幼儿园的作息时间去游戏、活动与休息 | 2 | 能够做到记2分，不能够记1分 | | |

续表

| 项目 | | 指标 | 分值 | 评分操作 | 得分 | |
|------|------|------|------|------|------|------|
| | | | | | 自评 | 他评 |
| 特殊需要幼儿表现 | 学业表现 | 在成人的引导下，能够表达自己的想法 | 2 | 能够做到记 2 分，不能够记 1 分 | | |
| | | 能够控制自己的情绪，并懂得表达与处理自己情绪 | 2 | 能够做到记 2 分，不能够记 1 分 | | |
| 办园成效 | 加分项 | 能够将特殊需要幼儿顺利送入小学 | | 加分项 1 名加一分 | | |
| | | 能够以课题、科研立项的方式进行融合教育研究 | | 省级加 5 分，市级加 3 分，区级 1 分 | | |
| | | 有融合教育科研成果，包括文章发表等 | | 省级加 5 分，市级加 3 分，区级 1 分 | | |

备注：1. 该建设标准分为 4 个评价项目与 1 个加分项目，共 65 个评价栏目，合计 130 分。

2. 幼儿园融合校园建设评分结果超过 100 分以上即为幼儿园融合校园。

## (三)学业表现

能在老师的提示下完成一些具体的小任务，具有时间观念。老师能对特殊需要幼儿的每一点进步都给予鼓励，能定时向家长说明幼儿在园的进步情况，并提出还需要家长支持的事项。幼儿能够适应并融入幼儿园一日生活流程。

## (四)毕业率

能够在幼儿园通过融合教育，提升幼儿的语言、社交、生活自理等能力，帮助特殊需要幼儿顺利进入小学。幼儿园具有一套评估特殊需要幼儿是否适合小学教育的评价系统。

## 第二节　融合共生教育模式下的教师培养支持策略

幼儿园开展融合教育的关键在于提升幼儿园教师的融合教育素养，在融合师资队伍素养方面众多学者开展了大量的研究工作，如赵红认为：普通幼儿园教师对特殊儿童的了解较少，对特殊儿童的接纳度偏低，对特殊教育专业知识学习不足，普通幼儿园教师实施融合教育的支持体系不够健全等问题①。在幼儿园教师融合教育素养与培训需求分析方面，也有研究表明目前的现状是幼儿园融合教育素养偏低，在幼儿园对特殊教育培训需求与融合教育现状的调查结果都显示非常大的一致性。如李静通过对北京地区幼儿园教师的调查认为在融合教育素养方面表现最好的是专业态度，然后是专业知识、专业技能相对比较低②。在培训需求方面，众多幼儿园都强烈渴望接受各种培训，尤其是脱产培训、理论与操作示范相结合的培训、短期培训等。

我园从 2001 年开始至今进行了长达 19 年幼儿园融合教育工作实践，提出幼儿园融合共生教育模式以及融合共生教育模式的教师支持策略。融合共生教育模式下的教师支持策略则是指在普通幼儿园立足于现有条件，通过自我培养、流程规范、资源整合等途径提升幼儿园教师的融合教育素质，解决幼儿园"敢接、会接"特殊需要幼儿的问题。

### 一、树立正确的幼儿融合教育观念，解决教师融合教育价值观问题

#### （一）发现、尊重与把握幼儿阶段的发展规律

陆月崧园长在 1997 年率先提出"把唯一的童年留给每个孩子"的办园

---

① 赵红. 融合教育背景下幼儿园教师对特殊儿童态度的研究 [D]. 广西师范大学硕士学位论文，2017.

② 李静. 幼儿园教师融合教育素养与培训需求分析 [J]. 教师发展研究，2017（12）.

理念，强调童年的"唯一"，即童年的短暂和不可弥补性。多年的融合教育实践证明：早发现，早干预，更有效。我们都知道儿童天生具有仁爱之心、平等之心、同情之心，天生善于学习与模仿，开展融合共生教育模式是为了发现儿童。眼中有孩子，尊重个体，顺势而教，将差异发展转换为教育资源，实现"融合共生教育"的目标，让特殊需要孩子顺利融入幼儿园生活并为就读小学做好准备，让普通孩子学会关爱、学会担当、助人为乐等。

### （二）幼儿教育的整体性、系统性与可持续性

"融合共生教育"模式关注幼儿教育的整体性、系统性与可持续性，关注幼儿教育的目标、手段、路径与资源配置。幼儿园融合教育是一项伟大的教育事业，离不开政府、社会、家长、高校等资源的支持，更离不开家园之间的相互配合与合作。幼儿教育是启蒙教育，更加应该关注其综合性与可持续性发展，让每个幼儿都喜欢上幼儿园，享受幸福的童年，实现生生相融、家园相融、中小学与幼儿园相融等，实现共建和谐社会的目标。

## 二、形成立体、复合的教学组织形式，解决教师精力与专业知识不足的问题

### （一）随班就读，生生相融

接纳特殊需要幼儿，让特殊需要幼儿走进幼儿园是前提。幼儿园融合共生教育模式的核心是以孩子影响孩子，让特殊需要幼儿受到普通孩子的关心与关爱；让普通孩子学会关心、包容、接纳特殊需要幼儿。孩子天生具有怜悯关爱之心，我们充分利用孩子的善良之心，让他们在共同的游戏、生活与学习中学习理解对方，共同享受自己的幸福童年，将差异转换为相互教育的资源。

### （二）医校结合教育

为了弥补幼儿园特教专业教师能力不足以及时间不够的现实困难，幼

儿园可以开展医校结合教育：一是与医疗机构合作，依据其评估结果提供更加专业的教学指导意见；另一方面是与特教机构合作，半天在幼儿园融合，半天由家长带领孩子去特教机构进行一对一强化训练，甚至可以在入园之前进行干预。如我园的阳光工作站先后接纳与服务过许多社区特殊需要幼儿，实现家长早发现，早干预。

(三)家园互动教育

家长也是融合共生教育合作对象之一。孩子是家庭的希望、祖国的未来，但孩子的教育无论如何离不开家长的支持与配合，否则效果甚差。我们动员家长随班陪读，边陪边学，家园一起干预，让家长了解孩子的在园情况，学习特殊教育专业知识、方法，家长配合是幼儿园融合教育有效保证。在幼儿园特教资源不足的情况下，许多具有丰富经验的家长包括已毕业的特殊需要幼儿家长都可以成为幼儿园开展融合教育的师资支持力量。

## 三、建构 1+5 师资培养模式，让更多的专业人士参与融合教育

(一)"1"是幼儿园自我培养

陈秀兰、曹淑芹等人认为幼儿园开展融合教育的困难在于：一是幼儿园的实际困难，包括园长兴趣不高、教师负担过重、家长配合不够；二是高校学前特殊教育师资培养滞后；三是宏观支持系统不完善，包括政策、法律和经费投入上的缺失。在现有条件下，提升普通教师融合教育水平，主要通过园本培训、走出去学习、请进来培训等；经过实践，我们认为现场指导与教学分享(包括专家、特教专业人员、家长等)是一种非常好的园本培训形式，能够引导并满足普通教师在融合教育培训方面的需求，让大家在专家的指引下不断反思、总结，从而再次提升经验，激发教师自我学习的内在动力，提升教师的融合教育专业水平。

(二)"5"是指教师专兼职结合

一方面幼儿园可以利用政策优势或资金优势聘请特殊教育专业教师来

幼儿园任教，并开展巡回指导；另外一方面也可以聘请兼职老师以弥补幼儿园专业教师与资金的不足，包括充分利用高校特殊教育专业教授、医院特教专家、特教机构教师、特殊需要幼儿家长等，实现教师专兼职结合，解决幼儿园的师资力量不足与经费不足的问题。比如成为高校特教专业的实践基地、半日特教机构、半日幼儿园融合等，让幼儿园老师做自己能做的事情，让幼儿园回归自己的岗位工作。

## 四、合理配置各种资源，让教师培养支持策略更有效

### （一）政府资源

政府是幼儿园开展融合教育工作的重要合作者与受益者，政府及教育行政部门对幼儿园教育实施有着宏观的调控和导向作用，教师在实施学前融合教育过程中需要政府及教育行政部门提供师资、资金投入等方面的支持[①]。随着国家对特殊教育的关注，许多地方政府加大了对融合教育的投入，如建立资源教室、特殊需要幼儿补贴，包括补贴家长与幼儿园等，我们要善于利用这种资源提升幼儿园开展融合教育的条件，包括建议提升幼儿园特殊教师的编制与待遇等。在教师资格证方面也有学者提出建立幼儿园融合教师资格认定制度，鼓励教师拿双证，包括普通教育教师资格证和特殊教育教师资格证[②]。

### （二）社会资源

社会资源主要体现在三个方面，一是大环境对特殊需要幼儿的接纳程度，包括社区服务；二是利用社会资源吸取经费资助，比如顺德的社会公益基金会"众创共善"项目，让幼儿申请项目并获得公益资金支持，又如

---

① 杨朝军，陈杰. 幼儿园教师融合教育认识和态度的调查研究[J]. 内蒙古师范大学学报，2019(8).

② 崔志月. 幼儿园教师融合教育素养的研究[D]. 华中师范大学硕士学位论文，2016.

"腾讯 99 公益日项目"等；三是幼儿园融合教育数据资源的分享等，我们可以利用幼儿园、特教机构、医院、高校等多方资源形成一个资源库，让幼儿园教师、家长等不必东奔西走就可以找到需要的资源，节约成本，实现各种学前融合教育资源的最大化利用①。比如《顺德区机关幼儿园融合共生教育实务手册》等，让老师拿过来就可以借鉴与使用。

（三）家长资源

幼儿教育离不开家长的支持与配合，融合教育的开展更加离不开，包括早干预、IEP 的制定、评估、融入等都离不开家长的支持。首先是普通幼儿家长与特殊需要幼儿家长对融合教育的态度问题，减轻家长的顾虑，包括接纳、认可，知道早干预更有效等；其次应建立多元沟通的渠道②，帮助特殊需要幼儿家长了解幼儿发展水平，达成教育共识，以满足特殊需要幼儿个别化教育的需求；再次对于程度比较严重的幼儿尤其是生活不能自理的幼儿，家长可以陪读，在幼儿园一日生活中成为老师的教育助手，共同教育幼儿，助其早日融入班级生活；最后我们也要善于利用特殊需要幼儿家长，比如成立家长互助小组，分享育儿经验和先进的教育资讯，互相鼓励，共同提升孩子的能力和提高家长的教育能力等③。

（四）医疗资源

美国的融合教育形成了囊括评估、康复、教育的完成体系，由专业医师、心理学专家对儿童进行评估鉴定，由负责教学的教师和助教老师指导儿童参与课程和班级活动，并在活动中给予辅导和支持。依据儿童的需求，由提供特殊教育服务的言语治疗师、职业治疗师、物理治疗师等为儿

---

① 孔嘉颖. 济南市幼儿园学前融合教育实施中的困境与策略研究[D]. 济南大学硕士学位论文，2018.

② 程秀兰，王莉，李丽等. 孤独症儿童融合教育干预的个案研究[J]. 学前教育研究，2009(6).

③ 张秀英. 幼儿园融合教育支援模式的构建与实施策略研究[J]. 教育导刊，2018(5).

童提供治疗服务，还有社工在儿童生活学习等方面提供支持和帮助①。目前我们邀请专业医院的专家评估、实施半日机构教育、半日幼儿园融合，成为高校特殊教育教学实践基地等。这些都是充分利用医疗资源的优势，弥补幼儿园自身专业不足，实践证明也是一种非常好的方法。

### (五)幼儿园园内自有资源

幼儿园资源主要包括普通幼儿与特教老师。充分利用普通幼儿的仁爱之心、平等之心、同情之心，天生善于学习与模仿等优势，利用小组长、小哥哥、小姐姐等方式，将差异转换为教育资源，实现教育效果的双赢，包括特殊需要幼儿与普通幼儿。幼儿可以在融合的环境中形成对于残疾的认识和态度，建立平等观念，发展同伴友谊。由于普通幼儿园条件有限，尤其是民办幼儿园较难招聘到特教专业教师，幼儿园在有限的资源下招聘专业人员开展巡回指导服务，也可以结成幼儿园融合教育共同体，共享特教专业教师，让其为幼儿园教师提供融合教育专业指导和帮助。

## 第三节　融合共生教育模式下的家长支持策略

目前，绝大多数普通幼儿园的领导和教师对融合教育持消极态度，家长对班级接纳特殊需要儿童的情况也普遍心存疑虑。他们认为普通幼儿园目前并不具备开展学前融合教育必要的软硬件，对学前融合教育的开展缺乏信心。顺德区机关幼儿园从 2000 年开始接纳第一名特殊需要幼儿开始，便遇到了重重阻力和困难，出现了普通幼儿家长的不接纳和投诉、特殊需要幼儿家长自身不面对和逃避现实等问题，甚至出现普通幼儿家长提出退学的情况。因此，普通幼儿园要践行融合教育，做好普通儿童和特殊儿童的家长工作首当其冲。

---

① 秦婉，肖非．美国学前融合教育发展概况、特点及其对我国的启示[J]．现代特殊教育，2019(6)．

## 一、创建融合教育学校文化

办园理念是一所幼儿园的管理灵魂，更标志着幼儿园对幼儿教育的价值判断。1997年，陆月崧园长正式提出"把唯一的童年留给每个孩子"的办园理念。她认为无论残疾还是健康，无论男孩还是女孩，无论贫穷还是富有，每一个孩子都应该享受自己唯一的童年，享受公平、优质的学前教育。这也是幼儿园之所以实践融合教育的价值理论基础。对每一位进入幼儿园的幼儿家长，我们都要为其解读幼儿园的办园理念，让每一位家长对幼儿园的办园理念深刻理解并认同。每年，我园还通过问卷，调查新生家长对于幼儿教育的认识，其中有一个问题是这样的："我园在2000年开始开展融合教育，如果您孩子的班上有特殊需要儿童（如自闭症、唐氏综合征等），您能接纳并给予帮助吗？"在入园之初就争取与家长在幼儿教育和融合教育方面达成理念共识，是践行融合教育的首要条件。融合学校首先要致力于建立一个融合共同体，不仅包括全体领导、教师、学生，还包括所有家长、相关专业人员、社区成员等①。

## 二、通过多种途径宣传倡导融合教育理念

### （一）通过组织专家培训，让家长了解融合教育的意义和价值

融合教育的目的是让所有参与者都获得进步，而不仅仅只是特殊需要幼儿。特殊需要幼儿不仅仅是一种差异，更是一种教育资源，我们不能将差异视为障碍。融合共生教育提倡让特殊需要幼儿在与普通幼儿同伴互动活动过程中获得发展友谊的机会；让普通幼儿在融合教育的环境中学会尊重、关心、包容、接纳特殊需要幼儿，培养他们正向的态度、同理心与责任感，提高对他人需求的敏锐度，将差异转换为相互教育的资源。因此我们可以通过组织家长参加特教专业知识培训，让他们了解融合教育的价

---

① 邓猛.融合教育实践指南[M].北京：北京大学出版社，2016：28.

值。组织家长观看一些融合教育纪录片，如《同班同学》《看见——温柔的坚持》等，让全园家长们通过学习，科学客观地看待特殊需要幼儿，了解融合教育对所有参与者的价值意义。普通幼儿家长由起初的不接受到后来的接纳，到教育自己的孩子关心特殊需要幼儿同伴，到最后会用更宽容、更接纳、更公平的态度去面对班级中有特殊需要幼儿一起生活、学习的安排。通过这样长期、深入的培训为在普通幼儿园实践融合教育打下坚实的认知和情感基础。

### （二）通过班级家长会及个别约谈的方式，向家长宣讲融合教育理念

我们发现，很多家长都不知道自闭症是什么，也不了解自闭症儿童的心理行为特点，因此，对自闭症儿童的怪异行为无法容忍，甚至认为其故意为之。因此，我园还通过专题班级家长会及个别约谈的方式，让家长们了解班级里自闭症幼儿的情况，通过国内外已有的相关研究经验，向家长说明实施学前融合教育对普通儿童社会性发展的促进作用，帮助普通幼儿家长减少顾虑，从而赢得普通幼儿家长们的支持。"假设那位被人拒收的自闭儿是你的孩子，你希望我收还是不收？"19年前，当普通幼儿家长一致反对幼儿园接收那个"特别"的孩子入园时，陆月崧园长这样回应家长们，家长们沉默了。就这样，通过多次召开班级家长会议，以及一个个约谈个别极力反对、不理解的家长，最后这些"特别"的孩子获得了与其他普通儿童一样在机关幼儿园就读的公平机会。通过开展《同在一片蓝天下》主题班级家长会，帮助家长们认识、了解自闭症及阿斯伯格综合征儿童的特点，因此，家长们对他们的一些"怪异"行为也开始认识、理解和包容了。

### （三）利用特定关注日向家长宣传融合教育理念

学前融合教育最早源于美国，从某种意义上说，"融合是一种态度，一种价值观和信仰系统"[①]。1994年6月，联合国教科文组织和西班牙政府

---

① 蔡蕾. 学前融合教育理论与实务[M]. 开封：河南大学出版社，2012.

在"世界特殊教育"大会上，发表了著名的"萨拉曼卡宣言"，确立了"全纳教育"理念，强调各国政府和教育机构接纳特殊需要儿童，并建立融合学校，保证特殊需要儿童接受教育的权利和机会。但是，目前在中国，融合教育还没有成为一种常态的做法。因此，普通幼儿园要充分利用世界自闭症日、全国助残日等节日或公益活动的机会呼吁人们关注特殊需要幼儿的教育问题，向人们宣传倡导融合教育理念。如在每年的世界自闭症关爱日，幼儿园可以组织一系列宣传活动，呼吁师生、家长了解、接纳、关爱身边的自闭症儿童。通过这样的国际自闭症日宣传活动，可以使师生和普通儿童家长认同接纳融合教育理念，让特殊需要幼儿和家长走进普通学校与普通幼儿一起游戏，营造关爱融合的学前教育环境，促进特殊需要幼儿和普通幼儿的共同发展，互相促进。

### 三、帮助、支持特殊需要幼儿家长进行积极的心理建设

一路走来，我们逐渐发现：特殊需要儿童的家长是一群更需要被关注的群体，他们经历过绝望、逃避、自卑、自暴自弃、怀疑人生的各种心理历程，他们不知道怎样在家庭里帮助孩子康复、发展。这些特殊需要幼儿行为怪异、交往表达困难、不合群、注意力障碍、行为障碍、语出"惊人"等。面对孩子的特殊行为，家长觉得束手无策，十分绝望。有一位家长说"想和孩子偷偷喝药死了算了"；也有一位 30 多岁的父亲当得知孩子是自闭症后，在幼儿园门口抱头痛哭……家长们承受了沉重的经济和精神的双重压力，放弃工作给孩子陪读，自费参加特教培训，带孩子到香港接受一对一干预，请专家上门指导……他们面临着普通儿童家长无法想象的困难和压力。因此，首先要理解家长，耐心倾听家长的心声，努力创造一个使家长感到放松的环境，理解家长可能出现的强烈感情，为家长的倾诉保密；其次，要帮助这些家长进行积极的心理建设、早期干预和专业培训等。开展特殊儿童家长心理辅导、舒缓压力、团队建设、家庭干预策略等方面的培训等，给他们带去信心、支持和希望。通过支持家长，更好地帮助、促进特殊需要幼儿的发展。

## 四、提升特殊需要幼儿家长在融合教育中的参与角色与效能

家长和教师是合作伙伴，在实践融合教育的过程中，特殊需要幼儿家长的合作参与和效能至关重要。家长是孩子一辈子最长久且稳定的支持来源，家庭是孩子成长的第一个环境，对孩子的未来具有决定性的环境。家长要提高自己的参与能力，并利用日常生活中的活动（如休息、娱乐、闲谈、家务劳动等）对孩子进行教育和训练，帮助他们弥补缺陷，以便孩子在学校、社会能更好地学习生活①。因此，要重视对家长的培训和与家长的沟通，在与家长沟通时，不能只关注孩子的障碍，更要关注孩子的优点，肯定鼓励家长，与家长建立信任、合作的关系，理解家长，因为理解是信任的基础；支持家长认识个别化教育计划以及家长在其中的角色和功能；通过沟通与示范让家长思考在融合教育中可以做到的事情；支持家人建立认知：家庭是由所有成员共同构成，没有一个人可以置身事外，孩子最主要的生活是与家人在一起，家长要维持提供支持的力量，为孩子提供多元丰富的生活经验；让家长明白家人才是孩子康复的重要帮助者；鼓励家长积极自学特教知识，掌握一些专业方法，帮助家长提升家庭辅导策略，让融合教育连通家园教育，不断提升家长在融合教育中的参与和效能。

## 五、增进家园沟通与合作

苏联教育家苏霍姆林斯基说："教育的效果取决于学校和家庭教育影响的一致性，如果没有这种一致性，那么学校的教学和教育过程就会像纸做的房子一样倒塌下来。"普通幼儿园实践融合教育更需要形成良好的家园沟通与合作，家庭和幼儿园相互支持，共同努力，使家长能得到更多来自幼儿园的指导，使教师能得到更多来自家庭方面的支持。幼儿园可以通过在新生入园前的家访让教师提前深入了解特殊幼儿家庭的特征、家庭互动

---

① 李术. 论全纳教育中的家长参与[J]. 中国特殊教育，2004(4).

方式及家庭功能表现，从中发现有用的信息，熟悉特殊需要幼儿家庭，具体包括家庭成员数量、父母职业、亲子互动关系、特儿表现等。班级中的几位保教人员分工合作，有的负责记录，有的负责访谈，有的负责陪同孩子玩耍并观察孩子在家的行为表现、能力发展等情况；一天不回园，电话访让教师及时获悉孩子未回园的原因，让家长感受老师的关心；病假三天不回园，登门访进一步让家长和孩子感受到教师的关心和鼓励，有助于建立良好的信任合作关系；每天的接送时间随访，让老师和家长及时就幼儿当天的行为表现情况进行沟通交流；特殊情况约访，老师会根据孩子近期情况，提前准备照片、视频、观察记录等相关资料，就特殊情况与家长坐下来进一步深入沟通，共同商量对策，达成共识，及时解决幼儿出现的阶段性行为问题；毕业后的回访，保障幼儿园及时跟进特殊需要幼儿进入小学后的融合适应情况，并根据情况及时提供必需的支持和帮助。

## 第四节　融合共生教育模式下的班级环境创设策略

由于特殊需要幼儿，尤其是自闭症幼儿在认识环境以及听从指令方面存在困难，常常无法了解自己必须完成的活动内容，因此构建良好的班级环境，建立能满足特殊需要幼儿的学习特点和需求的环境更加有利于普通幼儿与特殊需要幼儿的成长。一般来说幼儿园班级环境包括，尊重差异，民主和谐的心理环境以及良好的物理、物质环境。良好的环境可以促进幼儿相互间的参与、互动与学习，更加有利于实现彼此间的融合共生目标。

### 一、努力创设接纳、友善、安全的心理环境

融合教育的对象是全体幼儿，包括普通儿童和有特殊需要的儿童，融合教育不只是一种让所有儿童一起学习的教育形式，更是减少社会隔阂、减少社会歧视的渐进过程。而心理环境是影响幼儿学习的重要外部因素。优化心理环境，为幼儿提供稳定而积极的情感支持、充分的学习机会和自主的活动与探究，可优化幼儿的大脑结构和功能，促进他们身心健康发

展，提高学习成效。所以我们融合班级首先从心理环境上需做到以下几点：

（一）尊重班级中的特殊需要幼儿，不因他的"特别"而区别对待

教师首先要尊重、关注班级中的每一个幼儿，包括特殊需要幼儿，要让其感受到老师和同伴的关注和喜爱，在集体教育活动中也要给予特殊需要幼儿同样的表达与表现的机会。甚至是有意创设各种机会让特殊需要幼儿与普通幼儿相互示范与影响，让每个孩子都感觉到每个个体都是平等、独立的存在。老师要想办法尽快建立起与特殊需要幼儿彼此间的信任，找到走进他内心世界的一把钥匙，让他觉得在幼儿园班上的老师是自己最信任的亲人。

（二）引导班级中的普通幼儿理解、尊重、帮助特殊需要幼儿

由于特殊需要幼儿在语言、认知、社交等方面的发展与普通幼儿普遍存在很大差异，因此，极有可能被同伴排斥或歧视，这非常不利于特殊需要幼儿融入、适应集体环境以及自身的发展。因此，教师要注重对普通幼儿的教育与引导，通过榜样示范、故事讲述、角色扮演等方式营造出理解、尊重、接纳的班级心理氛围。创设一个友爱、温暖、安全的心理环境对于特殊需要幼儿和普通幼儿来说都非常重要，对于特殊需要幼儿来说尤为重要。

（三）安排特殊需要幼儿与性格温和、友善的同伴相邻而坐

教师在安排座位的时候，可以请班级中性格较温和友善的普通幼儿与特殊需要幼儿相邻而坐，尤其是特殊需要幼儿自己喜欢的同伴。这样可以使特殊需要幼儿更多地感受到同伴的友善和帮助，当特殊需要儿童有不良行为时，同伴可以起到提醒和安抚的作用；当特殊儿童对课堂教学不理解和不明白，跟不上教学节奏的时候，同伴可以帮助他理解，给他做示范，从而促进其更快地融入同伴群体生活。除此之外，教师还应该强化幼儿的

团体意识，无论是在课堂上还是在游戏中，要经常鼓励幼儿互相帮助，不要将特殊需要幼儿的问题作为一种差异对待，而是将其看作全班的问题，通过集体的力量来解决问题。

（四）利用亲吻、拥抱、表扬、鼓励等方式让特殊需要幼儿感受到情感支持

融合教师龚老师在她的教育随笔中记录："刚来园时，丰丰小朋友一句话也不会说，有时只会发出一个字音，最多能发两个单音字。他从不与人交往。在我班一年多的时间里，我们有针对性地为丰丰设计了一些特别的活动，如：让小伙伴之间每天都和丰丰握握手、抱一抱、亲一亲，让他感受到被接纳、被爱的氛围。寒假回来后，丰丰说话多了，会主动亲近老师和同伴，现在的丰丰基本会听指令，在日常生活的各个环节中都可以融入并适应了，动作也快了一点……"正是在这样的环境中会让特殊需要幼儿感受到自己是被接纳、被爱的，所以就会放心大胆地探索、交往、学习、游戏，从而得到发展。

（五）使用特殊需要幼儿与家人的照片来装饰教室

特殊需要幼儿中的自闭症幼儿往往对于陌生环境和陌生人有着强烈的抗拒情绪，拒绝尝试新的事物，拒绝陌生的接触，他们的入园适应比普通幼儿显得困难，用他们和家人及同伴的照片来装饰环境，可以营造特殊需要幼儿熟悉、温暖和归属的心理环境，有助于他们尽快融入并适应幼儿园班级体生活。

## 二、创设安全、有序、可视的结构化班级物理环境

对于处于融合环境中的特殊需要幼儿来说，创设适合其学习特点的教学环境，使其能受到最少限制，能力能得到最大化发展，是保教环境创设中的重要课题。注重有特殊需要幼儿融合班级环境的创设可以增加特殊需要幼儿有效利用教育环境的时间与空间的机会，可以帮助他们理解教学信

息并能发展他们从环境中学习的能力、增加与同伴互动的机会，提高熟悉社会情景与交往的技能。

## （一）使用图文并茂直观的方式展示班级规则

在学习方式上，特殊需要幼儿中的自闭症幼儿很大一部分都表现出"视觉优势"的特征，也就是说，相对于听觉信息，他们更加擅长对视觉信息的输入和处理，对局部信息较为关注。因此，贴在教室里的班级规则要使用图文并茂的方式展示，这样更有助于特殊需要幼儿对班级规则的理解和内化。如：华老师在记录中写道："每当骏骏不能遵守班级规则的时候，我便领他到班级规则图示前，指着图示给他讲解，他马上便明白了自己应该怎样做了，这比我单纯地给他讲规则效果好多了。"

## （二）采用幼儿真实的活动照片创建班级日程表

创建一个良好的、合适的班级日程表能有效帮助特殊需要幼儿开展教学活动。融合班级教师可以利用幼儿在各个活动环节的真实照片来展示一日教学活动的日程安排，这样非常有助于特殊需要幼儿了解、熟悉班级中的一日活动安排，在活动转换之间做好心理准备，促使其尽快融入并适应幼儿园的群体生活。

## （三）采用形象化的图解方式标识各个活动区域功能

每个活动区域的功能和使用规则需要采用直观、形象的方式来标识。这也是因为自闭症儿童大多不擅长处理言语信息，但是对于图画信息则容易理解。根据幼儿的年龄特征，思维发展规律是从具体象形向抽象思维过渡的，这种形象化的标识也有利于普通幼儿了解各个区域的功能和活动规则，能很好地达到融合共生的效果。

## （四）创设有序的、结构化的区域环境

班级中不同活动区域之间要有明显的界限，不同活动区之间可以使用

书柜、玩具柜、挂帘、桌子等划分界限。有序的、结构化的区域环境设置会令特殊需要幼儿感受到安全，从而促使其选择并投入感兴趣的活动。另外，有序的、结构化的活动区设置对于普通幼儿来说也是非常有益的。因为按照蒙台梭利的观点，幼儿园阶段的儿童正处于秩序敏感期，对事物的秩序有强烈的需求，并逐步获得和发展起对物体摆放的空间或生活起居习惯的时间顺序的适应性，即秩序感。

### (五)使用视觉提示学习常规

在幼儿园的集体生活中，幼儿经常需要学习并遵守一些社会性规则，例如按秩序排队。自闭症幼儿和发育迟缓幼儿对语言的理解和表达能力都较弱，但是对于图画标识等视觉提示则较敏感，因此，教师可以在地板上使用特殊幼儿喜欢的颜色胶带贴出直线，用环境暗示和语言提醒的方式帮助特殊需要幼儿养成排队的社会行为习惯。

环境影响每个人，创造一个良好的环境，可以促进人自身的发展。创造尊重差异，民主和谐的心理环境以及良好的物理、物质环境，能够更好地促进所有幼儿的健康发展。

## 第五节　融合共生教育模式下的教育干预策略

近年来，我园在实施融合教育的过程中，通过邀请专家指导、组织教师外出参加特殊教育培训、定期组织园内研讨学习等形式增进教师对特殊需要儿童的了解，提高特殊教育干预的专业能力。我园总结出如下有效的教育干预策略：

### 一、使用生活记录照片帮助幼儿回忆一日的活动

特殊需要儿童在融入班级集体生活过程中的主动适应性比较差。在班级中，我们通常以直观形象的方式对他们进行强化记忆训练，并引导其尽快熟悉一日生活流程。例如：用照片记录幼儿在班集体中的一日生活，并

用数字依次标示活动顺序，老师与幼儿一起观看并向幼儿解释照片的内容，帮助特殊需要幼儿回顾在幼儿园的一天中做过的事情；然后把照片发给家长，让这些活动情景在家里再次呈现，以便加深孩子的印象。通过这样的方式，他们更好地熟悉班级一日生活流程，并尽快融入、适应幼儿园的集体生活。

## 二、运用"社会性故事法"帮助幼儿认识规则

特殊需要儿童一般不会主动关注和了解他人的想法，也不会遵守集体和社会规则。我园教师积极引进"社会性故事法"，引导特殊需要儿童。"社会性故事法"是美国心理学家 Carol Gray 于 1991 年提出针对自闭症儿童实施的干预方法。它以心理理论为主要理论依据，强调提高患者对社会情境、社会行为规则的理解来促进患者社会能力的发展。"社会性故事法"并不直接教授社会技能，而是向孩子解释环境中可能会发生的事件，编辑成社会生活中的小故事，以图文并茂的方式讲给孩子听，从而诱导出符合社会规范的行为和社会技能。

例如：黄老师带班里的幼儿去图书馆参观之前，向幼儿讲解在图书馆不可以大声讲话的规则，老师还是很担心班里的自闭症儿童飞飞不能遵守图书馆的规则，特意在班里召开了班会，采用图片展示结合讲述的方式，图片上的主角便是飞飞。通过以飞飞为主人翁的图画故事讲述，帮助飞飞理解社会规则。黄老师创编的社会性故事如下：有一天，老师带着飞飞和小朋友们去图书馆，大家都很安静地在看书。飞飞大声喧哗干扰了小朋友看书，经过教育，飞飞明白"如果我大声说话，其他人就不能专心看书了"，于是，飞飞闭上嘴巴，保持安静。离开的时候，老师和孩子们都称赞飞飞很乖，飞飞自己也很开心。到了参观当天，飞飞果然在图书馆表现得很好，没有大声喧哗，也没有到处乱跑。

## 三、采用"小天使"辅导策略

融合教育为特殊需要儿童提供了一个与普通幼儿交往和学习的机会。

但是，特殊需要儿童一般不会主动与同伴交往互动。因此，教师鼓励、引导班级中的普通幼儿主动与特殊需要幼儿交往，安排"小天使"来帮助特殊需要幼儿。首先，对"小天使"进行简单的培训，让他们认识到他们的帮助对特殊儿童的重要性，并给"小天使"安排基本的任务。其次，"小天使"由全班幼儿轮流担任，每周给担任"小天使"的幼儿以表扬、鼓励，行动上给予支持与肯定。例如：李老师每天安排一个"小天使"坐到自闭症幼儿佳佳旁边，"小天使"需要每天主动和佳佳问好，提醒佳佳要做的事，如：喝水，换鞋、集中排队等。

## 四、利用普雷马克原理实施奖励

普雷马克( D. Premack，1965)最早提出利用频率较高的活动来强化频率较低的活动，促进低频活动的发生。例如，我们采用自闭症幼儿喜欢的高频率活动作为奖励，来引导他们参与平时低频率的活动，促进其低频率活动的发生。如：参与集体活动 10 分钟，允许其去独自活动 10 分钟；先引导他吃不喜欢而有利于健康的食物，然后再给他吃喜欢的食物。黄老师班上的自闭症幼儿飞飞十分喜欢车轮，老师便和飞飞约定，如果飞飞能够在集体活动时认真听老师和同伴讲话，积极参与活动，在接下来的自由活动时间里，老师就允许飞飞去院子里玩自行车 20 分钟。飞飞非常喜欢这样的奖励方式，在集体活动中的行为表现也越来越好。

## 五、满足、发展特殊需要幼儿的兴趣爱好

自闭症幼儿社会交往能力很弱，但是他们一般都有一些特定的、狭窄的兴趣爱好。我们对他们的教育重心往往放在"补短"，而忽略了"扬长"。例如，自闭症儿童小涛来园两天，我们发现他对机械、小实验特别着迷。为此，我们专门在科学活动区开辟了一个小角落作为他的"工作室"，里面给他提供各种拼拆的零件、玩具、实验记录表等。他在里面不受任何干扰，面对感兴趣的小实验可以专注地操作半小时以上，完全不像以前被评价的"连一分钟都坐不住。"从李老师详细的记录中可以看出，小涛面对自

己感兴趣的小实验可以专注地操作，他从中得到精神满足，心理上寻找到自己的"存在感"和"价值感"，而他们感兴趣和擅长的领域很可能成为他们日后实现社会价值和人生价值的领域。

### 六、真情投入巧妙开启沟通之门

特殊需要幼儿一般不会主动开启与他人的互动交往，教师要主动和这些孩子开启有效的互动，引导他们回应并逐渐学习如何与他人互动交往。例如，华老师采取了这样的方式："每天早晨从家长手里接过孩子，我都会给他拥抱和亲切的微笑。户外活动时，我拉着他的手在幼儿园内走来走去，跟他说说班里小朋友的名字和一些有趣的事情。起初，他对我说的话毫无反应，可我锲而不舍地每天抽时间与他说话。慢慢地，他听我说话时有反应了，会对我点头微笑了，我知道他渐渐地接纳我了。接下来，我尝试与他作简单的交流，问他一些简单的问题：你今天吃了什么菜？这个小朋友叫什么名字？这是什么东西？等等。我惊讶地发现他能用简单的词语回答我的问题了。有一天，我像往常一样找他聊天，问他："军军，你的好朋友是谁?"他笑眯眯地看着我，缓慢而清晰地吐出一个一个字："我——的——好——朋——友——是——华——老——师!"听完，我感动得眼泛泪花，不仅为他能说出一句完整的话而高兴，更是对他能信任我、喜欢我而感动。后来，他常常主动走到我身边抱抱我、对我笑，我也用心创造各种机会教他自己穿袜子、穿裤子、教他唱歌、教他跑步，和他玩追逐游戏。

在实施特殊教育的过程中，教师应最大限度地照顾特殊儿童，给予其平等参与活动的机会，及时帮助和指导。实践证明：以上干预策略既可以促进特殊需要幼儿，尤其是自闭症幼儿，帮助他们更快适应普通幼儿园的学习和游戏及生活，同时，也让普通幼儿学会接纳和关爱弱势儿童。

# 第六节　体育游戏对特殊需要幼儿社交能力的培养策略

建立积极的社交关系是幼儿发展的重要里程碑，幼儿的社交关系包含着三个重要的概念：友情、社会接纳和社会拒绝。在融合班级，这类交往关系往往会经常存在，比如两个幼儿经常选择对方作为玩伴的时候，我们可以说他们建立了友谊关系；一名幼儿愿意与另外一名幼儿一起玩耍，这就是一种社会接纳；如果同伴常常不愿意选择他作为玩伴，这就是一种社会拒绝。处于社会拒绝的幼儿往往没有任何朋友。然而特殊需要的幼儿社会情感互动往往存在缺陷，在诸如目光对视、面部表情、身体姿势和社交姿势等非语言交流方面存在明显障碍，不能正常进行一来一往的对话，对同伴缺乏兴趣，没有情绪或感情的交流分享。那么幼儿园如何帮助特殊需要幼儿建立积极的社会关系呢？

## 一、幼儿建立友谊和社交关系的几个前提

要建立友谊关系，幼儿需要积累大量的同伴互动经验，这些互动可以是简单的，也可以是难度系数较大点的。教师在其中充当重要角色，把教导幼儿建立社交关系作为日常教学的重要组成部分。教师除了创设支持幼儿社交互动的机会与环境外，更重要的是教会幼儿一些关键的社交能力，这些能力包括但不局限于以下几个方面：

①意识到他人的存在；②懂得分享；③帮助他人；④尝试努力维系社交互动；⑤组织游戏；⑥能加入伙伴的游戏；⑦赞赏他人；⑧谈判妥协；⑨解决冲突。

社交能力的培养可以整合到幼儿园一日生活活动过程中，尤其在户外活动与区域活动的时候，教师应该帮助那些不懂与同伴相处的幼儿制定相应的学习目标，设计相应的游戏活动，特别是针对自闭症幼儿的游戏活动。

## 二、促进友谊和社交能力的教学策略

幼儿教师应该在教室、操场等地方有意识的提供社交活动机会，以便幼儿通过反复与同伴互动的机会建立深厚的友谊。一般在幼儿园常见的游戏有体育游戏、角色表演游戏、区域游戏、歌唱游戏等。

1. 以儿童为中心的教学策略。专门设计特殊需要幼儿喜欢的活动，引导普通幼儿邀请特殊需要幼儿参加活动，并轮流陪伴。当出现积极行为的时候，老师给予积极的强化，在集体面前夸赞每一个与特殊需要幼儿一起玩耍的普通幼儿，比如角色游戏和舞台演出等。

2. 渗透式教学策略。老师将能力或技能的培养放在一个"看似无心却有意"的专门教育中，如在小组活动中渗透同伴互动的机会，以拥抱、拍手、传递玩具等形式进行；故意提供不足的玩具材料，让幼儿学习如何轮流操作、分享等。

3. 集体游戏策略。在游戏过程中创造机会，让每个幼儿都能与同伴合作互动，最好提供一些需要两个人一起合作才能完成的项目，鼓励幼儿相互学习，相互帮助，这类合作的机会在体育游戏中尤其多。

## 三、体育游戏对幼儿友谊和社交能力的提升策略

1. 利用同伴关系提升幼儿的社交能力。在幼儿园一日生活中，每天有不少于2小时的户外活动时间，这就意味着幼儿存在着大量与同伴玩耍的机会。在体育游戏中，通过同伴示范、同伴带领等方式，吸引着特殊需要幼儿参与到集体游戏中来，在参与的过程中享受集体生活的乐趣，培养其社交能力。

2. 有意识的创设社交机会。在户外活动期间，很多游戏都是幼儿自主、自发的，这给老师创造了更多机会去辅导特殊需要幼儿。在欢乐的游戏氛围影响下，特殊需要幼儿常常不经意地参与进来，与同伴互动、交流，彼此影响。户外混龄活动时，特殊需要幼儿的协商、担当、秩序、帮助等社会品质与能力往往有更好的表现。

3. 通过竞争性游戏提升幼儿主动性。想要提升特殊需要幼儿的社交能力，培养其主动性非常重要。具有竞争意识是人的本能，只要我们抓住特殊需要幼儿的兴趣点，创设一些竞赛性的活动，就可能吸引他乐意参加到活动中来。当特殊需要幼儿成功地完成了某种竞技性游戏后，老师和同伴对他们的肯定和鼓励，会让他们体会到成功的喜悦，继而逐步建立集体意识，最终达到主动参与集体活动的目的。

4. 通过运动中的体力消耗养成良好作息。特殊需要幼儿一旦积极参加体育活动，他们与同伴交往的机会就会增加。同时，老师能够在这个过程中，找到突破口，调动特殊需要幼儿的本能与潜力。通过跑步、攀爬、跳绳、投掷等运动，让精力比较旺盛的特殊需要幼儿消耗较多体力，减少因为挑食、吵闹、睡不着等原因，影响班级其他同伴，这样不仅有利于同伴间建立良好的关系，还能帮助特殊需要幼儿逐步养成良好的进餐和午睡习惯。

# 第七节　特殊需要幼儿语言沟通能力的培养策略

判断特殊需要幼儿一个简单的标准就是幼儿的语言发展，因为语言是沟通的条件，语言障碍必定会妨碍社会交往能力的发展。研究显示，有一半的特殊需要幼儿没有发展出任何有用的语言。通常而言，语言表达能力是特殊需要幼儿首先要干预的目标之一，老师应该为他们提供语言沟通的学习环境与机会。

## 一、特殊需要幼儿语言障碍的主要表现

1. 语言发展延迟或无语言。特殊需要幼儿口语发育延迟或不会使用语言表达，也不会用手势、模仿等方式与他人沟通；学习语言有困难，会有无意义的模仿言语或反响式言语，运用代词混乱。

2. 语言应用能力的障碍。有言语能力的特殊需要幼儿，不能主动与人交谈或维持交谈时应对简单。语言理解能力明显受损，常听不懂指令，不

会表达自己的需求和痛苦，很少提问，对别人的话也缺乏反应。

3. 语言的重复。特殊需要幼儿经常重复使用与环境无关的言辞或不时发出怪声；固定反复或用特异的方式使用语言。

4. 语言的声调、重音、速度及节律等方面的异常，如说话缺乏抑扬顿挫，言语刻板。

## 二、对特殊需要幼儿语言沟通能力培养的策略

### (一)关注特殊需要幼儿听力发展

听力的好坏影响幼儿说话的能力，更影响其智力的发展，尤其是现代化都市生活的影响，繁杂的声音污染让幼儿的听力越来越退化。通过一定的途径与手段，我们应该了解：特殊需要幼儿到底是否有听力障碍的问题，还是听得见声音但不愿意听或者听不明白。这可以通过仪器进行测量或者一对一的辅导过程发现问题所在。

### (二)多谈谈贴近特殊需要幼儿生活的内容

我们与特殊需要幼儿谈话的内容一定要贴近幼儿的生活，与他已有的生活经验衔接起来。比如说太阳，太阳的颜色、太阳的形状都可以成为我们谈话的内容：太阳是红红的，像脸盆，像宝宝喝水的杯子，都是圆的。又像一块饼干，啊呜，啊呜真好吃！（可以假装自己吃或给他吃）也可以讲讲他的玩具，甚至是他的吃喝拉撒，都可以成为谈话内容的题材。这里我们有必要讲讲手机与电视对孩子阅读能力的影响，手机与电视对特殊需要幼儿的吸引力有目共睹，但手机与电视对幼儿来说是一种单向的交流，不利于幼儿语言与智力发展。所以家长与特殊需要幼儿一起时少看电视、少玩手机、多用嘴巴进行交流。

### (三)把语言与动作结合起来

我们谈话的时候最好配有一定的肢体语言，除了讲解外一定要与动作

相配合。因为幼儿都是动作思维为主，是在活动中思考，通过动作和感官来加深理解。所以我们在讲述书上内容的时候，一定要用声音与动作同时向特殊需要幼儿传递信息，不仅让他看到，还要让他听到。甚至可以用舞蹈，哪怕是扭扭屁股、点点头，也要让特殊需要幼儿动起来。这样的话，他们的动作与语言能力会发展得更快。

### （四）充分调动特殊需要幼儿已有的生活经验

我们讲述故事时不能照着书本念，因为照着念很难进入状态，很难调动特殊需要幼儿参与的积极性。所以我们在与他们分享故事时，要充分发挥自己的想象力，运用肢体语言。比如与特殊需要幼儿分享苹果卡片时，你可以这样说："今天天气很好，爸爸一起床就发现书本里有一个苹果，红红的、圆圆的，真好吃。你想不想吃?"说着把自己的手放在书本上做一个拿的动作，再假装吃一口。也可以将书或者卡片慢慢地靠近幼儿的嘴巴说："你也吃一口吧!"总的来说，一定要注意有情节，让特殊需要幼儿感觉到他在故事情境中。

### （五）重复性阅读问题

我们总以为特殊需要幼儿只喜欢新鲜的事物，喜欢给他们经常性地更换书本。其实我们也有必要引导幼儿重复阅读以前看过的图书，甚至可以检查孩子是否有印象，他在听的时候是否有回忆的经验。有时候我们发觉他们会有意识地伸手拿你手中的东西，因为他已经知道了这个东西他看过，或者说"有点熟悉"，所以我们需要不断地强化。如很多特殊需要幼儿在4—5岁年龄段还不能够从1数到10，我们就需要不断地强化语言，那怕他不明白数字的涵义。

### （六）积极的即兴谈话或延伸谈话

在我们讲解某些内容的时候特殊需要幼儿如果哎呀、哎呀地说，这说明他很感兴趣，正在积极思考，希望参与进来。我们必须迅速把握住这一个窗口期,多谈论一些与他生活经验关联度比较大的内容,一些具有可预见性结果的内容。当然,当他们不愿意交流时,我们不能强迫他。

### (七) 朗读中国传统的古诗

中国传统古诗有着优美的词韵,传达着作者的感情,朗读起来朗朗上口。关键是特殊需要幼儿对容易记得的一些诗词也特别的喜欢,一学就会。比如唐代王之涣的《登鹳雀楼》。"白日依山尽,黄河入海流。欲穷千里目,更上一层楼。"当他们愿意开口跟读的时候要及时表扬与肯定他。

### (八) 关注语音语调

对特殊需要幼儿语感培养时可以加强语音语调让他体验。像有的图书本身设计就包含音律和语言的教学,幼儿园教师在让特殊需要幼儿阅读的时候就要注意这些特点,积极鼓励他们跟读或者模仿老师的话语,感受语音的变化。千万不要为了追求故事的完整性而对语音、语调弃置不顾。

### (九) 积极地示范、多给予表扬和鼓励

当特殊需要幼儿顺利完成任务后,教师通过大拇指点赞、让他抱心爱的玩偶、集体表扬等方式进行鼓励肯定,增加其继续积极参与活动的可能性。在集体活动中,特殊需要幼儿经常不能回答教师的问题,教师除了要减低问题的难度外,更需要运用生动的描述和说明性语言帮助幼儿理解,再适当使用提问。此外,教师应充分利用体态语言。如在音乐游戏中,当特殊需要幼儿情绪高涨变得特别激动,教师便需要把节奏放慢,同时轻轻触碰一下或给"缓冲"的手势,让其知道要调整;如果在游戏中表现不够积极,教师可以始终用眼睛看着他,只要他做一个动作或者开始游戏,就微笑着与他眼神对视。教师真正的鼓励和接纳行为能让特殊需要幼儿感受到教师对自己的关爱,增进他们对集体的安全感,更容易融入集体活动中。

# 第八节　特殊需要幼儿生活能力的培养策略

《幼儿园教育指导纲要》在健康领域中明确提出"幼儿要养成良好的生活、卫生习惯，有基本的生活自理能力"。幼儿期良好生活习惯的养成对人的一生影响巨大，这是由这个时期孩子的心理特点所决定的。这一时期一旦养成良好的生活习惯，能让孩子终身受益；但如果不适时培养良好的生活习惯，便会错失良机，形成不良的生活习惯，而积习难改，会给将来的发展带来难以弥补的缺憾。因此，从良好生活习惯的培养入手，促进健康人格的发展，不仅可以克服长期以来幼儿德育工作中存在的主要弊端，而且也符合幼儿身心发展的特点。所谓良好的生活习惯是指幼儿在科学引导的基础上，经过多次练习所形成的、符合幼儿身心发育特点的良好的生活常规及初步的生活自理能力。主要包括卫生习惯、饮食习惯、睡眠习惯和简单的生活自理能力等。对于特殊需要幼儿来说，初步的生活能力与习惯能够更加有效地帮助其融入集体生活中去。

## 一、学前特殊需要幼儿的几个重要生活能力

1. 如厕的自理能力。主要体现在能够意识到自己要大小便了，能表达自己大小便的需要，能主动去洗手间，知道如厕的步骤和规则等几个方面。能表达自己大小便的需要对于刚刚上幼儿园的小朋友来说不是一件困难的事情，但对刚刚进入幼儿园集体生活中的特殊需要幼儿来说则比较困难。尤其是班级人数较多，老师更是难以发现孩子的如厕需要，有一些特殊需要孩子根本没有任何征兆，拉了之后才知道。

2. 独立进食能力。主要包括独立运用餐具进食、处理食物及饮品包装等方面的能力，以及用餐礼仪等。如会咬、嚼、吞、咽等口部动作，能适当地使用不同餐具进食，能处理各种食物及饮品包装，吃饭时不随便走动，自己拿勺子或筷子，吃到果皮、骨头、残渣等会自己吐出来，知道自己口渴了会拿水杯喝水，知道水太热不能喝等。

3. 自我穿脱衣服能力。主要包括认识自己衣服的能力，自我穿脱上身衣服的能力，自我穿脱下身衣服的能力或者能够在成人的辅助下自我完成穿脱衣服以及穿脱鞋袜的能力等。在这些过程中，能够尽量做到手眼协调，手脚动作协调。

4. 个人卫生清理能力。主要包括知道餐前便后洗手，手脏时洗手、饭后漱口，能自己擦嘴、擦手、擦汗、洗手等能力。建立良好的个人卫生习惯，除了能保持个人清洁与卫生外，还可以建立特殊需要幼儿的自信，提升幼儿日常生活的适应能力，更利于其融入幼儿园生活。

5. 独立午睡的能力。养成良好的睡眠习惯是提高幼儿自理能力的一个组成部分。根据以往的实践观察发现，特殊需要幼儿的精力似乎比普通幼儿充沛得多。在午睡期间，很大部分特殊需要幼儿都不能自觉、安静地入睡，也不能遵守规则，喜欢在床上爬来爬去、发出叫声，产生滋扰行为，影响了别的幼儿。

6. 具备一定的安全意识。随着社会节奏的日益加快，幼儿将越来越早地独立面对日益复杂的社会大环境，因此安全意识就显得尤为重要。对于特殊需要幼儿来说，他们的认知水平普遍较低、动作发展不协调、思维缓慢、记忆力差，不懂得如何保护自己。这需要老师与家长通过细致的观察，运用适切的教学方法来教导他们，让他们明白什么事情可以做，什么事情不可以做；什么地方可以去，什么地方不可以去等，并要教导他们学会一些自我保护的方法，具备基本的安全意识。

## 二、培养特殊需要幼儿生活自理能力的策略

### (一)提高家长培养特殊需要幼儿生活自理能力的意识

幼儿园应该加强对特殊需要幼儿家长的培训，提高其培养幼儿生活自理能力的意识。通过培训，以期帮助他们了解特殊需要幼儿的感知觉、注意力、记忆力和学习方式等方面的特点，也让他们意识到从小培养幼儿独立的生活能力，能为将来培养孩子自我生存能力打好基础，消除家长破罐

子破摔或者仅仅是担心的消极心理。

（二）将精细动作训练作为生活自理能力培养的核心

生活自理能力的强弱很大一个原因与精细动作的发展水平有关。生活中，从刷牙、洗脸、用餐，以至书写、玩玩具等，都需要运用双手去完成。精细动作训练是生活自理能力培养的核心内容，一般专项训练目标包括手指屈伸、手指抓握、手腕控制、手部力量、双手协调、手眼协调等。表现在生活方面就包括能用杯子喝水、能独立运用餐具进食，能够自己完成如厕步骤，会自己洗澡、能够自己穿脱鞋袜，会解纽扣、系扣子、拉拉链等。

（三）合理安排精细动作的训练目标

注意训练目标设定，为特殊需要幼儿设定合理的训练目标，避免过分保护或过高要求，以致他们训练的进度受阻，使其产生厌烦或产生挫折感。同时要注意活动内容的选择，活动的设计要考虑幼儿的年龄特点和实际能力，并尽可能地与日常生活接近，活动环境要尽量简单，减少外部环境的刺激与干扰，活动一般要先从幼儿感兴趣的事务开始，吸引幼儿的注意，然后再慢慢过渡到要练习的内容。

（四）要将精细动作的训练融入特殊需要幼儿的生活自理活动之中

自理能力涉及生活的方方面面，因此在学前融合教育中，精细动作的训练也应该整合认知、动作、社交等领域，而不是被割裂成独立的教学活动，采取的手段也可以多种多样，尤其是一定要家园结合。将某个训练内容设定为近期目标，然后幼儿园与家庭一致针对这个目标去开展相关的教育与训练活动，直到目标达成。

（五）积极的奖励策略

当特殊需要幼儿在做到目标行为时，教师要及时给予鼓励或奖励，任何可以推动幼儿重复目标行为的事物都可以作为奖励。对于那些非常慢的幼儿，我们一定要有耐心，静待花开，要投入更多的时间与精力，在家里，家长们也要多肯定孩子的表现，让孩子觉得独立做事非常愉快，也发现自己很能干。

### 三、手部精细动作的训练方法

#### (一)手指抓握及腕部运动训练——穿脱裤子

学习穿脱裤子是一项为大家所熟悉的生活自理活动之一，能独立完成穿脱裤子也是特殊需要幼儿适应集体生活的一个非常关键的能力。学前阶段的特殊需要幼儿往往不能顺利地完成穿脱裤子的整个过程，经常弄错裤子的前后位置。因此我们要为孩子提供视觉提示，如提供穿脱裤子的程序图，贴在更换衣物处，以帮助孩子理解顺序；可以把穿脱裤子的过程按顺序拆分为若干小步骤，让孩子逐步系统学习。由于特殊需要幼儿尤其是自闭症幼儿过分关注局部而非整体，缺乏对感觉信息的统合，因此他们识别物体时需要特定的暗示(周念丽，2011)。就认识裤子前后来说，我们可以将裤子的开口作为标志物，而且只能有这一个，如果标志物过多，则会形成干扰，令特殊需要幼儿感到困惑。我们要告诉他们有开口的是前面，我们穿裤子的时候应该将这面放在前面而不是放屁股后面。分清楚前后之后就让幼儿学会拉扯裤子，然后再到整理裤子。

#### (二)手部力量训练——穿脱套头衫

最初学习穿脱衣物时，要选择孩子喜欢的、款式简单的及容易穿脱的衣物。生活自理能力稍弱的小班幼儿以及特殊需要幼儿一般建议穿套头衫，因为相对来说穿脱衣服比较容易一点，并且最好选择正面有图案而背后是空白的套头衫。在学习的过程中建议由浅到深地安排孩子学习穿衣的过程。一般是先学会脱衣服，然后再学穿衣服；先学习穿上较简单的衣服，如套头背心，然后学习穿上较复杂的衣服，如短袖、长袖脱套头衣服。脱套头衫有不同的脱法，选择适合幼儿的方法很重要，由于幼儿的手臂灵活度不够，难以做到成人的穿脱衣服方法，因此选择从脱袖子开始。特殊需要幼儿胆子较小，所以我们在选择衣服的时候要选择领口比较宽松的衣服，不要让幼儿有窒息感，然后慢慢训练让他们自己脱衣服，家长、老师尽量不包办。在初期，可以协助孩子，该活动的难点在于将手臂、头部从衣服里面摆脱出来，因为需要一定的手部力量，并注意手指与手腕的配合。

### (三) 手指抓握、双手协调、手眼协调能力训练——解系扣子

解扣子、系扣子是穿脱衣物活动中最难的部分，我们可以将这个过程分解为几个不同的过程，然后再开展不同的训练活动。无论是对于普通孩子还是特殊孩子来说，他们碰到的困难主要有两个，一是一一对应的关系，而不是上下交错；第二就是将扣子放进或者推出扣眼，这就需要手眼协调能力，尤其还需要双手协调。在幼儿园里，我们可以利用塑造行为法，让孩子处理类似系扣的简单活动，如进行二指捏的训练，用前二指拿小物件、硬币、纽扣等放入储钱箱。我们还可以在区域活动中先练习给娃娃穿脱衣服，扣眼要稍微大一点，降低难度，先让幼儿掌握拇食指相捏、手眼协调的经验，然后逐步增加难度，不能操之过急，否则容易挫败幼儿自信心，教学效果也不会理想。

穿脱衣物训练是幼儿最常见的一个生活能力活动，是在幼儿园与家里经常出现的活动，家园需配合一致。训练特殊需要幼儿穿脱衣物的能力，有利于特殊需要幼儿生活技能的提高，有利于幼儿的智力的提升，从而使其更加快速地融入集体的生活。虽然每个家庭或老师使用的方法不尽相同，但教学者应该依据特殊需要幼儿本身的能力以及生活环境，选择实用、最迫切的生活自理能力内容，对之进行教学。

# 第四章 幼儿园融合共生教育模式下的实践案例

## 第一节 融合教育模式下的个别化教育活动案例

表4-1 个别化教育活动方案

园所：顺德区大良万圣怡幼儿园　　　班级：大一班　　设计教师：方克进

| 幼儿姓名 | 浩浩 | 性别 | 男 | 出生年月 | 2008.07 |
|---|---|---|---|---|---|
| 活动名称 | 绘本教学《爱说"不"的调皮鬼》 | | | | |
| 活动目的 | 一、引导浩浩理解故事内容，知道故事中哪些行为正确，哪些行为不合适。<br>二、通过故事引导浩浩理解并学习换位思考，合理表达自己的需求。 | | | | |
| 活动重点 | 引导浩浩了解自己的不足，知道什么是正确的做法，提高主动性。 | | | | |
| 活动过程 | 一、出示图书<br>(一)师：小朋友，今天老师请来了一位新朋友，它是一只可爱又调皮的小公鸡，名字叫"叫叫"。<br>(二)展示图书封面，引导幼儿观察封面，并请幼儿猜猜，这将会是一个怎样的故事？<br>请浩浩上来猜故事情节，并及时给予肯定和鼓励，帮助他树立信心。 | | | | |

· 续表

| | |
|---|---|
| | （三）教师根据幼儿的回答进行小结。<br><br>二、教师讲述故事，幼儿倾听<br><br>（一）教师有感情地完整讲述故事，引导幼儿了解故事情节。<br><br>（二）幼儿围绕教师提出的问题展开讨论。<br><br>教师注意引导幼儿表述出正确表达爱的方式，帮助幼儿理解并学习换位思考。（有意识地请浩浩回答问题，了解他对故事中叫叫的认识及对故事内容的理解。）<br><br>三、邀请浩浩上前讲述<br><br>教师引导浩浩在同伴面前讲讲自己对故事的理解，对他的表现给予肯定与表扬，帮助他树立自信心。<br><br>四、播放故事视频引导幼儿观看<br><br>播放故事视频，让幼儿在回味故事体验快乐的同时，进一步感受故事中爱与被爱的相互情感。（有意识地安排浩浩坐在第一排最中间的位置，方便浩浩观看及教师对他的指导。）<br><br>五、角色扮演<br><br>引导幼儿通过参与故事表演，进一步加深对故事的理解，并体会故事中的情感。（将浩浩和他最好的几个好朋友编成一组进行角色扮演，提高他参与故事表演的兴趣与积极性。） |
| 反思 | 　　浩浩是个非常好动的小朋友，总是停不下来，当老师叫他去喝水、上厕所、进餐及午睡时总能听到他的回应"不"，但有时却能安静地看书。根据浩浩这一特点，我组织了《爱说"不"的调皮鬼》这一绘本阅读活动，浩浩对这个活动比较感兴趣。过程中能和老师进行简单的互动。活动结束后我问他："以后老师请浩浩喝水时还总说'不'吗？想说'不'的时候可以怎么办？"他说："（上厕所）要喝水。"看来浩浩对这个故事的情节已经有一定的理解，我们将会把故事中的方法灵活、随机用在日常教育中。 |

表4-2　　　　　　　　　　个别化教育活动方案

园所：顺德区机关幼儿园　　　班级：小一班　　　设计教师：龚颜清

| 幼儿姓名 | 丰丰 | 性别 | 男 | 出生年月 | 2010. 10 |
|---|---|---|---|---|---|
| 活动目的 | 一、帮助丰丰尽快适应新环境，鼓励其尝试向他人介绍自己的名字。<br>二、能与同伴一起愉快地游戏，感受游戏的乐趣。 | | | | |
| 活动过程 | 一、认识新朋友<br>(一)教师自我介绍，介绍自己的名字、性别以及自己喜欢吃的食物(丰丰是个"小吃货")。<br>(二)教师介绍班级和点名活动，并请点到名字的孩子举手。<br>(三)请个别小朋友示范介绍自己的名字："我叫×××。"<br>二、鼓励丰丰尝试大胆自我介绍<br>(一)邀请丰丰出来介绍自己的名字，只要求他说出"丰丰"，鼓励丰丰开口说话。<br>(二)教师在旁给予引导和帮助，当丰丰能发出声音时，请全体小朋友为他鼓掌。<br>(二)请小朋友与丰丰握握手、抱一抱。(由于丰丰不抗拒身体接触，让丰丰感受小朋友和教师对自己的喜欢，进而喜欢小一班，喜欢小朋友和教师。)<br>三、集体游戏《击鼓传花》<br>玩法：教师击鼓，小朋友传花球。当鼓声停止时，花球传到哪个孩子手里就要说出自己的名字(说出名字的小朋友都要带上一个"花环")。游戏尽量让每个孩子都有机会参与，特别是丰丰，让他在游戏中感到快乐，调动他参与活动的积极性。<br>四、小结和评价<br>教师根据小朋友自我介绍的情况进行小结和评价，对于丰丰的表现及时肯定，通过他喜欢的方式给他奖励，如给它玩喜欢的食物玩具等，鼓励他平时多和同伴说话。 | | | | |

续表

| | |
|---|---|
| 反思 | 　　对有特殊需要的孩子，教师必须有更多的耐心。多次、反复地进行引导，不断鼓励才有可能看到他们的缓慢进步。我们每天都会利用课余时间，进行握握手、抱一抱、亲一亲等活动，与丰丰增加肢体接触，让他感受来自身边同伴的关爱和温暖。相信只要我们用爱心、耐心和包容的心接纳他，在家园的合力下，他一定能和普通孩子一起共同学习，共同生活，健康快乐地过好每一天。 |

表 4-3　　　　　　　　　　**个别化教育活动方案**

园所：顺德区机关幼儿园　　　　班级：国大二班　　　　设计教师：华嘉

| 幼儿姓名 | 俊俊 | 性别 | 男 | 出生年月 | 2008.03 |
|---|---|---|---|---|---|
| 活动目的 | 一、鼓励俊俊积极参与活动，在音乐活动中提高其注意力的稳定性和持久性。<br>二、增强俊俊的自信心与胆量，促进其社会交往能力的发展。 |||||
| 活动过程 | 一、活动导入<br>幼儿随音乐《快乐的舞蹈》进入活动室，教师鼓励幼儿跟随音乐有节奏地做自己喜欢的动作。<br>二、节奏练习<br>(一)联系生活，引导幼儿感受生活中的节奏。<br>1. 教师模仿小狗有节奏的叫声，提问："这是什么动物的叫声？它是怎么叫的？有什么特点？"<br>2. 教师："你还能模仿哪些小动物有节奏的叫声呢？"(青蛙、小猫、小鸡……)<br>★教师请俊俊模仿自己喜欢的小动物叫声，不要求按节奏。<br>(二)出示节奏图卡，让幼儿练习拍击节奏。<br>小鸡：XX　X ｜ XX　X ｜<br>　　　叽叽 叽｜叽叽 叽｜ |||||

| | |
|---|---|
| 活动过程 | 青蛙：X XX X ｜ X— ｜<br>　　　呱呱 呱呱 ｜ 呱— ｜<br>小猫：X - - - ｜ X - - - ｜<br>　　　喵- - - ｜ 喵- - - ｜<br>★教师指导俊俊一边学小动物叫声一边用手拍打出节奏，在旁边通过敲打木鱼或按节奏点头带动俊俊按节奏模仿。<br>三、欣赏歌曲：《幸福拍手歌》<br>(一)欣赏歌曲《幸福拍手歌》，感受歌曲中活泼欢快的情绪。<br>(二)再次欣赏歌曲，引导幼儿感受音乐中的节拍变化。<br>(三)教师提问："当你感到幸福的时候你会用什么动作来表达?"引导幼儿用拍拍手、跺跺脚、摸摸肩等方式表现节奏。<br>★请一部分小朋友带着俊俊一起用肢体动作来表现音乐结尾的节奏(这段的节奏相对简单)。<br>四、乐器演奏<br>(一)教师出示铃鼓、沙锤、响板等乐器，与幼儿共同讨论配乐方案。安排俊俊和他的好朋友一组，一起商量。<br>★邀请一幼儿和俊俊一起把讨论好的乐器标记贴到图谱的相应位置。<br>(二)教师展示幼儿的配器图谱，幼儿自主选择乐器按图谱进行演奏。<br>★鼓励俊俊选择喜欢的乐器，并请他的好朋友小雨坐在他旁边带着俊俊进行演奏。<br>(三)请幼儿交换乐器进行演奏。<br>★教师邀请俊俊做"小指挥"，握着俊俊手有节奏地指着图谱带领大家演奏歌曲。<br>五、活动结束<br>幼儿表演律动《幸福拍手歌》，离开活动室。 |
| 反思 | 　　俊俊是一名发育迟缓的幼儿，他的注意力涣散，动作刻板，不主动参与教学活动。但他对音乐活动较感兴趣。于是，教师根据俊俊的情况， |

续表

| | |
|---|---|
| | 设计了此集体音乐活动,并特别为他创设了几个互动环节。此音乐活动能充分调动俊俊听觉、视觉、触觉、运动觉等多重感官,明快的音乐节奏、变化的肢体动作、好玩有趣的乐器激发了他参与活动的欲望,提高了学习的主动性。活动中,教师发现他因为有自己可以完成的事情做,所以注意力更为持久和集中。在老师和小伙伴的鼓励下,他尝试表达自己对音乐的感受,大胆地选择喜欢的乐器演奏、勇敢地模仿他人活动、接受他人的帮助、站在大家面前表演,在欢乐的音乐氛围中促进其社会交往能力的发展。 |

表 4-4 **个别化教育活动方案**

园所:顺德区容桂东逸湾英伦幼儿园　　　班级:大一班　　设计教师:黄文锋

| 幼儿姓名 | 鹏鹏 | 性别 | 男 | 出生年月 | 2006.08 |
|---|---|---|---|---|---|
| 活动目的 | 一、学习正确挥臂投掷沙袋动作,提高鹏鹏的投掷能力。<br>二、指导鹏鹏学习投掷沙袋,培养他参与体育活动的兴趣。<br>三、在活动中重点培养鹏鹏与同伴之间团结互助,克服困难的精神。 | | | | |
| 活动过程 | 一、开始部分<br>练习上周学习的跨跳动作(热身运动)。<br>二、基本部分<br>(一)提问幼儿可如何玩沙袋,如抛、接、投等,请鹏鹏出来讲述并示范如何玩沙袋。(由于鹏鹏不喜欢运动,所以这一环节要多与他互动)<br>(二)幼儿自由探索沙袋的玩法。<br>(三)教师讲解并示范投掷沙包的动作要领。幼儿站四路纵队,徒手练习挥臂投掷运动3—4遍。(重点帮助鹏鹏完成动作,学会遵守游戏规则)<br>(四)小结幼儿练习情况。(表扬鹏鹏在活动过程中的闪光点)<br>(五)游戏<br>1."哪个沙袋投得远" | | | | |

续表

| | |
|---|---|
| | 要求幼儿在起点线上，把沙袋投到对面的达标线后，跑去捡起沙袋回到起点线上，听口令再进行投掷。<br><br>2. 分组竞赛"收放沙袋"。（鹏鹏与能力较强且他又喜欢的幼儿在一组，让同伴把他带动起来）<br><br>游戏规则：分两队进行。各队第一名幼儿手提篮子，并将篮子里的沙袋分别放进圈内后绕过椅子跑回来，然后拍第二名幼儿的手，第二名孩子负责收沙袋，以此类推。以先完成为胜。<br><br>三、结束部分：<br>以沙袋为障碍练习曲线走、跑，然后做放松整理运动。 |
| 反思 | 　　整个教学活动过程比较有趣，看着鹏鹏从开始的动作不协调到后面慢慢尝试，我知道他在慢慢地转变。看着他能较认真地模仿我的动作，我知道他应该能学会这投掷动作的基本要领，剩下的是实践与时间的问题而已。我以后要开展更多类似的活动，让他有更大的转变。 |

表 4-5         **个别化教育活动方案**

园所：顺德区容桂东逸湾英伦幼儿园     班级：大一班     设计教师：黄文锋

| 幼儿姓名 | 晨晨 | 性别 | 男 | 出生年月 | 2006. 10 |
|---|---|---|---|---|---|
| 活动<br>目的 | 一、积极探索玩具洞里的秘密。<br>二、体验发现秘密的惊喜与快乐。<br>三、尝试制作望远镜，提高晨晨的精细动作。 | | | | |
| 活动过程 | 一、游戏导入活动："猜猜我是什么玩具"<br>（一）出示有洞的玩具：望远镜、万花筒等，让晨晨猜猜这是什么玩具。<br>（二）初步感知有洞洞的玩具。<br>二、学习儿歌《神秘洞》<br>（一）欣赏儿歌，请幼儿认真倾听。 | | | | |

| | |
|---|---|
| | （二）集体阅读儿歌《神秘洞》，理解儿歌内容。<br><br>（三）尝试用肢体动作表现儿歌《神秘洞》。（因为晨晨比较好动，在此环节要拉着他的手一起做动作。）<br><br>三、带领幼儿认识洞洞物品，体验发现的乐趣<br><br>（一）教师分别——展示望远镜、万花筒……引导幼儿感知它们的特点。<br><br>（二）认识洞洞物品，并请晨晨说说它的特点。<br><br>（三）结合日常生活经验，请幼儿说说对洞洞物品的认识。<br><br>四、幼儿制作：千里眼（晨晨喜欢做手工，但是要引导他认真装饰作品）<br><br>（一）出示卫生纸筒，师生共同探讨：如何制作？<br><br>（二）请晨晨出来做示范，老师在旁边指导。<br><br>（三）幼儿尝试制作，装饰千里眼。<br><br>五、作品展示、分享<br><br>（一）幼儿展示作品，共同分享。<br><br>（二）评价作品，教师小结活动。 |
| 反思 | 　　晨晨对这个活动比较感兴趣，因为在这里他能动起来，特别是制作千里眼的环节，因为能动手操作，但在使用剪刀的时候他的安全意识仍不足，需要有一位老师陪在他身边。在制作手工时，虽然有一些地方他不是太懂如何操作，但在老师的帮助下他仍是认真地完成了。 |

表 4-6　　　　　　　　　**个别化教育活动方案**

园所：顺德区机关幼儿园　　　班级：大一班　　　设计教师：黄晓媚

| 幼儿姓名 | 鹏鹏 | 性别 | 男 | 出生年月 | 2009.01 |
|---|---|---|---|---|---|
| 活动目的 | 一、指导鹏鹏学习助跑式跨跳的动作，促进其大肌肉动作的发展。<br>二、鼓励鹏鹏积极参加集体活动。 | | | | |

| | |
|---|---|
| 活动过程 | 一、开始部分<br>(一)队列练习:练习四列变二列、二列变四列队形;练习向左、向右、向后转。<br>(二)热身游戏:"开火车"。<br>玩法:幼儿分成四组,组成四列"小火车",各组排头幼儿手持呼啦圈当作"火车"的方向盘,其余幼儿跟随其后面,四列"小火车"有节奏地同时绕过轮胎障碍物。<br>二、基本部分<br>(一)请3—5名幼儿自由组合玩轮胎,鼓励幼儿一起合作、自由创造玩法,并请各组在大家面前展示玩法。<br>★教师有意识地把鹏鹏与善于合作、能力较强的幼儿编在一组。<br>★请鹏鹏代表他们组尝试展示玩法,并及时鼓励。<br>(二)游戏:勇闯神秘岛<br>1. 玩法:幼儿分成四组,各组幼儿将轮胎放一排当成小岛,幼儿在"小岛"上行走,保持平衡。<br>2. 教师巡回指导,提醒幼儿找到平衡的方法以及遵守游戏的规则。<br>★教师提醒幼儿在集体行走时,适当减慢速度,等待鹏鹏独立走完,或当他走到最后时为鹏鹏加油直至完成游戏,让其感受集体游戏的快乐,更愿意参加集体活动。<br>(三)学习助跑式跨跳<br>1. 教师示范、讲解助跑式跨跳轮胎的动作要领,请幼儿分组练习。<br>★教师关注鹏鹏对动作的掌握情况,对其腿部动作进行指导。<br>2. 幼儿再次练习助跑式跨跳轮胎。<br>★教师邀请鹏鹏演示一次跨跳轮胎,让其他幼儿为其加油,对鹏鹏的表现给予肯定与表扬,帮助他树立自信心。<br>3. 幼儿分成两组进行跨轮胎接力赛,率先完成比赛的组为胜利组。<br>4. 游戏结束后,教师引导幼儿小结:助跑可以更容易跨越成功。 |

续表

| | |
|---|---|
| 活动过程 | 5. 幼儿再次比赛，每组最后的一名幼儿在终点处夺红旗，先夺得红旗的组为胜。<br>★教师邀请鹏鹏当夺旗者，让其感受到成功的快乐。<br>三、结束部分<br>(一)放松运动。<br>(二)请幼儿把轮胎收拾好。<br>四、活动延伸<br>户外活动时利用多种器械让幼儿继续练习助跑式跨跳动作，也可以增加轮胎的高度进行练习，并关注鹏鹏的动作发展情况，注意个别指导和安全教育。 |
| 反思 | 　鹏鹏在老师的帮助下尝试进行集体合作游戏。老师通过同伴支持、榜样作用、正面评价等手段成功地帮助鹏鹏融合在集体中，并循序渐进地设计游戏关卡，让鹏鹏由简到难地掌握动作技巧，不知不觉间达到活动目标。同时，也通过支持策略让孩子们愿意主动帮助鹏鹏，形成了互帮互助的融合班级氛围，对特殊儿童的发展有很大的促进作用。 |

表 4-7　　　　　　　　　**个别化教育活动方案**

园所：顺德区机关幼儿园　　　　班级：大一班　　　　设计教师：姚淑芳

| 幼儿姓名 | 滔滔 | 性别 | 男 | 出生年月 | 2008.04 |
|---|---|---|---|---|---|
| 活动目的 | 通过家园共同教育，帮助滔滔养成在园独立蹲厕和正常大便的生活习惯及能力。 | | | | |
| 活动过程 | 一、与滔滔妈妈沟通，分析孩子在园能独立解决小便，却很抗拒在蹲厕进行大便，而强忍回家才解决的原因。(原因是滔滔害怕使用蹲厕时掉下去，所以在家一直只用坐厕大便，由于幼儿园使用的是蹲厕，故滔滔一直没在园里大便。) | | | | |

| | |
|---|---|
| 活动过程 | 二、开展集体活动《我会拉便便》，引导全班幼儿一起通过故事、巧虎视频了解如何排大便、如何擦屁股、如厕注意事项等。<br><br>请滔滔和个别幼儿一起模拟如何使用蹲厕，分享使用蹲厕的感受和经验，及时表扬肯定，并告诉家长，进行物质奖励，引发其兴趣，产生不排斥在蹲厕蹲下的动作。<br><br>三、分阶段进行教育，并将在班的指导方法告诉家长，让家长在家同步同方法配合跟进练习。<br><br>(一)感受体验阶段。在日常生活中找机会带他接近蹲厕、练习使用蹲厕。<br><br>1. 和滔滔一起观察蹲厕的结构和周边的环境，如蹲厕有多大，里面的洞洞有什么用，周边有什么等。<br><br>2. 教师进行全覆式陪伴帮助，先在旁边的蹲厕做动作示范，再站到他后面，在同一个蹲厕里，教师用语言提示滔滔和老师一起蹲下，让他后背能贴住老师，双手有老师的手臂支撑，感受到足够的安全。<br><br>3. 转换方位，空间独立。教师在蹲厕外面与滔滔面对面站立，让滔滔双手扶着老师双臂，在语言提示下，一起蹲下。<br><br>4. 半辅推进。站立方位同 2，教师改为单手支撑，一起蹲下后滔滔另一个手扶着自己的鞋子。<br><br>5. 教师双手手掌扶着滔滔肩膀，让他蹲下，双手扶着自己的两只鞋子。<br><br>6. 教师用右手的拇指和食指轻轻提着滔滔肩膀上的衣服，让他自己蹲下。<br><br>6. 语言提醒，眼神鼓励滔滔自己练习几次。<br><br>(二)过渡阶段。个别教育后的两周时间，滔滔开始愿意使用蹲厕进行大小便，但条件是要有老师陪着。<br><br>(三)巩固阶段。为滔滔制作一个专属的"家园大便记录表"，让他每天记录是否能自己大便，如果可以就画笑脸，不可以就画哭脸，一周如果能收集 5 个以上的笑脸，就能换一份小礼物。在老师的鼓励下，滔滔开始愿意独自蹲厕，对蹲厕不再抗拒，每次他上完蹲厕，我们都会及时进行表扬，并提醒他做记录。 |

| | |
|---|---|
| 反思 | 　　幼儿不会无缘无故抗拒某个事物，要解决滔滔不肯在幼儿园进行大便的问题，首先是进行充分的观察并与家长积极坦诚地沟通，了解背后原因。明确原因后，我们通过集体活动让滔滔知道在幼儿园解决大便是一件很正常的事情；同时，通过同龄伙伴的经验分享，让他知道使用蹲厕并不危险，而且是一个证明自己长大的行为，减轻他的心理压力。帮助他在反复练习使用蹲厕中，逐步消除对蹲厕的恐惧感。<br>　　在家园的共同努力下，滔滔终于能够独立地使用蹲厕了。10月22日中午，滔滔第一次在幼儿园解决了大便，完成后主动地告知保育老师。当天放学回家后，他高兴地告诉妈妈他在学校的蹲厕上大便了。<br>　　经过一个月的努力，长时间困扰着滔滔和家长的问题终于解决。对于其他同龄人来说，这是一件再简单不过的事情，但是对于滔滔来说，这是克服了长期以来的恐惧，成功挑战自己的一次成长经历。 |

# 第二节　融合教育模式下的特殊需要幼儿教育干预案例

## Ⅰ. 自闭症幼儿教育干预案例：

### 一、对自闭症幼儿实施融合教育的个案分析

顺德区机关幼儿园　黄晓媚

### (一)个案基本情况

鹏鹏(化名)，男，3岁，妈妈独自抚养，小班第一学期被诊断为轻度自闭症，由于不能适应国际班的教学模式(在英语教育环境下表现出烦躁、多动)，小班第二学期转读普通班，由妈妈陪读。

## (二)个案在园行为描述

**情景一:**

早晨上学,鹏鹏和妈妈来到班上。老师和鹏鹏打招呼:"鹏鹏早上好!"可是他没有反应。老师蹲下来与鹏鹏平视,再次问好:"鹏鹏,早上好!"鹏鹏重复老师的话:"鹏鹏早上好!"妈妈引导他:"鹏鹏,你要说老师好!"鹏鹏把头转开说:"要说老师好!"妈妈再次引导他:"老师好!"鹏鹏跟着妈妈说:"老师好。"老师奖励鹏鹏一枚小贴纸,微笑地说:"鹏鹏今天有没有自己刷牙?"鹏鹏跟着重复:"今天刷牙。"妈妈提醒他:"我自己刷牙了。"鹏鹏:"自己刷牙了。"

**情景二:**

户外活动回来,老师提醒小朋友喝水和上厕所,鹏鹏一直蹲在室外玩区角玩玩具。老师想拉他的手,带他去喝水,他却快速跑开。其他小朋友都在自己换衣服,鹏鹏却坐在椅子上不行动或者只顾玩其他东西,一定要老师帮忙才换衣服。

**情景三:**

午餐的时候,小朋友都在安静地进餐。鹏鹏突然把碟子里的饭菜用手捡出来到处扔,越扔越起劲。小朋友向老师投诉,鹏鹏不仅不当一回事,还干脆把餐盘也甩到地上。餐盘掉在地上发出"砰"的一声,他哈哈大笑起来。

**情景四:**

老师准备上课,鹏鹏在妈妈的帮助下被抱着坐在了椅子上。他不看老师的眼睛,也没有回答老师的任何问题。老师请小朋友一起玩游戏的时候,他不愿意出来,等大家回到位置上,他却突然间起身跑出了课室去操场玩了。

**情景五:**

在进行《车子叭叭叭》的主题活动时,大家收集了很多玩具车子放在班上的区角。鹏鹏特别喜欢小汽车,他经常一个人蹲在柜子前玩车子,还喜欢一边自言自语，一边模拟车子在奔跑的情景。如他拿起挖土车的大铲子不断做挖土的动作，嘴里重复着："挖、挖~"；拿到警车，他边模拟开警车的情景边说："哔布哔布~"。他能说出很多车子的品牌，还知道各种不同车子的功能。

**情景六：**

户外活动时，小朋友都来到大型滑梯玩耍，鹏鹏却一个人跑开。当妈妈跟过去的时候，鹏鹏已经动作灵活地爬到其他活动区域的攀登架顶了。

**情景七：**

课间餐时间，老师为小朋友分好了水煮花生，大家都开始吃起来。鹏鹏一把抢过他们小组装花生的碟子放在自己的前面，熟练地剥起花生来。小朋友告诉鹏鹏这是大家一起吃的，但是鹏鹏并没理会，继续吃。老师过来帮忙协调解决问题，并请一个孩子把花生和盘端回桌子中间，鹏鹏没有理会这一切，吃完了手上的花生又跑去抓上一大把回到自己的位置，不一会就把花生剥壳吃完了。

**情景八：**

每天早晨，妈妈都会用自行车载鹏鹏上学。放学的时候，妈妈就会特意最后离开，让他在无人的空旷操场上骑自行车。鹏鹏很喜欢骑自行车，他很快就在妈妈的扶助下骑上较大的自行车，灵活地在操场兜圈了。

(三)对个案的情况分析

1. 行为习惯

(1)对老师的指令没有反应，不愿意动手，缺乏生活自理能力。

(2)行为习惯和常规意识较差，无法理解他人的情绪和指令。

2. 注意力

不能集中注意听讲，就座时间很短，上课时会突然跑离课室，与老师和同伴没有眼神、语言和动作的交流。

3. 语言发展

不爱说话，与他人没有语言交流。在人为要求眼睛对视的情况下，只能用简单、刻板的词语或短句回答简单的问题，如：自己的姓名、知道、我在……等，但对别人的问题不理解，需要提醒和帮助，语言发展迟缓。

4. 动作发展

体能较好，能敏捷地进行各种大肌肉运动，如：攀爬、奔跑、骑自行车等；动手能力强，小肌肉动作灵活，如：剥花生壳、撕纸、会使用小剪刀等。

5. 社会交往

心理发展方面明显落后于同龄人，与其他人无目光对视，行为方式刻板，不喜欢与同龄儿童一起玩耍，更多的时候是独处状态。

6. 兴趣爱好

(1)喜欢车，经常独自一人观察班上的玩具车。能够说出多种汽车的牌子，喜欢模拟车子在奔跑的情景。

(2)能在妈妈的扶助下灵活地骑动大自行车。

7. 家庭情况

(1)单亲家庭，妈妈独自照顾鹏鹏，很是吃力和疲惫。

(2)家长文化水平不高，教育手段单一，对孩子的现状十分焦虑：既改变不了鹏鹏的问题，又担心他被排斥。

（四）干预策略

策略一：创造良好的班级融合氛围

自闭症儿童在成长和接受教育过程中，常常会被区别对待，甚至受到排斥。特殊儿童家长的内心不仅十分焦虑，而且存在着否定的心理状态。此种状态下，家长在陪伴孩子共同成长的过程中，会出现较为严重的教育理念偏差，不能为孩子创造良好的受教育环境。同时，一些家长在教育孩子时，会被传统观念影响，歧视特殊儿童。因此，要在班级内开展融合教育，首先要解除家长们的顾虑，并获得他们的理解与支持。

具体措施：

1. 定期举办家长会和家长学校讲座，帮助家长了解融合教育是时代进步的表现，是教育的大趋势。

2. 老师做好特殊儿童观察记录，向家长展示有关鹏鹏进入融合班后进步和变化的数据，了解融合环境下更有利于促进特殊儿童的发展。

3. 利用日常照片有力证明普通孩子对弱势群体的帮助和接纳，能激发普通孩子的怜悯心、理解和反应能力，更利于普通孩子社会性的发展。

4. 通过展示老师"如何纠正幼儿不良习惯"的相关课例，证明普通孩子对不良行为习惯的辨别、理解能力更高，学习、认知等能力的发展并没有受到影响。

5. 老师记录和跟踪正常孩子和特殊孩子的情况，通过家长会、网上平台等方式展示给家长，使家长放心。

6. 做好特殊儿童家长的心理疏导和教育指引。

7. 邀请特殊儿童的家长进班级做助教，成为老师的助力，特儿与同伴交流的桥梁。

8. 通过孩子影响家长，形成互助友爱的班级氛围。

效果：家长会和家长培训讲座能有效地帮助家长们了解教育的现状，得到家长对融合教育的理解及支持，形成融合教育的良好氛围，使特殊儿童和同伴的关系变得更融洽。老师通过定期记录和向家长们反馈班上孩子的学习和进步、特殊孩子的发展等方式，让家长们了解融合教育的近况和取得的效果，慢慢解除普通孩子家长的心理顾虑，进而使他们逐渐接受并愿意配合开展融合教育。只有家园合作教育，融合教育才能顺利开展，真正形成家庭、幼儿园和社会的合力。

策略二：提升教师的特殊教育专业知识水平

在学前融合教育中，教师扮演着重要的角色。但由于幼儿园教师特殊教育专业理论知识和教育手段等方面的不足，故一定程度上影响融合教育的顺利开展。所以，教师必须丰富特殊教育、融合教育等方面的专业知识，除了能专业判断分析特儿的行为表现，同时也能有效地进行教育指导。

具体措施：

1. 提升融合班老师特殊教育专业的知识水平，有助于老师对特殊儿童的行为表现做出正确的判断。鹏鹏就读大班后有段时间喜欢突然去拥抱小朋友，但举止没有起因，带有突发性。老师细心观察到他的最近情况，在自闭症关爱日中引导大家给"鹏鹏小弟弟"一个大大的拥抱，通过"情景导入法"向他传达正确表达情感的方式。鹏鹏喜欢这样的方式，对小朋友说"我不是小弟弟，我是大哥哥"后，并开心地和大家拥抱。

2. 坚持做好对特殊儿童的观察记录。这样能帮助老师发现特殊儿童的最近发展区和兴趣点，了解特殊需要儿童的发展情况，及时调整教育教学方法，增强教育的针对性。

3. 总结和反思，不断调整策略，找到解决特殊儿童问题行之有效的方法。

效果：老师的观察和记录以及在特殊教育专业的知识提升，能更科学地了解特殊儿童的需要并作出正确的教育指导，使其各方面得到不同程度的发展。个案中的鹏鹏小班入园，接受了三年的融合教育，已经能和普通孩子一样正常参与各项活动，偶尔也会回答老师提出的一两个简单问题，尽管回答时使用的句子不长，内容简单。

策略三：设计有针对性的融合教育课程

有特殊需要孩子的融合班应该实行"一班两课程"，老师在备课时要考虑特殊儿童的需要，有针对性地设计活动，帮助普通孩子了解特殊需要儿童，帮助和促进特儿的社会性交往。

具体措施：

1. 根据特殊需要儿童的兴趣和能力，有针对性地为其设计活动，或在集体活动中，适当调整环境和教学目标。

2. 灵活运用各种有效的教育方式，来达成教育目的。

3. 活动的设计既要考虑特殊儿童的需要，又要斟酌普通儿童的发展，达到共赢。

4. 总结和反思，不断改进和提高融合课程的设计。

效果：有针对性的融合课程能及时帮助特殊儿童解决实际需要，促进特殊儿童的发展。经过融合教育的课程，班上的融合氛围融洽，小朋友能和鹏鹏正常友好地相处，愿意接纳和帮助他。鹏鹏也在入读小学前能参加所有的集体活动，注意力集中时间较原来有了较大的增长，愿意回答别人的提问并带有一定的逻辑性。

策略四：提高自闭症儿童的生活自理能力

生活自理能力和良好生活习惯的养成，可以减少特殊儿童与普通儿童的差距，为其将来自立于社会奠定基础。因此，培养特殊需要儿童的生活自理能力非常重要。

具体措施：

1. 降低要求，设计适合特殊需要儿童学习生活自理的活动。鹏鹏对老师的指令没有反应，不愿意动手，缺乏自理能力，小便需要老师拉着手到厕所才愿意上，换衣服裤子更是等着别人帮忙。老师针对班上孩子的能力发展设计多种提升自理能力的活动，每次都会创造条件有目的地提出适合他能力发展的小任务。

2. 设定特殊需要儿童喜欢的表扬方式激发他们动手的兴趣，及时肯定他们的进步。当鹏鹏通过努力完成任务时，老师会在专门为他设计的红花本上贴上一枚他喜欢的小太阳，让他感受到肯定和成功的喜悦。

3. 互帮互助，让孩子们成为特殊需要儿童的小帮手，给予特殊需要儿童适当的提醒和帮助。鼓励班上的孩子轮流当鹏鹏的小助手，提醒和协助鹏鹏完成如取餐、准备衣服、收拾玩具等活动，让他和大家一起动手，提升生活自理能力。

4. 通过各种"自我服务"的小比赛，提高特殊需要儿童的生活自理能力。老师经常在日常生活和各种活动中创造比赛的机会，激励鹏鹏行动起来，如收拾玩具时，让鹏鹏和小朋友比一比，看谁收拾得快而整齐，吃饭时比比谁吃得最干净等。

效果：特殊需要儿童生活自理能力的培养不是一两次教育就能有效的，而是一个漫长系统的过程。多创造机会，鼓励他自己动手，耐心地引导，才可能实现培养特殊需要儿童生活自理能力的目标。刚开始的时候鹏鹏对老师提出的要求无动于衷，经过老师和小助手的反复提醒，他的动手能力逐渐提高。动手也同时刺激了他注意力、思维能力的发展。到了大班，鹏鹏与普通小朋友的差距变小，能不用老师提醒就自觉做好自己一天生活的各环节，在课堂上的表现也逐渐活跃，能开始思考和回应老师的提问。

策略五：促进自闭症儿童的社会交往

歌德说过：人不能孤独地活着，他需要社会。良好的人际关系，不仅能给人带来快乐，而且能助人走向成功。但是，社会交往障碍是自闭症儿童的突出障碍之一，给患儿带来的困难不亚于语言和认知障碍。对于自闭症儿童，学会交往是实现生活自理、自立的必备条件。

具体措施：

1. 找到特殊儿童的兴趣点，通过角色游戏为其社会交往能力的发展创设机会。通过观察，老师发现鹏鹏特别喜欢汽车，他能够说出多种汽车的品牌，喜欢模拟车子在奔跑的情景。于是，老师在班上为鹏鹏创设了属于他的角色扮演区"鹏鹏的汽车店"。每次区域活动，鹏鹏总能在他的小店里待很久，店里摆放了很多小汽车模型、玩具遥控车盘等有趣的东西，吸引了不少孩子也来游戏。

2. 帮助班上普通儿童了解和接纳特殊需要儿童，找到与其相处的方法，并乐于提供帮助。孩子们在"鹏鹏的汽车店"角色游戏中有对话，鹏鹏偶尔回答上一两句，慢慢地和一两个特别喜欢汽车的小男孩有了共同的爱好和语言，社会交往性行为逐渐增多，有时也会一起玩模拟赛车的游戏。

3. 根据特殊需要儿童的能力创设一些简单又能与人接触的小任务，增加真实的社交机会。老师把鹏鹏与小朋友友好相处的画面放大进行正面教育，鼓励班上孩子对鹏鹏进行帮助和交往互动；也会布置一些小任务，如请一位孩子和鹏鹏一起给隔壁班的老师送个东西、帮助老师给大家派发画纸、当值日生为大家分水果等。

效果：对于普通孩子来说完成简单的活动是没有问题的，但自闭症儿童却需要付出很大的努力并克服自身障碍才能完成，这些看似简单的活动和小任务可以为他们创设真实的社交机会。正是通过创造交往机会，鹏鹏可以慢慢掌握一些与同伴交往的方法，社会交往能力逐渐提高。他开始能去接触其他小朋友，愿意和他们拉手、拥抱，他现在有一个比较玩得来的伙伴了。

（五）反思

融合教育能更好地帮助特殊儿童迈入生活、走进社会，它需要社会的接纳、学校的融合、老师的专业指导、家庭的支持与配合。只有形成融合教育的合力，才能真正帮助和促进特殊儿童的发展。在鹏鹏的个案中，如果只有学校的教育，没有得到其他家长和孩子的接纳，又或是老师和家长没有科学的指导方法，那融合教育的效果就会大打折扣，同时也错过了鹏鹏的最佳融合发展时期。所以，帮助普通幼儿和特殊需要儿童的家长形成正确的融合教育观、掌握科学的教育方法，提升老师在特殊教育方面的知识水平，会让我们更有针对性地实施教育，更有利于融合教育的实践。

## 二、接纳自闭症幼儿需要胸怀也需要专业

顺德容桂东逸湾英伦幼儿园　李禧祺

（一）个案基本情况

飞飞是东逸湾英伦幼儿园中班的一名孩子，也是一名自闭症儿童。从外表上看，他跟普通孩子没有多大的不同，但是在日常活动中，经过仔细观察，还是能够很明显地感觉到他跟普通孩子的差别。其中一个十分主要的特点就是：他存在明显的语言障碍，语言发展能力低于正常儿童发展水

平。在日常沟通过程中，飞飞的口齿不清，口语表达能力相对较弱，遇到事情不能正确表达自己的需求。虽然在日常生活中，孩子有表达欲望，但是发音不准确，跟人交流时，表达方式主要以单个字或两个字的词组为主，经常使用单字叠词，词汇量较少，而且进行主题对话或者成句表述有一定困难。因为这样，飞飞无法准确表达自己的想法。

（二）干预策略

1. 独立对他使用图片与实物

飞飞的语言理解能力相对比较薄弱，需要借助实物，才能确切理解老师的指令。比如，老师跟他说："请把铅笔拿过来。"如果面前没有铅笔这一实物，他就无法执行这个指令，只有把铅笔真正放在面前，他才能理解并执行。同时，一次不能向他发布多个指令，比如，如果让他拿好铅笔，同时再拿毛巾，他无法准确执行，必须将两项指令分开来执行。

2. 给他发泄自己情绪的空间，接纳他的脾气

自闭症儿童的语言特征之一是无法使用语言与人沟通，导致常常没有足够言语去表达自己的愿望、需求或者其他遭遇的感受，大人们往往揣摩不透孩子所有的想法，及时满足他们的愿望或需求，及时帮助他们解决困难。因此，孩子常常出现大喊大叫或者大发脾气的情形。飞飞在幼儿园里也经常会出现情绪难以自控、大哭大闹的情况。比如，他想要一个玩具，但是老师没有及时满足他的需求，他就会以哭闹或者大声尖叫的方式表达自己的不满。在情绪失控的状态下，老师需要接纳他的脾气，慢慢学会调整自己的情绪。

3. 刻板行为只要没有伤害到自己或别人，可以慢慢改

大多数自闭症儿童都存在刻板行为的问题，经常做出刻板、重复性的动作或游戏，或者用同一种方式说话、做事、玩耍。飞飞也存在这样的刻板行为，他在幼儿园最喜欢进行的游戏是：不停地摆放同一套积木，搭好积木以后，推倒再重新搭建同样的造型，如此来回重复，一个人可以玩很长时间。有一次，老师带领班里的孩子进行绘本阅读课，给飞飞分发绘本

时，他一直摇头，不愿意要老师分给他的绘本。老师最后没有办法，只能让他自己选。他来回翻捡了很久，最后终于找到一本绘本。后来，每次上阅读课，他都必须读这本绘本，不然就会表现出明显的不安情绪。当然有时候当他受到外界刺激时，会产生焦虑、紧张、不安的情绪，有时候会带有一定的自我伤害行为。如在一次户外主题活动中，飞飞突然将树叶和树枝捡起来放进嘴里吃，塞得满嘴都是，老师让他张开嘴巴，但是他怎么都不愿意，过了好久，才终于把嘴里的树叶和树枝吐出来。

4. 让同伴理解与接纳他的特殊行为

飞飞有时候也会做出一定的破坏性和攻击性行为。比如，他看到别的孩子在玩一个玩具，他也想玩，但是又无法表达清楚，也不知道怎么跟其他孩子耐心商量，就跑过去直接争抢，甚至还把其他小朋友推倒在地，以动作直接表达自己的需求。在一次绘画课上，老师把蜡笔分发给小朋友。别的孩子都在认真画画，但是×××画着画着，把所有蜡笔都折断了，甚至还旁若无人地拍手哈哈大笑。这个时候就需要老师告诉其他小朋友，对于他的这种行为我们要理解他，接纳他，如果被他拿走了，可以重新寻求老师的帮助。

5. 采用系统脱敏的方法让他慢慢接受一些改变

对于一些刻板行为，老师要尽量想办法帮助自闭症幼儿排除容易引发刻板行为的事物，使其从刻板行为的怪圈中走出来。我使用的就是一种系统脱敏的反办法，让他慢慢地接纳改变。比如有一段时间，飞飞午睡时手里一定要拿一张卡片，如果不给他，就大喊大叫。后来，趁他睡着以后，教师悄悄剪去卡片的一小块。这样，卡片越剪越小，最后，他慢慢习惯了没有卡片的午睡时光，也将失去卡片带来的冲击感降低到了最低程度。

6. 做好特殊孩子家长教育指导工作

幼儿园教师需要和家长密切沟通，与家长取得共识，让家长及时了解幼儿在幼儿园里的情况，同时也鼓励自闭症幼儿的家长及时记录家庭日志，记下幼儿的各种行为及解决方案，通过这样的形式，能让教师更加清晰地了解孩子在家里的表现和变化，更好地走进孩子的内心世界，真正了解孩子的需求。家园一道共同保持教育的连贯性与一致性，帮助自闭症儿童尽快适应幼儿园的学习生活。

## 三、利用共情促进特殊需要幼儿的成长

顺德大良万圣怡幼儿园　李晓阳

### （一）幼儿基本情况

小耀今年 6 岁，是一名自闭症谱系障碍者。他的语言发展比较缓慢，能简单地说出一些句子，但吐词不是很清晰，所以他与同伴的交流非常少；但是他对英语特别感兴趣，喜欢练习单词，重复外教所说的句子；同时他缺乏安全感，常常会避开陌生人，短时间内不愿接近新的事物；他不能长时间待在室内，会自己跑出课室，甚至到校门口；他喜欢跟男性相处和接触，会主动找熟悉的老师训练拍球；有时候小耀不会主动叫拉大便，会有大便拉在裤子上的情况；他在饮食方面还不错，每天都能吃一大碗饭，直到老师制止他尽量少吃一点。从以上行为可以看出，小耀将自己封闭在自己的世界里，缺乏与同伴的融合，社会交往能力较弱，需要老师多方面引导进行融合教育。

### （二）干预策略

1. 建立情感链接解决入园时缺乏安全感问题

小耀第一天来园就一直不愿进入课室融入新的集体，他只愿在窗外观望或跑去操场玩耍。他抗拒我们用各种方法靠近他，而且越靠近反抗越激烈，甚至抓伤了外婆、咬了老师、吓到了同伴。最后终于在外婆陪伴下，极不情愿地走进了教室。作为班主任，我尝试用各种方法让他适应新环境，最终发现给予他安全感最有效。我采用的主要策略有：

（1）及时沟通：先与外婆沟通，再向小耀妈妈反馈情况进行交流。

（2）及时商量采取有效的方法：用他喜欢的事物吸引他，向他介绍老师和同学，老师主动笑眯眯地与他问好，拉近距离；帮助他自愿走进课室，接受新的环境、老师和同伴。

（3）及时关爱：每天回园时给予他拥抱与鼓励，让他感受到更多的关爱与安全感。

连续实践了 2 个星期后，他慢慢地愿意进入课室，愿意尝试与老师说话，参与活动等，也渐渐有了改变与进步。

2. 布置任务引导其融入集体生活

小耀喜欢英语，乐意参与英语活动，并且在活动中能积极地回答问题，与外教有一些互动。但他不愿意参与有关中文的活动。一上完英语活动课，他就开始想办法往外走。于是作为班主任的我又采取了以下策略，想办法让他能尽可能融入集体。

（1）转移注意力

他很乐意为同伴服务，于是我请小耀帮忙将课间餐端到每一张桌子上，虽然在这个过程中他还不能手眼协调地很快去完成，但在老师的鼓励和提醒下，他还是努力坚持去做，我能明显感觉到他接受鼓励后的开心，他还能够听着指令回到位置参与后续活动。

（2）帮助建立自信心

我发觉小耀对英语的发音反应比较强烈，喜欢听外教的声音，而且对外教制定的规则特别信任，愿意听从，于是在英语活动中，老师适时让他担任小老师，以增强他的自信心及荣誉感。

3. 建立信任关系引导其自理

小耀来园后，刚开始他不会主动去大便，经常将大便拉在裤子上，因为他羞于表达，所以他会一直把大便憋在裤子上，也不愿告诉老师。有时他会表现出害怕而不上厕所。根据这一情况，我们采取了以下策略：

（1）缓解其心理压力

小耀在家也有上述类似的情况,加之来到新的幼儿园环境,他拉了大便后会觉得害羞,同时也害怕被老师指责和批评。于是老师在他耳边轻轻告诉他,发生这个情况不要紧,我们可以一起努力,慢慢去改变,让他放松心情,逐步缓解了他的心理压力。

(2)摸清规律,鼓励其表达

经过长时间的观察,老师大概摸清小耀在早餐后9点左右会有一次大便,于是我们都会在那个时间段去轻声地问问小耀:"要不要去大便?"有时小耀会回答"要"或者径直走向卫生间,顺利地自己解决,接着老师会非常开心地去鼓励他、表扬他,他也开心自己不再是犯错的孩子。同时老师也鼓励他多用语言表达自己的想法,比如"我要拉大便""我要喝水""我想出去玩"。这些简单的句子,让他能更好地与老师沟通,也让大家能更好地理解他的想法。经过一段时间的努力,小耀有时会主动说要拉大便,有时会自己主动上厕所,一步一步地解决了他大便的自理问题。

4. 发挥其长处融入游戏

小耀由于一直缺乏安全感,常常不太愿意参与班级的集体活动,会躲在远远的地方看着其他孩子们玩。但我们发现,最近在外教老师组织孩子们玩"比比谁最快"的游戏时,小耀突然参与到活动中来了,原来他喜欢英语,记得很多英语单词,所以非常愿意尝试参与游戏。瞧!他从开始时站在课室偏后的位置,到后来主动要求当发指令的人,尝试游戏中的"发指令者"与"被发指令者"的角色,说明他正在慢慢地融入集体生活中;在活动过程中他还明白了游戏规则,知道举手示意老师他想参与这个游戏。通过各种游戏的转换,小耀在不同的情景与体验中逐渐融入了班集体。

通过我们运用的方法和策略,理解、支持并鼓励小耀,小耀在集体里有了安全感,对老师和同伴也产生了信任;短短的一个学期,我们发现小耀有了很大的进步,在这段融合的日子里有所收获有所成长。

## 四、促进自闭症儿童社交行为的干预方法与策略

顺德区均安鹤峰大地幼儿园　杨宛翎

### (一)个案基本情况

小佳是一名自闭症儿童，他的基本情况如下：

1. 语言表达能力较弱，喜欢发出特别的声音，自成一套语言，别人无法听懂。

2. 对发声玩具十分喜爱，会经常模仿玩具发出的游戏和音乐声。

3. 社会交往能力滞后，需要听到身边的人作打招呼示范，才能与他人打招呼，极少能主动与人问好；愿意参与班级活动，但很少主动与同伴有语言或肢体互动。

4. 体能方面：很喜欢拍球和投掷类的活动，在引导下能够完成体能游戏。

5. 理解能力：经指导能基本根据指令完成某些工作，能明白简单的游戏规则。

6. 动手能力：对有按键的电器特别感兴趣，只要是感兴趣的事物他都愿意动手操作，摸索探究其使用方法。

7. 小观察能力：只要看到过的电器都能模仿画出来，线条流畅，并能模仿写出商标或按键上的文字。

8. 生活自理能力：小佳能够自己穿脱衣物，收拾整理书包，在家会帮忙晾叠衣服、洗碗。

9. 饮食习惯：早餐只吃从家里带来的肠粉、特别喜欢吃水果餐里的沙糖橘，午餐只吃酱油拌白米饭，鸡翅有时候也愿意吃，但需要稍加引导。

### (二)干预策略

1. 语言强化练习

(1)设计缘由：小佳遇到困难时会发出哭的声音(没有真的在哭)，通

过强化练习，让小佳能够在遇到困难时学会向同伴或者老师求助。

（2）教育策略一：利用小佳感兴趣的玩具，激发其表达欲望。

教育策略二：把握引导时机，在小佳遇到困难时进行求助语句强化。

（3）具体引导方法：

①设计语句：老师，请你帮帮我。

②区域活动时间坐在小佳身边，使用小佳感兴趣并且知道其名称的按键玩具进行引导。

③当小佳注意到我时，用手指指向我，询问小佳"我是谁"，当小佳没有回应时，出示按键玩具引起小佳的兴趣，让小佳摸一下，然后收起来。

④再用手指指向我，询问小佳"我是谁"，停顿一下，如果小佳看着我但没有回应，就说出"杨老师"，请小佳复述。如果小佳能够说出"杨老师"，就让小佳玩一会按键玩具然后收起来，再重复一遍提问步骤。

⑤如果小佳未能复述，就重复上一个步骤进行提问，重复五次左右后，让小佳玩按键玩具直到区域活动结束。

⑥户外活动结束后，小佳换衣服时会因为衣服反过来了穿不上而哭喊，这时便可把握时机，先安抚小佳，让他知道我在他身边。当小佳与我对视时，我用手指向自己，小佳会说出"杨老师"，我就会说"请你帮帮我"，等待小佳复述后立刻满足他需要帮助的需求。（可引用到所有类似的情况）

（4）实践结果：

经过一段时间的练习，小佳能够理解语句的意思，在遇到困难时会使用语言主动寻求他人帮助。有时候小佳会向同伴求助，但会下意识说成"老师帮帮我"，或者说的声音很小时，身边的同伴听到后会来告诉老师，我们会鼓励孩子们去帮助他。此外，他也非常乐意帮助他人，比如让他帮忙扫地、擦桌子、拿纸巾等简单的动作他都可以轻松完成，在家也能够帮忙做家务，拿东西。

2. 使用替代物策略

（1）设计缘由：班级常规中我们要求孩子们不从家里带玩具回来，如果带回来了就先放在书包里，放学后才能拿出来玩。小佳很喜欢带着发声玩具回园，教学活动、换衣服、吃午饭等时候声音会影响到其他孩子，也会影响到他的融入。

（2）教育目标：让他学会在安静的氛围下玩安静的游戏，逐步适应课堂纪律。

（3）练习方法：

①我们先尝试将他的玩具收到书包里，但只要他看到就会拿起来玩。

②寻找替代物，在小佳感兴趣的物品中让他选择一样不会发声的按键玩具，平时帮助小佳与这件替代物建立感情。

③当发现小佳要拿发声玩具玩时，及时制止并使用替代物转移注意。

④当他使用替代物进行游戏时给予他奖励，比如摸摸他的脑袋、背或者手，奖励贴纸等。

（4）实践结果：

通过替代物转移，小佳开始能主动选择不发声的玩具并使用安静的方式进行游戏了。现在在教育活动中，小佳也已经不再需要手拿着玩具，并能较快融入教学活动氛围中。

3. 小天使策略

（1）设计缘由：基于小佳喜欢被人关注，且喜欢与人肢体接触这一特点，我们安排一位有爱心有能力的女孩带着小佳活动。

（2）教育策略：榜样与同伴作用

（3）实施步骤：

①征求该女孩的同意。

②说明任务，及时制止及鼓励小佳的行为。

③教师作为第三者观察并给予引导。

（4）实践结果：

小佳在同伴的帮助下，知道了怎样与同伴互动，当小佳做了正向行为会得到来自同伴及教师的认可，在实践中大大提高了小佳的成就感。其他同伴也因此拉近了与小佳的距离，户外活动时会互相帮助，一起游戏。更令人惊喜的是，有一次离园时，小佳主动向平时最热心帮助他的那位女孩子的妈妈说"阿姨再见"。

## 五、班级干预自闭症幼儿社交行为的方法与策略的运用

顺德大良万圣怡幼儿园　张舒婷

### (一)个案基本情况

小轩是一名自闭症幼儿，语言表达能力弱，喜欢自言自语地说一些他人听不懂的"外星"语。在社会交往方面，他能够介绍自己的姓名，与他人打招呼。其理解能力较强，经指导能基本根据指令完成某些工作，明白游戏规则。缺点是他喜欢在班上四处走动、大声尖叫、拉扯同伴头发、用头部撞击物体、破坏他人物品等。在日常的表现中，他的行为让同伴反感，但其又想吸引他人注意，因此使用了不当的社交行为。

### (二)干预策略

1. 专心听游戏

(1)设计缘由：在班级活动时，小轩不能很好地倾听老师的要求，常当耳边风。

(2)教育策略：分解步骤，逐步击破。

(3)具体练习方法：

①制定班规，学会口诀"坐—停—看—听—想"的步骤。

②坐：铃声响起要坐好。并示范坐的具体要求，手放膝盖上，屁股不离凳子等。停：停下要做的事情。看：看老师的眼睛。听：听老师或讲话的人说什么事情。想：想一想我听到了什么。

③逐步练习，熟练后演练步骤，并尝试复述老师说的内容，答对加"星星"贴纸作为奖励。

(4)实践结果

在经过一段时间的练习，小轩能够在老师提出要求时给予适当地回应，并通过理解将事情做好。比如让他帮忙扫地、拿物品等，他都可以轻松完成。

2. 故事映射

（1）设计缘由：在活动时，小轩遇到不顺心的事情会用撞头来发泄情绪，从而试图达到自己的目的。

（2）教育目标：学会保护自我。

（3）练习方法：

①将小轩的行为画成四格漫画。

②将漫画变成简单的故事讲给小轩听。

③引导小轩用他自己的话将故事复述出来。

④判断故事中行为的对错，答对给予"星星"贴纸奖励。

（4）实践结果

通过故事及画画的表述，小轩直观地理解了自己的行为可能产生的后果。当他复述完故事的内容后能清晰地告诉老师哪些事情可以做哪些事情不可以，还举例说剪刀不能随便玩，会流血等做危险事情会导致的后果，通过重复多次的故事引导后，他撞头的频率逐渐减少。

3. 代币练习

（1）设计缘由：小轩在班上总喜欢用极端的方式来吸引他人的注意，当想引起他人注意时会用撞头、尖叫、破坏公共财物来引起同伴或老师的关注，鉴于他的理解能力强，有基本的辨别是非的能力而设计了代币游戏。

（2）教育策略：正向强化，矫正不良行为。

（3）练习步骤：

①出示图片，教师模仿小轩行为。

②小轩判断行为的对错，答对给予"星星"贴纸奖励。

③在日常生活中，发现小轩克制某种不当行为时及时给予"星星"贴纸奖励。

（4）实践结果

在使用了代币后，小轩的正向行为更多地被强化，通过实际体验认识到什么事情可以得到奖励，什么事情会受到惩罚，从而更好地制约了小轩的不当行为。

4. 小天使策略

（1）设计缘由：基于小轩喜欢被人关注，且喜欢女孩子这一特点，我们在班上找了一位能力强且有爱心的女孩带着小轩一起活动。

（2）教育策略：榜样与同伴作用。

（3）实施步骤：

①征求该女孩的同意。

②说明任务，及时制止小轩的不当行为或及时鼓励小轩的正向行为。

③教师作为第三者观察并给予适当地引导。

（4）实践结果

小轩在同伴的协助下，知道了怎样与同伴交流，当小轩做了正向行为会得到来自同伴及教师的认可，在实践中大大提高了他的成功感，也因此拉近了他与同伴的距离。

通过日常的练习，小轩不但提高了社会交往能力，初步掌握了与他人友好相处的方法，也让其他同伴学会了包容、帮助别人，班级氛围更加和谐、友爱。

# 六、轻度自闭症幼儿情绪行为问题及其处理策略

顺德大良万圣怡幼儿园　廖敏

自闭症幼儿在思维、人际关系、语言沟通等方面发展严重不足，会导致他们产生哭叫、跳闹、自我伤害、攻击他人等情绪行为。因此，分析自闭症幼儿产生情绪行为背后的原因，以及如何正确处理这些情绪行为显得尤为重要。

**案例一：因调整午睡位置，哭闹不止**

（一）个案基本情况

东东是我们班一位轻微自闭症幼儿，因为本学期增加了新的同学，需要对午睡空间进行重新调整，所以调换了他的午睡位置。但是他一直不肯上床，不愿入睡，大吵大闹，并重复一句话"我不是睡这边的，我不要睡这里"。

（二）个案情况分析

1. 自闭症幼儿有很深的刻板印象，刻板性行为表现较明显，所以他不接受也不愿意调整新位置。

2. 极度缺乏安全感，害怕改变。

3. 没有提前与他进行沟通，不理解为什么要改变午睡位置。

（三）干预策略

1. 蹲下来，和东东面对面进行沟通。告诉他因为班级来了新的小朋友，所以老师需要对睡室的空间重新调整，他现在的地方就是他午睡的新位置，并承诺他经过这一次调整后，直到学期放假都不会再进行调整了。

2. 允许他头的朝向和以前一样，等他慢慢适应改变位置后再进行睡姿的调整。

（四）效果及反思

自闭症幼儿的刻板性行为表现较明显，极度缺乏安全感，往往不愿意轻易接受改变，在改变后会产生一些情绪问题。所以老师在处理这一类的问题时首先要接受他的这种情绪，以尊重他的意愿为前提进行新的调整和改变，等他有了一定的安全感后，再慢慢加大调整幅度。

**案例二：不喜欢别人的触碰，会因此产生攻击性行为**

（一）个案基本情况

在日常活动或是游戏中，当有别的幼儿无意识触碰到东东后，他的反应会比较强烈，甚至产生推打等攻击性行为。

（二）个案情况分析

1. 自闭症幼儿以自我为中心，有着自己的界线。不喜欢别人打扰自己的世界，也不喜欢别人的触碰。

2. 缺乏情感调节能力，比较抗拒与同伴之间有亲密的身体接触。

3. 情绪体验简单，不易控制，表达方式简单粗暴。

（三）干预策略

1. 游戏法

利用"马兰花开"的游戏增进他和同伴之间的身体接触，让他慢慢接受别人对他的触碰。在老师的引导下他不抗拒玩这个游戏了，愿意把手搭在同伴的肩膀上，但是非常不喜欢别人搭他的肩膀。于是，老师也参与到游戏当中，站在东东后面，把双手搭在他的肩膀上，他看见是老师，就不排斥了。游戏中，我还偶尔有意地去揉他的肩膀，模仿其他幼儿可能给他带来的不适动作，带着他和其他幼儿一起玩抱团游戏。在老师的引导下，他喜欢上了这个游戏，同时我也适时退出游戏，让他和其他幼儿进行身体触碰，慢慢地他也接受了同伴之间的身体接触。

2. 拥抱法

老师每天给东东多个拥抱，特别是入园时、午睡后、离园时，让他习惯别人对他的身体触碰，同时也鼓励他回抱老师，丰富他的情感体验。在他适应老师的拥抱后，鼓励其他幼儿每天去拥抱东东，让他慢慢适应不同的人和他的身体进行接触。

3. 培养是非观

告诉他推打别人是不正确的，是非常不好的一个行为，如果真的控制不了自己，在动手之前一定要先默念 5 个数，深吸一口气，这样会缓解他的情绪，延迟并减弱他的攻击性行为。

### （四）反思

自闭症幼儿常常以自我为中心，不喜欢别人的触碰，表达情绪的方式简单粗暴。所以，我们需要更多地爱心和耐心，让他获得一定的安全感，在游戏中消除他对身体接触的恐惧，缓解他的消极情绪。

### 案列三：比较挑食，不如意时会吵闹

#### （一）个案基本情况

每天的午餐时间是东东比较情绪化的时间段，如果有他不喜欢吃的食物，他就会发脾气，不吃饭，大吵大闹，甚至是情绪崩溃。

#### （二）个案情况分析

1. 比较挑食，在家进餐的食材结构比较单一，不愿意尝试新的食物。

2. 不懂得用语言表达自己的情绪，只会用"大吵大闹"的方式发泄自己的不满。

#### （三）干预策略

1. 与家长沟通，建议在家进餐时食材尽可能多样，让东东接触不同种类的食物。

2. 告诉东东要用语言表达的方式告诉老师"怎么了"，因为哭闹也解决不了问题，老师不清楚他想要什么。

3. 每天添加少量他不喜欢的食物，用奖励的方式鼓励他吃完，在他不抗拒并且适应吃这种食物后，再适当多添加一些。

（四）反思

自闭症幼儿的情绪往往不易控制，易冲动，并且不懂得用语言表达自己的情绪，所以老师要耐心引导，帮助他们找到一种正确的情绪表达方式。

自闭症幼儿的情感细胞是"带缺陷的情感细胞"，他们的正常情感如同他们的其他能力一样，很难生成，这就需要老师对他们进行特别的教育、培养和塑造。发现他们的情绪问题时，探究发生问题背后的原因，并帮助他们正确处理这些情绪行为，使他们得到良好的发展。

## 七、轻度自闭症幼儿融合教育的个案研究

顺德区机关幼儿园　杜咏怡

（一）个案基本情况

小钊，男，2014年出生，3岁入读我园小班，目前就读于中班，日常由陪读老师进班陪读；足月顺产，产时无窒息史，11个月会走，2岁多才开始说话，家长带其到中山三院进行检查，诊断为孤独症谱系障碍。该幼儿总体较为多动，专注力差，语言表达不清晰，语言表达能力和理解能力落后于同龄幼儿。

（二）发展情况分析

1. 认知能力：小钊能够进行简单的颜色配对和形状配对，能够模仿简单的动作和跟读发声，能重复两个数字和叠词，不能进行假装游戏，目前认知发展水平相当于小班下学期初的幼儿。

2. 粗大动作：小钊能够双脚离地跳、坚持7—10s的单脚站立、能双脚交替上下楼梯、踢球、走平衡木等；能双手悬吊15s左右、自行爬攀登架。不能较好地连续拍球，总体运动协调性有所欠缺。

3. 精细动作：能够进行串珠和拼拆乐高块，会旋开瓶盖且会吹泡泡，能够进行简单的拼图游戏，会在指定范围内涂色但容易涂出界，能够使用剪刀剪纸张，但较难沿线条剪下所需物品。

4. 语言表达和理解能力：小钊能复述简单的句子，能够说出常见物体的形状和名称，能说出颜色名称，能听从简单的指令，能够使用简单句回答问题，如"是什么""哪一个"和"对不对"等相关问题；但不能正确地运用代词和名词，不能完成复杂的指令，也不能理解有时间、地点和人物修饰的句子含义。

5. 生活自理能力：小钊能够独立进餐，且进餐习惯有明显进步，能够独立如厕，但因为注意力不集中，大便容易弄脏裤子；会自己喝水、穿脱衣服和鞋子，但常需要他人提醒，偶尔需要他人协助。

6. 社会交往和人际关系：小钊会向他熟悉的成人问好，但不能进行假想游戏；不能主动与别人分享自己的喜悦或东西，缺乏基本的社交技巧；没有与同伴互动交往的意愿和技能，排队时小朋友去牵着他的手他都会抗拒；喜欢自己一个人玩，且只会用单一的方法玩玩具。

7. 自我情绪：与小班阶段对比，小钊的自我情绪管理能力有了进步。之前遇到困难或者不愿意做的事情只会用哭来表达，在老师的引导下，现在慢慢地能够用语言简单表达自己的情绪和需求，也懂得分辨他人开心、生气等简单的表情了。

(三) 干预策略

由于小钊半天在园融合，半天到机构进行相关的专业训练，所以教师结合小钊的 IEP，采用个别干预和集体干预的形式，结合机构的训练以及家长在家的练习，对其制定了为期一个学期的干预训练计划，以改善他存在的问题行为，提高个案的综合能力。

1. 个别化教育

(1)语言方面：老师利用在园各个时间段的契机，多鼓励和引导小钊用语言表达自己的需求和感受，提高其语言表达和理解能力。如早上进班时，先主动跟小钊说"早上好"，引导他模仿"×老师，早上好"；离园时主动跟小钊说再见，并让他模仿；在吃课间餐时，让陪读老师引导小钊说出"我想吃×××"，之后才满足他吃的欲望；当小钊需要他人帮助时，也要让他尽量用语言来替代哭闹，老师从中抓住机会增加小钊的词汇量，提升其语言表达能力。

（2）动作训练方面：综合小钊的动作发展水平和兴趣爱好，我们创设活动来锻炼他的手部精细动作和手眼协调能力，让他多进行串珠、夹豆子、捏纸团或者搓橡皮泥等活动。由于小钊的下肢力量比较发达，我们与他建立契约，将他喜爱的攀爬等活动当成奖励，如当天上课能自行安坐，则户外活动时可进行类似的活动，既可以满足小钊四处攀爬的需求，也能锻炼下肢力量和身体的协调能力，更重要的是让他能够形成一定的规则意识。

（3）社会互动和人际交往方面：我们创造机会让普通孩子主动邀请小钊一同游戏，并帮助小钊学习轮流玩等基本的游戏技能；在区域活动中，利用其感兴趣的内容，引导他与同伴一起加入游戏，老师在旁用语言或动作辅助，让小钊学习模仿其他孩子的玩法，体会到游戏的快乐，并感受与他人互动的乐趣。

（4）听指令的泛化方面：班上老师不时和陪读老师交换角色，让小钊能够更好地进行人物的泛化，能够听从不同老师所发出的指令，同时让陪读老师逐步减少对小钊的陪伴，先是从距离上的逐步远离，再到时间上的缩短，目的在于循序渐进，帮助陪读老师更好地撤离，让小钊更加独立。

2. 集体干预策略

（1）在教学目标和内容上进行调整

基于班上孩子的发展水平，我们会根据孩子的不同能力来调整教学目标，如对于班上特殊需要的幼儿或是能力相对较弱的孩子，教学中他们所要达到的目标难度相对可以降低一些；在教学活动的参与上，老师会尽量选择一些符合其认知水平的问题让他们回答，使他们获得成就感并得到同伴的关注；同时老师也会尽量丰富自己的教学形式，使活动更生动，更具有操作性，大大吸引他们的兴趣。

（2）营造良好的班级氛围，使用同伴支持策略

刚接这个班时，我们了解到小钊是特殊需要孩子，便一起商量和讨论如何促进他的发展。最后一致决定要营造一个友好且有爱的班级氛围，让班上的孩子都能养成互相帮助、友好有爱的习惯和行为。为此老师必须先做出榜样，如主动去帮助别人，及时在班上表扬和鼓励乐于助人的孩子等。自然而然，孩子们都会以帮助同伴为荣；其次就是安排爱心小天使去帮助小钊，比如在户外活动需要集合时，主动去拉小钊回到队伍里面；上楼梯、排队时主动去牵他的手；当小钊的鞋子太紧穿不进去时，主动去帮助他……当班上形成了良好的氛围以后，孩子们都非常乐意去帮助小钊和其他有需要的同伴。同伴支持策略不仅能够帮助老师更好地管理班级，更重要的是能将爱与关心的种子植入孩子们幼小的心田。

（四）效果与反思

1. 效果

经过一个学期的干预，小钊已能够近距离向老师主动打招呼。早上回园进班时，基本能主动向老师说"老师好"，有时候他忘记说，老师主动伸出手或者向他问好后，他能立即回应老师。在同伴交往方面，小钊不再和其他小朋友保持很远的距离，开始参与同伴的游戏，模仿同伴的动作。而且，小钊与同伴交往的时间明显增加。同时，他对家长、老师等成人的关注、交流，干预前后也有了明显的变化，开始能够用较为正确的行为来表达自己的意愿，主动寻求帮助，而不再借助哭闹等方式。其中最为明显的是在区域活动中，小钊挑选了他最喜欢的理发区进行游戏，他能够和陪读老师一起进行洗头的假想游戏，能够扮演"顾客"的角色，坐在洗头椅子上进行游戏，过程中还能与陪读老师进行简单的回合式交流，将自己到发廊洗头的经验迁移到区域游戏中，这对于他来说是个非常大的进步。

2. 反思

（1）个别化教育干预是实现自闭症幼儿融合教育的重要方式

　　结合现代融合教育理念，老师在量化评估的基础上制定了较为全面的个别化教育计划，并采取集中干预、及时辅导等形式对个案进行了较为全面的综合干预，使学前自闭症幼儿在社会交往、语言沟通与表达等方面的能力均有所提高，为其接受更高质量的融合教育提供了发展功能领域的基础。同时，此次干预的内容和方式均以推动该幼儿接受全面融合教育为目的，综合使用结构化教学法、正向行为支持、游戏互动等干预方法，对小钊的行为表现有所改进，减少了自闭症核心障碍对其社会融合的影响。

　　（2）家园合作是提升学前自闭症幼儿融合教育质量的内在保障

　　融合教育不仅让有特殊需要的幼儿和正常幼儿更好地交往和接触，同时也是使家长接受教育并改变观念、提供支持与协同教育孩子的过程。此次干预介入之后，我们通过面谈、微信回访、电话等形式，给家长进行了多次指导，提供了专业的方法和相关的策略；最重要的是引导家庭成员要在教育态度和方式上尽量达成一致，积极配合老师在园的训练和要求，从而使家庭教育方式逐渐科学化。

## 八、让随班就读的自闭幼儿在关爱中快乐成长

顺德区机关幼儿园　谢秋女

　　幼儿园《纲要》指出："让每个孩子接受适应的教育，促进他们在原有的基础上不断发展。"爱既是实施幼儿教育的前提，也是教育的本身。我们以爱的姿态，与每一名幼儿交流与沟通，对他们实施教育影响，因材施教，特别对随班就读的自闭幼儿，更应该选择适合他们学习和生活特点的教育方式，让他们在集体关爱中快乐成长。

　　（一）个案基本情况

　　星星，男，4岁，医学诊断属于自闭症谱系障碍者。现在小班随班就读。

### (二)发展情况分析

星星语言发展、认知、感知觉等方面的能力都比同龄人落后；喜欢一个人独处，不与同伴玩耍、交流；不与人对视，并存在刻板行为；比较抗拒陌生人，缺乏安全感；喜欢看书、玩积木、到"娃娃家"玩角色游戏；情绪自控能力较差，喜欢大喊大叫，甚至躺在地上哭闹；在平时组织的活动中，完全不听指令，总喜欢跑到外面玩；他不会如厕，不会穿脱裤子；能够独立完成进餐，喜欢吃蔬菜；性格孤僻、内心封闭，完全沉浸在自己的世界里，语言表达和社会交往能力较弱。

### (三)干预策略

**1. 从爱入手，建立安全感**

星星刚入园时，老师跟他打招呼，他完全没有语言交流，也不敢看着老师的眼睛，很抗拒握手问好，更不愿意进教室。每次都是在妈妈的安抚下才肯进来，即使进来，也总是喜欢往教室外面跑。当我们提醒他回来时，他反而跑得更快；当我们尝试着去抱他回来时，他却大喊大叫，甚至躺在地板上哭闹，就是不肯回来。针对以上行为，我采取了以下教育方法：

(1)改善师生关系，变师为友。我积极与妈妈沟通交流，了解他的兴趣爱好，生活习惯等，逐渐走进他的内心世界，成为他的朋友。

(2)营造温馨愉快的班级氛围，让他感受集体的快乐。引导其他孩子起带头作用，多帮助、鼓励、关爱他，主动与他一起玩耍，交朋友，让他感受到同伴之间的友好。星星喜欢到"娃娃家"玩，老师便引导班上的小伙伴主动找他一起进行角色扮演，通过示范和模仿，他学会了一些基本的生活常识和良好的生活常规。如：知道炒菜时要加点调味料，学会怎样给娃娃洗澡，还懂得了做客的基本礼节："进门前先要敲门，离开后要说再见"等。这时，老师就会和其他同伴一起给他鼓掌，促使他在游戏中获得发展、感受快乐。

（3）运用强化物替身学习法学习与人打招呼。借助他最喜欢的玩具"磁铁积木"作为强化物，老师扮演"磁铁积木"与他玩最喜欢的游戏，坚持每天早上与他握手问好，有意识地与他眼神对视，朝他点头，拍拍他的肩、摸摸他的头示意友好。

通过一个月的实践，帮助星星建立了安全感，渐渐地他愿意与老师握手问好，甚至拥抱。每天进园或离园都会说："老师，早上好！""老师，再见！"星星迈进成功的第一步，我们真的替他感到高兴！

2. 从行动入手，满足支持需求

（1）生活支持，培养自理能力

星星不会如厕，刚入园时，我们发现他是蹲着尿尿的，不懂正确的如厕方法，有尿意时也不会告诉老师或者妈妈，直接尿在裤子上。针对这个情况，我采取以下方法：

①根据他爱看书的兴趣，给他讲《我会上厕所》的绘本，让他知道男孩子如厕的正确方法。

②情景模拟。运用他最喜欢的巧虎布娃娃进行"我做小主人"的情景教学来强化他如厕的意识和方法。如："星星小主人，你好，我是巧虎，很高兴来你家做客。哇！你家真大呀！请问你家厕所在哪里啊？我要上厕所，请你带我一起去吧！"

③每天安排能力强且他喜欢的同伴带着他一起如厕，教他正确的如厕方法。

通过一周的反复强化，当星星要上厕所时，终于会向老师表达自己的意愿了，也掌握了正确的如厕方法，效果真的很不错。

（2）活动支持，提高语言表达能力

一开始星星不会排队取餐，也不会主动开口要求添饭菜。每当他吃完还想添饭菜时，就会出现大喊大叫的现象，甚至用勺子敲碗碟。我通过鼓励、情景模拟、奖励等方法，帮助他养成良好的进餐习惯。星星最喜欢吃蔬菜，特别是胡萝卜，我们便以蔬菜、胡萝卜的口吻与他进行交流："星星你好，我是青菜（胡萝卜），我最喜欢有礼貌的孩子了，你想添饭或者菜可以和我说，'我想添饭''我想添青菜'。"多次的反复和强化巩固，现在，他终于会用"老师，我要胡萝卜""谢谢"等简单的词句进行交流，潜移默化中提升了他的语言交流能力。

星星喜欢看书、听儿歌，我们根据他的这个兴趣爱好，采取以下策略帮助他提高语言表达能力：

①通过朗朗上口的儿歌、词汇丰富的绘本故事、边说边做的手指游戏等，让他在欢快愉悦的游戏中积极地参与活动。

②设计小动物游戏进行模仿活动。孩子们都喜欢动物，自闭症幼儿也如此，让孩子模仿动物的动作、叫声等，在模仿中孩子们的心情会放松、愉快，注意力会集中在模仿上，这也是自闭症孩子学习语言的好机会。以游戏的形式，带领幼儿边模仿动物的动作，边唱歌谣：我爱我的小猫，小猫怎样叫，喵喵喵，喵喵喵。最后邀请星星在集体面前表现自己，他成功的表演获得了小伙伴的掌声，同时老师及时给予鼓励、表扬，让他体验到成功的喜悦。这种方法不但可以提高星星说话的欲望，还能让他的交往能力和自信心得到增强，从而逐步融入班集体中。

（3）动作支持，训练感知技能

我们发现，星星喜欢运动，积极参与体育活动，因此采取以下的教学方式来训练他的感知技能。

①玩"吹泡泡、拍气球、找光源"等活动，在同伴的陪伴下，星星愉悦参与的同时也训练了他的视觉移动。

②在体育活动中，我们会创设故事和情境进行教学，比如：创设"小兔子要去森林采蘑菇，需要走过一座独木桥，跨过一排栅栏，钻过一个山洞，才能到达目的地。途中遇到大灰狼，还要想办法跑、躲避"等教学情境，让他的站立、跑、跳、钻、爬、跨等这些大动作得到发展。每次上体育课，我们都会请星星出来示范，完成之后，他总会开怀大笑；虽然他的动作不是很标准，但只要他勇敢站出来，就是他慢慢融入集体、变得自信的一种表现，同时使他获得成就感和体验到快乐。

爱是教育的源泉和基石，班上几位保教人员必须要有足够的爱心和科学的方法，帮助自闭幼儿在随班就读学习中获得最大发展。让他们感受到老师的爱是一滴雨露，感受到集体的温暖就像一缕阳光，滋润着干涸的心田，为他们营造一个健康而又温馨的成长环境，把唯一的童年留给每个孩子，让他们健康、茁壮、快乐地成长！

## 九、对自闭症幼儿问题行为的干预案例

顺德区均安鹤峰大地幼儿园　胡妙娣

### （一）个案基本情况

琅琅今年 7 岁，是一位自闭症的儿童。他的语言发展较迟缓，能简单说出一些句子，但吐字不是很清晰，所以与同伴的交流较少。他对遥控类物品特别感兴趣，喜欢重复简单的机器音调。在集体的空间里，他不能待太长时间，会自己跑出课室外，喜欢寻找可以进行遥控的物件，甚至到门卫室寻找控制风扇的遥控器等物品。琅琅的情绪比较容易激动，并且容易受到弟弟的影响。如果他情绪激动暴躁，可以通过画画来平复情绪。关于他的饮食爱好，发现他爱吃白米饭拌酱油，饭量也不少，有时还会吃上两碗，但不爱吃肉和青菜。琅琅刻板、强迫行为和以自我为中心的情况比较突出，喜欢重复及模仿，需要多方面引导。

### （二）个案干预计划

运用回合式和试验方式教学法训练为主，同时辅以肢体模仿、自我服务及精细动作训练、言语能力训练、感统训练等方式进行。通过一对一的回合式操作教学法，对琅琅进行四个不同方面的行为训练。

1. 肢体模仿：主要包括肢体动作姿势模仿、语言表达模仿。

2. 自我服务及精细动作训练：包括吃饭、穿衣、大小便等自理能力的训练。通过打绳结、穿珠、手指操、图形匹配、剪纸、图画等多种形式的精细动作训练来锻炼琅琅的小肌肉、手眼协调能力。

3. 言语能力训练：包括语音以及语调的纠正，丰富字、词、句，主动向人提出语言需求，理解各种语言，认识汉字等。

4. 感统训练：通过跳呼啦圈、荡秋千、滑滑梯、投球、做操等游戏训练琅琅的平衡能力以及大肌肉动作。

（三）训练要点

1. 呈现主要教学材料、提出新的教学要求时一定要注意做到简单扼要，避免用琅琅不容易理解或不感兴趣的东西作为主要教育学习材料。

2. 要把握好及时给予辅助和及时撤销辅助的最佳时机。当琅琅已经完全学会并掌握了某项内容，旨在加强练习和进行巩固时，我们会逐步减少对他提供的帮助，直到他能独立完成。

3. 发出指令后，如果琅琅做对了，我们会及时给予强化；但如果琅琅的反应是错误的，会及时给予纠正。

4. 正确的强化使用要及时，并适当使用各种强化物。例如，琅琅很喜欢吃某种零食，在他正确完成某项指令后，我们会马上奖励他吃一点，同时还给予他表扬、拥抱，或是让他按一下某个按钮。

（四）具体案例

情景一：

音乐教学活动中，小朋友都很积极地与老师互动，而琅琅走到一旁，一个人拿着空调遥控器专注地独自玩耍，对周围的一切都不在乎。面对这样的情况，我们马上调整教学活动的设计，利用夸张的肢体动作激发他主动参与活动的兴趣，增强在活动中的自信。我们在呈现教学材料和播音乐的时候，引导琅琅一起念出歌词，并且让琅琅模仿同伴一起做相应的拍手动作，训练琅琅的节奏感和肢体动作的协调能力。当琅琅愿意跟着老师同伴做相应的动作并做对了，我们会及时强化，重复一次发出指令和做相应的动作，进而巩固并逐步减少老师、同伴的引导，直到琅琅能独立完成。

情景二：

在活动开始前，我们先让部分强壮的幼儿去协助老师搬运篮球架，等把篮球架架好之后，小朋友就自觉地排好了四路纵队，准备开始投篮运动了。活动开始后，有几个小朋友认真地举着球眯着眼睛开始投篮。我们则引导琅琅观察和比画着投球的轨迹，在观察了一段时间后引导琅琅进行实践。琅琅第一次投球的时候因为投得太高没有投进框；第二次老师继续引导他，这次因为投得过低也没有投进框；面对这种情况我们及时给予辅助，降低篮球框的高度和投篮距离，继续引导琅琅比划投球的轨迹，经过几次练习后，琅琅终于顺利地把球投进了篮框。在这之后的每一次投篮中，我们尝试逐步减少对他提供的帮助，把篮球框的高度和投篮距离逐步调整到和其他孩子一样的水平。琅琅努力地试图调整投球的轨迹，一次比一次更精准地投了进去，表现非常棒。

因此，在平时生活和教学活动中，老师应多留意琅琅的表现，多与孩子沟通与交流，对孩子的基本情况有足够的了解，才能采取正确的干预措施。多给琅琅尝试错误的机会，也要引导和鼓励琅琅自己进行行为的调整，这样才能更好地帮助琅琅掌握简单的知识技能。

## 十、特殊需要幼儿的行为习惯培养个案研究

顺德区大良万圣怡幼儿园 赖秀香

### (一) 个案基本情况

小华，男，年龄4岁，入园前未发觉异常。2岁半入园后，老师发现其语言重复、自理能力不足、注意力不集中、时常脱离集体独自活动、经常对同伴有攻击动作，于是建议家长带去专业机构检查。3岁时由陆园长陪同去广州中山三院邹小兵教授处检查，诊断结果为轻度自闭症。

### (二) 个案情况分析

小华入园时相比班级同龄孩子来说年龄偏小，但体格偏大。孩子初入

园时的异常行为表现令老师误以为是分离焦虑症和年龄导致的，但经过一学期的观察发现小华适应幼儿园环境后行为还是比较特殊，具体有以下表现：

1. 不遵守教学活动规则。集体活动时，老师要求大家安静倾听，他会重复提问一个问题、多次离开座位触摸教具、用力踩地板发出噪音、抓同伴头发等。

2. 脱离群体独自活动。在户外活动、早操、舞蹈课时，他会脱离老师的视线范围玩耍、不能固定站在一个位置跟着老师活动，喜欢转圈，不会排队，注意力不在老师身上。

3. 不听老师指令。在老师对其发出指令时，他不能有较好的眼神对视，需要特别提醒。

4. 喜欢引起大家关注。他喝水时故意把水泼在地板上、同伴经过时故意将人绊倒、用手掐同伴手臂、午睡时自己唱歌等。

5. 他自理能力较差，不能独立吃饭、午睡、穿鞋子、袜子、裤子、拉大便等。

（三）干预策略

得知小华是轻度自闭症后，老师及时采取了以下几个策略来进行早期干预，希望能让孩子尽快取得明显的进步。

1. 加强与家长的沟通

小华在家自理方面一直由父母包办、不听指令。老师通过和家长沟通，给了家长很多训练孩子自理能力的游戏指导和孩子不听指令时的应对策略，如：转移注意力、坚持原则、让孩子有选择权这些经验，家长在家实施后觉得孩子有进步，能够独立吃饭、穿鞋，脾气有所好转。同时老师还推荐了相关的书籍和讲座，鼓励家长学习提高教育干预水平。

2. 加强个别化辅导

在集体活动时，小华经常出现不遵守规则、脱离集体、影响他人学习等行为，所以活动中，我们保证总有一位老师近距离指导和陪伴小华，如：上课坐在他旁边提醒他眼睛看老师、阻止他打扰别人、排队时在队首或者队尾老师拉着等。这样一来，小华的注意力有所提升，对同伴的攻击性行为大大减少。

3. 加强情感关注

老师经常拥抱小华，和他聊天，户外活动时和他游戏，区域活动和离园活动时陪他搭积木、看书、做实验等，引导小华和同伴之间互帮互助，让其他孩子多和小华玩耍，让小华融入孩子们的游戏圈。

4. 强化正面行为

在小华做出一些负面行为时，老师心平气和地给予正确指导。在小华有进步时，老师需要每次都及时进行肯定、鼓励、奖励。如在小华可以自己吃饭时，老师把照片拍下来发给父母看；小华上课眼睛看着老师时，老师进行表扬并且让其他孩子向他学习；小华跟着老师做操时，给他奖励贴纸等。这样在老师和同伴、家人的鼓励中，小华的正面行为越来越多、负面行为越来越少。

(四)效果及反思

经过一年的训练，小华取得了以下进步：（1）自理能力提高了。能独立入园、吃饭、午睡、穿鞋子、袜子、裤子；（2）教学活动时专注力有所提高。大部分时间能认真听讲、举手回答问题；（3）没有了攻击性行为。不对同伴实施抓头发、泼水、绊倒等行为；（4）基本不脱离集体。除了外出活动，上课和户外活动不再需要一对一指导。做操时也能站在自己位置。但是，小华在人多的时候还是比较兴奋，如：开放日活动中喜欢离开座位，注意力不集中，做事情很慢，有时把大便拉在裤子上等。

总的来说，幼儿园教师实施融合教育，除了补足自己特教专业知识外，更要有爱心和坚持，不断鼓励孩子、强化他的正面行为，这样特殊需要儿童的进步会越来越大。

## 十一、特殊需要幼儿的语言与行为干预个案研究

顺德区大良万圣怡幼儿园 殷惠慧

### (一) 个案基本情况

本个案小 P，男，2014 年出生，2016 年被确诊为自闭症，孩子平时无语言交流，检测发音器官也不存在器质性问题，所有发音器官均正常。2018 年 9 月由其他幼儿园转入万圣怡幼儿园，经过将近一个学期的融合，小 P 的语言表达和规则意识都有所好转，而且没有情绪问题。小 P 入园后上午在幼儿园学习，下午到其他特殊机构接受专业训练。

2018 年 9 月小 P 入幼儿园一星期后观察、认知、理解能力水平达到了 3 岁左右；能独立进餐，能和同伴一起参与活动。但情绪表现不能自控，不能自己穿脱衣服，如厕需要老师提醒，有时会随地小便，也比较挑食，对游戏规则不是太明白，与同伴交往过程中基本无语言交流。

### (二) 个案情况分析

通过与家长的深入沟通，老师了解到爸爸一开始不能接受孩子的自闭症，对孩子的情况没有给予太多的重视以及寻求专业帮助，觉得孩子长大后会逐渐变得正常。另外，由于二胎弟弟的出生，妈妈对此感到忧虑和无助，很多时候与外婆一起照顾孩子们。但更多的时候都是外婆照看，老人家替孩子包办了很多事情，所以导致孩子的自理能力不足。在外婆照顾过程中，也没有刻意引导孩子说话，家长对孩子的一个眼神和一个动作的需求都马上给予满足，从而导致孩子语言能力比较差，只会发出单音，不能完整说出一句话。

### (三) 干预策略

1. 训练策略

（1）以幼儿园整体安排学习为主，重点发现小 P 和其他孩子之间的差距，然后制定更加具体的个别化训练方案。将小 P 融入班级当中，我们发现小 P 的整体能力和班里的其他孩子相比存在一定差距，这为我们制定更有针对性的方案提供了有力的依据，也为去特殊机构的训练提供了具体的参考意见。

（2）语言训练为渗透式辅助训练。在进入幼儿园之前，小 P 的语言发展能力落后其实际年龄近两岁，这需要加强训练，不断提高孩子的语言发展能力，为其更好融合做准备。

（3）以生活自理训练为切入点的基础训练。生活自理训练对自闭症儿童来说是一个比较重要的方面，小 P 目前急需解决的是能够独立穿脱衣服、如厕和进餐等最基本的生活自理问题。

2. 训练方式

（1）家园共育

对于小 P 而言，要想让他适应幼儿园的学习与生活，需要家园的共同努力。一方面是幼儿园老师要全程记录孩子在园的表现以及他和其他小朋友的差距，并与家长达成共识，制定可行性的具体实施方案，逐步推进，比如提前将每周所学内容告知孩子父母；另一方面家长要协助老师在家帮助孩子强化所学内容，这有利于小 P 更大程度地融入集体。

（2）语言训练与情景教学相结合

对于小 P 来说，他人复杂的言语难以理解和接受，这时我们需要设计一些情景让其身临其境，这样对于小 P 来说比较容易理解和接受。

（3）个人游戏与集体游戏相结合

对小 P 来说他能够参与集体游戏，但是对于一些规则不是很明白，所以在设计游戏的时候要尽量多设计一些个人游戏，这样由个人游戏上升到集体游戏，能更好地帮助小 P 理解与遵守游戏规则。

3. 训练步骤

（1）帮助小 P 理解游戏规则

设计符合小 P 特点的游戏，引导小 P 参与其中。在观察中我们发现他虽然能够参与游戏，但是对于游戏规则很难理解，因此我们设计的游戏要简单、易操作，以便帮助小 P 理解游戏规则，并参与其中。从简单的游戏逐渐过渡到复杂的游戏，这样对于小 P 来说是一种很好的融入方式。同时在游戏当中老师还可以从中发现小 P 某一处的盲点，记录下来后，在后期进行针对性的训练，这样小 P 进步会更大。

（2）设计有效的游戏

手推车：这是一个互动游戏，需要两个人，规则为一个人双手抬起另外一个人双脚时，被抬起双脚的人双手撑地往前爬，然后互换角色。通过这个游戏小 P 学会了轮流游戏，以及得到一些力量型的训练，并初步掌握类似游戏的规则。帮助小 P 提高理解能力。

丢手绢的游戏：这是一个集体游戏。当时小 P 学会这个游戏花了一个星期，通过这个游戏小 P 基本能参加一些规则简单的游戏，并且能够按照规则进行。

（3）努力帮助小 P 缩小与同伴之间的差距

对于小 P 来说，与同伴相比有实质性的差别，如中午吃饭的时候，我们会先给他一把勺子让他尝试着自己吃，只有在特定的情况下，我们才会给予他一定的辅助或提醒他不要用手抓，引导他不挑食，尝试吃各种饭菜。午睡时我们也是不厌其烦地教他如何脱裤子、穿尿片，下午起床时自己如何脱尿片和穿裤子等。

上课的时候，我们会有一名老师在旁边观察小 P 的整体状态，及时掌握他与同伴之间的差距，与家长共同制定具体可行的目标，然后有针对性地加以训练。通过这一方法，小 P 在学习及生活习惯上有了一定的进步，同时也拉近了与同伴之间的差距。

4. 效果及反思

经过将近一个学期有目的、有计划、有针对性的训练后，小 P 有了显著的变化：（1）在生活自理方面，他能拿勺子自己进餐，不需要帮忙，还能独立穿脱裤子、如厕；（2）在游戏中能理解一些简单的游戏规则，并且较好地参与其中；（3）具备了一定的社会交往能力，能够和他人对视，并作出一些简单的回应；(4)能够用肢体动作向成人发起一些简单的求助，有一定的主动性；(5)学习的意识有了一定的改变，能在一定的时间里坚持坐在椅子上，遇事时能稳定自己的情绪；(6)从情感上能够接受更多人。

小P的融合之路促进了我个人的专业成长，让我更加明白：(1)对待自闭症孩子的训练要有信心，特别是父母更要有坚定的信念；(2)自闭症孩子在上幼儿园的时候，幼儿园老师和父母之间的配合很重要，双方的沟通协作会直接影响孩子的进步；(3)自闭症孩子在幼儿园更能表现出他们不足的一面，这对于我们制定有针对性的训练方案会有更大的帮助；(4)小P在幼儿园的学习与生活让我明白：要让自闭症孩子进步更快，老师必须要做好跟踪观察记录，分析研究；家庭必须要绝对配合，否则将影响孩子的发展。让我们一起努力，相信小P会有更大的进步。

## 十二、自闭症幼儿教育干预个案分析
### ——他真的那么难教吗？
顺德区大良万圣怡幼儿园 黄乾丁

随着幼儿园融合教育的开展，一群有特殊需要的幼儿正逐步走进我们幼儿园，与其他的孩子一起随班就读。这些有特殊需要的幼儿不论在身体上的，心理上的，或智力上的问题都使得他们与普通的孩子显得格格不入。面对这些幼儿，教师应该懂得一些正规的科学方法，帮助他们更好地进行融合教育。在我的班上曾经有一位患有自闭症的幼儿，以下是我对他的个案分析：

### (一)个案基本情况

小哲是一个自闭症男孩，他在幼儿园经常喜欢自言自语地说着一些让大家摸不着头脑的话。他能理解一些比较简单的游戏规则，与周围的幼儿玩一些简单的合作游戏，有一定的社交参与能力，但无法深入进行。

事例一：一群小朋友在教室里玩着陀螺，小哲很喜欢，也过去看他们玩。户外活动的时间到了，小朋友们开始收玩具，小哲却不乐意了，吵闹着要继续玩。"我还要继续玩！我还要继续玩！我还要继续玩！"小哲一把鼻涕一把泪地哭泣着、叫喊着。

事例二："六一儿童节"快要到了，小朋友们都在练习表演的小节目。小哲很不乐意，吵着要出去玩。陪读的妈妈希望他能学会动作之后再出去，于是要求他等一会才出去。小哲不听，大发脾气，吵着要立马出去，妈妈不让，并且很生气，两人形成了僵局。

## (二) 个案情况分析

### 1. 家庭因素

小哲出生在独生子女家庭中，因家中没有兄弟姐妹，从小获取同龄幼儿的社交刺激较少，比较缺乏类似的经历，社会化方面发展较为迟缓。

### 2. 自身原因

重复性及局限性的行为模式，是自闭症幼儿的特征之一，自闭症幼儿通常会坚持某些行事方式和程序，不容易接受突然而来的改变，当其既定活动突然被取消时，他们可能因此而陷入恐慌，继而引发强烈的情绪反应。

## (三) 干预策略

### 1. 提前预知

在活动开始前，我会清晰地告诉小哲接下来的活动内容、需要他做什么、什么信号需要结束活动等要求，让他清晰地知道活动转变的节点和原因。我还专门找了一首音乐给他听，让他知道听到这首音乐时，他还可以继续多玩两分钟，两分钟之后音乐结束就要停下来去进行下一项活动了。起初音乐响起我去提醒他时，他会有轻微的情绪反应，并不是很愿意结束。经过几次的练习之后，他能在听到音乐响起后主动说"哦，我还有两分钟可以玩"，并在音乐结束之后平静离开。

### 2. 鼓励教育

自闭症幼儿在某种程度上都存在一些语言障碍，因此在训练的过程中，鼓励是运用得最多的策略。起初，当听到音乐小哲有情绪反应后，我使用肯定的语句轻柔地告诉他："来，我们玩多一小会儿。"计时结束后，我让他自己来收拾，他的每一点进步，我都会给予较为夸张的鼓励和肯定，让他知道不发脾气不吵闹的行为是可以得到肯定的。

3. 同伴支持

为了进一步帮助小哲解决情绪问题，我在班上开展了"我来帮助你"的活动，鼓励引导其他幼儿一起参与到帮助小哲的行动中来。在小哲情绪稳定的时候，同伴们都会对他进行鼓励；当他出现情绪问题时，同伴们会拉着他的手安慰他；当他需要帮助时，同伴们会主动帮助他。大家都非常积极主动地靠近他，让他感受集体的温暖，在与同伴的共同游戏中进一步成长。

### （四）效果及反思

在老师和家长的配合下，在同伴的帮助下，小哲的一些情绪问题得到了很好的解决，发脾气的现象大大减少，在班级活动中的参与度也更高了。我认为，老师必须要学会从自闭症幼儿的特殊需求上着手，并选择行之有效的教育策略和方法来开展教育，才会有事半功倍的效果。

## 十三、特殊需要儿童规则意识培养的个案研究
顺德区容桂东逸湾英伦幼儿园　钟雯

### （一）个案基本情况

翰宝宝，男，3岁，出生时未发觉异常。2岁时父母发现其语言、动作发展均有所落后，进行过为期半年的特殊干预，后经过一个月的休息，语言和社交能力均有所下降。自发性语言较少，注意力不稳定，不能进行复杂的语言交流，对声音的反应性较差，仅听从个别人的指令（如父母），

听指令能力不能泛化。智力稍微落后于普通儿童，3 岁时被诊断为疑似自闭症。但诸多表现均为自闭症的特征，如行为刻板，兴趣狭窄等。

### (二)个案情况分析

针对特殊需要幼儿，我们班级老师使用最朴实的观察记录方式对幼儿训练前听从指令的能力进行评估，发现翰宝宝存在的问题是不会遵从集体指令。在集体活动时，教师对其所在的集体发出指令："小四班的小朋友，出发。"翰宝宝不知道指令是对他发的，等到教师面对面叫了几次他的名字，才对指令作出反应；做课间操、参加班集体活动，如户外活动、舞蹈课等，他不能跟随老师的指令，做出正确的反应；在老师对其发出指令时，他反应较差，没有较好的眼神对视，不知道指令是对"自己"发出的；呼名反应中，翰宝宝对自己的名字反应较好，但是注意力短暂，听到自己的名字后，很快就会转移注意力。

### (三)干预策略

通过日常初入园评估，我们确定翰宝宝是有听指令、具备指令执行能力，我们需要做的是在"融入教育"中，强化、帮助孩子将这一能力泛化、融合到大集体中。根据该孩子目前存在的现象，本人和一些特教专业老师研究后采取如下针对性、干预强化训练的策略：

1. 趋同性训练

日常教学中，老师在发出集体指令前，需多关注特殊孩子，先获取该孩子关注与眼神后，再发布集体指令，指令可由简单、到复杂，逐步加强，如果该孩子做到了，及时给予表扬，甚至单独针对性的鼓励，让其可在同龄间进行摹仿，在加强注意力的同时，完成趋同性的动作。

2. 一对一简单指令的距离训练

在老师一对一发出指令时，可先将同样的指令对班内正常的孩子逐个发出，然后轮询至该孩子。其间，需留意该孩子的关注程度与眼神，必要时给予单独关怀、介入；同时加入距离训练，拉远和孩子的距离，距离由近到远，在此可以米为单位记录数据，评估最合适的指令距离，孩子在多远距离还能听清指令执行，极限在哪，高于平均距离时，应给予孩子执行指令后的奖励。

3. 加强指令复杂度训练

在以上两点取得成果后或孩子能在 5m 左右的范围听指令时，可增加指令内容，加强指令要求的复杂度，由简至难，直到孩子能在 5 个左右的要求里，成功执行多个指令。（注：发指令前一定要获取孩子关注；孩子成功执行指令后及时给予奖励；如果孩子没有独立执行指令，则需辅助孩子完成，在辅助下完成后再发一遍指令让孩子执行，执行后给予奖励。）

4. 一对一指令训练中的指导与帮助

在日常教育中，有时会出现"孩子不肯跟随""孩子对该项目兴趣不大""要求超出孩子能力范围"等问题，个人觉得以孩子会的律动游戏为切入点，孩子做到了，及时给予奖励，不会时，增加参考或可跟随对象，将会的和新的技能交错出现，控制好相关内容比例，最好是会的与新的内容为7∶3。辅导老师一定要有耐心，辅助的同时及时给予孩子帮助、鼓励和小许实物奖励。（注：在正式开展训练计划时，先跟孩子取得良好的互动，老师将奖励物放在眼前，当孩子眼睛与老师有对视时，将奖励物及时给孩子，并语言回应："看老师了，你很棒哦"；在日常生活中，老师要积极发觉孩子主动与老师对视的瞬间，并及时对该行为予以肯定。当老师叫"翰宝"名字没有得到孩子回应时，思考下，孩子是没听到？没关注到老师？还是对叫他的人不感兴趣？）

## （四）特殊儿童规则意识建立的阶段

根据我们日常教学实施过程与成果，我们总结出特殊需要幼儿规则意识的培养有以下三个发展阶段：

1. 建立良好的互动关系阶段

此为第一个阶段，主要的训练内容为：a. 呼叫翰宝的名字，得到回应（包括眼神和动作的回应）都可以获得奖励。b. 呼叫翰宝"看老师眼睛"，如果翰宝可以看向老师的眼睛，即可获得奖励。(奖励可以是社会性增强摸摸头，以及 1/3 颗的葡萄干)当翰宝在教师的呼叫下，有回应或者眼神接触达到 80%以上，即可进入下一个阶段。需要注意的是，在刚开始建立"呼名反应"时，应该一对一和孩子进行专门的训练。面对孩子，每叫一次他的名字，他如果看向老师的眼睛，或者做出对应的回应，即可获得奖励；在重复多次后，可以尝试在日常的生活和活动中进行，呼叫其名字，如果得到回应，即可获得葡萄干奖励。在经历了约一周的时间，翰宝在集体活动中，只要听到老师叫他的名字都可以看向叫他的老师。

2. 听从一对一指令阶段

在这个阶段，翰宝可以在教师呼叫其姓名时作出反应(看向叫他的老师)，每当教师需要对翰宝下达指令时，要先呼叫翰宝的名字，等其回应后，再下达指令。这个时候通常需要一个专门的老师，当班主班老师带领幼儿进行某项活动时，该老师就需要另外提醒翰宝，并且下达对应的指令。如，当主班老师组织幼儿统一上厕所，而翰宝并未有所回应时，协助翰宝的老师就要说："翰宝，(等待回应后)上厕所。"如果翰宝并未领悟指令的含义，则需要教师用肢体和动作协助。在这个阶段，给翰宝下达的指令包括：收餐具、椅子关门、上厕所、拿水杯、拿书包、拿书看、排好队、搭肩膀、搬板凳等。应该注意的是：每次给翰宝下达的指令要简短明确，时机要准确，跟上班级整体的步伐，当翰宝不明白指令的含义时，可以用肢体或者动作来加以指导。此阶段历时 2 周，翰宝已经可以在教师的指令下完成指定的任务，并且大部分的指令已经不需要教师的提醒。

3. 听从集体指令阶段

最后进入第三个阶段，在集体中听从指令。当翰宝已经完成第二个阶段时，就可以进入第三个阶段。在这个阶段，翰宝的协助教师可以逐渐退出，不再一对一地特意下达指令，而是引导翰宝在集体中把注意力放在主教老师身上，并且完成主教老师下达的指令。通常在幼儿园，会有两个以上的班主任，而每个班主任会轮流担任主班和副班。作为当天主班的老师就负责组织幼儿一天的活动，在组织活动的过程中，就需要下达指令。在户外活动时，非常需要幼儿能遵从指令。经过这个阶段的训练，翰宝逐渐可以跟随班集体，一起完成班级活动，例如常规的升国旗、课间操、户外体育活动等，翰宝都可以跟随并且能按要求完成教师的指令。此阶段历时3周左右。需要注意的是，第三阶段的训练是循序渐进的，经过教师的观察和记录，翰宝第二阶段的训练已经越发成熟，可以尝试第三阶段的集体指令。这时协助翰宝的教师可以逐渐退出，对其的提醒逐渐减少，让其慢慢适应听从主教老师的指令而不是协助老师的指令。

通过三个阶段的训练，翰宝听指令的能力有了很大的提升，在日常的班级活动中，基本只要教师下达指令，他就可以完成。但在某些时候，比如他的情绪比较兴奋，或者外界的刺激较多时，完成指令的速度和指令会有所下降，但是整体来说，相对于刚入学时的状态，翰宝已经有了明显的进步，可以跟上大部分的班级活动，乱跑、离座、不排队、不拿水杯等行为问题得到了很大的改善。现在翰宝绝大部分时间可以一整节课都不离座，甚至会举手参与课堂互动。听指令训练获得了一定的成效，并且帮助翰宝更好地参与了班级融合，在普通班级中的学习与生活更加顺利，甚至交到了朋友。

（五）反思

通过对特殊需要幼儿的接纳与融合，不仅促进了他们的成长，也促进了教师自身专业素质的提升。我们觉得自闭症幼儿进入班级融入之前一定要请专业的机构进行测评，这样老师更容易找到教育的落脚点。此外，教师、家长和小伙伴们对特殊需要幼儿的接纳以及融合的信心，也非常重要。整个训练的过程也不会一蹴而就，需要循序渐进，通过鼓励、强化等方式逐渐进入下一阶段。在训练的同时，还需要对自闭症儿童配置专门的协助教师，这个角色可以由实习教师或者陪读家长担任，而协助教师必须要懂得抓住协助的时机，了解应何时下达指令，何时提供帮助，何时要退出协助等。总之，正确的融合教育有利于自闭症儿童的健康成长，相比传统的分类特殊教育有着不可比拟的优势。

## 十四、利用体育游戏促进自闭症幼儿社会交往能力发展

顺德区容桂东逸湾英伦幼儿园　黄文锋

### (一)个案基本情况

彬彬今年 3 岁半，是一位自闭症谱系障碍患者，他语言发展得很好，同时有较好的记忆能力，喜欢模仿大家的动作。他在班上喜欢大声尖叫、嗅同伴头发、拉女孩子裙子、摸同伴的头、插队、把孩子的名字胡乱对号等，孩子们对他这样的行为感到反感，从而慢慢疏远他。从以上行为可以看出他想引起同伴的关注，有一定的社交意愿但缺少正确的方法。

### (二)干预策略

通过对其行为的分析，我决定采用体育游戏来培养彬彬的社交能力，从而增进他与同伴的关系。

1. "搭肩膀变火车"增进集体意识

(1)教育策略：同伴关系，教师引导

(2)游戏方法：排队的时候把双手搭在同伴肩膀上。

这是在班上最早运用的游戏，因为彬彬不喜欢排队，而且开学初他完全没有集体意识，从活动室到操场一会儿就没了人影。刚开始他不愿意，但我利用吉他边走边引起他的注意，还请了一位个头比较大但是性情较温和的男孩子做他的玩伴，拉着他进入队伍中，只要他一回到队伍，我就会及时对他俩进行表扬。在户外活动的时候，我还特地请他到身边，告诉他："同伴们不喜欢总被摸头和拉裙子，他们喜欢搭肩膀，大家都很喜欢这个游戏。"就这样，只要排队，我都会重复这个动作，让他形成一个固定的模式。很快就有了效果，他排队的时候已能跟随大队伍了。

2. "垫子上滚香肠"间接渗透，促主动参与

(1)教育策略：间接渗透

(2)游戏方法：把一张垫子铺好，孩子趴在垫子上把双手抬起到头顶

并贴住耳朵。

由于彬彬每次玩游戏的时候都会自己站在最后玩，所以经常被认真排队的孩子抢了他的位置及游戏机会。为了让他能主动地参与老师组织的游戏中并让他发现游戏的趣味和老师的魅力，我每次在户外活动的时候都会加入这个游戏。刚开始，我教孩子如何慢慢地从垫子起点滚到终点，后来为了提高他的兴趣，我说我会变成大灰狼，只要滚得慢的孩子我都会去挠痒痒，因为彬彬很喜欢这样的交往方式，所以也正中下怀。每次轮到他的时候我都会故意给他更多和老师一起的互动时间，就这样他喜欢上了这些游戏，排队的时候也懂得跟上队伍了。

3."垫子上双人滚香肠"，同伴互动效果好

(1)教育策略：角色扮演，生生互动

(2)游戏方法：两张垫子同时对齐起点，两位孩子头对头趴在垫子上并双手拉在一起。

当彬彬喜欢上这个游戏之后，我决定利用这游戏的升级版来增进他与同伴的关系，同时让同伴也能对他加以照顾。户外活动的时候，我把一张垫子变成了两张，让孩子们自行搭配找一个好伙伴手拉手，每人头对头趴在垫子上并双手拉在一起，听到老师的指令之后两人一起向着终点滚过去，其间不能放开手。等到孩子们有了一定的基础之后，我又开始充当大灰狼的角色以增强游戏的趣味性。

每次游戏结束之后，我都会单独把他留下来聊天，告诉他同伴们很喜欢这样拉手，不喜欢总被摸头或拉裙子，他也开心地点点头。

4."有趣的双人平衡木"，创造机会亲密互动

(1)教育策略：同伴支持，时机判断

(2)游戏方法：同时摆放两条平衡木让两位孩子手拉手一起通过，其间老师可以尝试在中间用个摆锤做障碍物，并且孩子到终点之后学会拥抱庆祝胜利。

设置两条平衡木让两位孩子一起手拉手通过。等到孩子们基本掌握之后我对此游戏再次升级，我拿着障碍物在平衡木中间来回摇摆，两位孩子

通过的时候要避免被撞到，同时手也不能放开，到终点之后两人还要抱在一起庆祝胜利。

通过这样的游戏逐步增强游戏难度及增进幼儿亲密互动，班上孩子已经接受了彬彬，而且他也有了一位很好的异性朋友。

5."平衡木大战"，小组游戏促接纳

(1)教育策略：组队对抗

(2)游戏方法：一根平衡木两端各放一张垫子做保护，两位孩子侧坐在平衡木中间，游戏开始后要尝试用力把同伴推出平衡木，其间只能用身体不能用手。可以升级为4人或6人共同对抗。

(三)效果及反思

在同伴关系的建立中，有相互帮助的游戏，同时也可以设置一些相互对抗的游戏，所以我利用了平衡木来做这个对抗游戏的道具。因为有了前面游戏的基础，孩子们已经愿意和彬彬一起玩了，所以在孩子自行组合搭档的时候有更多孩子愿意和他一组。孩子的天性就是游戏，只要有游戏作为基础，老师再从中进行指导，相信很多特殊需要儿童都能在这个集体中得到最大限度的融合机会，普通孩子也能在游戏中慢慢地接纳、理解这些孩子。

本学期彬彬在这些游戏的陪伴下有了很大的进步，慢慢地，他愿意与班上的小伙伴一起玩了，也开始萌发出交朋友的自主意愿。通过各种体育游戏让他有机会，有样本可学，自然而然地与其他普通孩子真正融合在一起。

# 十五、我和我的"特殊"孩子们

顺德区机关幼儿园 张如燕

## (一)我和豆豆

1. 豆豆的基本情况

豆豆来到我班时即将满6岁，他是一名自闭症儿童。他聪明，喜欢看书，能自主阅读小学4—5年级的语文书；他行为刻板，事物的改变会引起他的极大反应；他在音乐方面的才能表现突出，节奏感强，喜欢唱歌。

2. 干预策略

（1）真诚地进行家园沟通，做到心中有数

得知我将有一名自闭症学生时，我的内心是抗拒的，因为我从来没有教过这类孩子，对自闭症更是所知不多。我以为这是个艰难的过程，但事实上，一切比我想象中容易。家访的时候，我向家长坦承我对自闭症并不了解，诚恳地请求豆豆家长的帮助。开学初，豆豆爸爸写了满满三页A4纸的情况介绍发给老师。仔细研读后，我对豆豆的情况已经心中有数，所以豆豆在集体中很多异于其他孩子的特别行为，我已经能够理解和接受。

（2）发挥豆豆的长处，帮助他树立形象，成为受欢迎的人

针对豆豆不会主动与同伴交往的情况，我们定下目标：帮助豆豆融入集体，使其成为受欢迎的孩子；引导其他孩子主动与他交往。我们是怎样做的呢？

事例一：自闭症儿童行为刻板，这也是豆豆很明显的特点之一。有时候，他的"刻板"确实给大家带来不少麻烦。但是，在幼儿园的"小军营"活动中，我们恰恰根据他这个特点，有意识地让他担任我班的旗手。作为老师的我，这个过程真的既期待又紧张，很担心他会出状况。但是每次的练习，豆豆都会记得完成最后环节"夺红旗"的指定动作，并在正式比赛中出色地完成了任务。豆豆通过担任旗手增强了自信心，提高了他在小伙伴心中的地位，大家把他当成学习的对象，主动找他玩的孩子明显增多了。

事例二：豆豆很有音乐天赋，很快就掌握了鼓乐队的鼓点节奏。我录下他打鼓的视频，发到班上的微信群，让他成为孩子们的学习榜样，也让家长们更加了解他的情况。这一举措虽简单，但对豆豆的意义重大，他成为了班上的"小明星"，越来越受大家喜欢，家长们也对豆豆表现出了更大的包容、爱心与认同。

反思：特殊的豆豆有特殊的才能，他不善于与人交往，但是我们可以放大他的优点，让其他孩子看到他的长处，进而喜爱他，主动与他交往。

(3)当他控制不了情绪时，给他紧紧的拥抱

有一次英语活动的时间稍微长了，早操音乐已经响起。豆豆开始着急了，他急急忙忙地准备好替换的衣服放在椅子上(这是孩子们早操前的准备工作)，跑着去厕所，表情很紧张。当放第二首音乐的时候，他开始尖叫："William(外国教师的名字)总是超时! William 总是超时!"这时，我们才开始排队去操场。豆豆显得忐忑不安，声音更响亮了："William 总是超时! William 总是超时!"他一边尖叫一边飞快地奔下楼梯。到达操场时，他的尖叫声更刺耳了，还带着哭腔。我走过去说："没有关系，没有关系!我们还没迟到!"可是，豆豆仍然哭着重复刚才那句话，声音非常响亮，已经引来其他班孩子的目光。我把他紧紧地抱在怀里，轻声说："豆豆，没有关系，没有关系，我会提醒 William 以后不要超时!"豆豆的音量慢慢低下来，但依然呢喃不止。我把他抱得更紧："我会告诉他!"我把事情的始末告诉外教，William 向豆豆道歉并保证以后尽量不超时，豆豆这才安静下来，乖乖地站回队伍里做早操。

**反思**：行为刻板的特征导致豆豆无法马上接受事情的突然变化。所以，当每天的生活流程有改变时，我们都会提前告诉豆豆。当他着急、紧张、尖叫时，紧紧拥抱、细声安抚是最好的方法。

(4)适时引导，教给他处事的方法

户外活动时，豆豆和他的好朋友方易、正中在小花园里追跑打闹，玩得兴高采烈。我很欣慰豆豆有了自己的朋友，与同伴的交往变得更主动，也学会了遵守集体规则。他们追逐了一段时间后，可能累了，就在我的身边停下来玩"电脑游戏"——他们把石凳子当成了电脑。突然，我听到重重的"砰"一声，紧接着是方易"啊"的叫声，原来是豆豆与方易发生争执，豆豆一着急便一拳打在方易的肚子上。豆豆的力气很大，这一拳肯定把方易打疼了。我也急了，安抚了方易后望向豆豆大声说："豆豆，你为什么打方易?"豆豆闭上眼睛，还用双手紧紧地捂住眼睛。看到此情此景，我哭笑不得，也平静了心情。我把音量降低："豆豆，你能告诉我发生什么事情了吗?"豆豆从指缝里偷偷地看了我一眼，不说话。我说："豆豆，请你把

手放下来，闭上眼睛不等于这件事情没有发生过！"豆豆慢慢地放下双手，张开眼睛，嘴里念念有词。我蹲下去，看着豆豆的眼睛，认真地说："豆豆，请你把事情的经过告诉我！"豆豆眼睛始终不敢看我，但却清楚地把事情的经过说出来了："方易不给我玩电脑！"我点点头说："原来是这样！但是请你告诉我，打人对不对？"豆豆慢慢说："打人是不对的！""那你现在该怎么办？"豆豆喃喃地说："该怎么办？"我提醒他："你能向你的朋友道歉吗？"豆豆慢慢地走向方易，低着头轻轻地说："对不起！"看着他的表情，我知道他认识到自己的错误了。

**反思：**豆豆会因为一点小事而着急，一着急就会控制不住自己的拳头。此时，教师的冷静、睿智处理就显得尤为重要，用温和的态度和语气指导他解决矛盾，就是有效的办法。

### (二)我和迅迅

1. 迅迅的基本情况

迅迅，三岁，是一名轻度自闭症男孩。天真烂漫、自由自在、毫不拘束是他的写真。

2. 干预策略

生活中，我们与迅迅斗智斗勇，逐步探索出帮助他的方法。

(1)用迅迅感兴趣的东西，帮助他慢慢学会遵守集体规则

开学初期，出于对陌生环境的敬畏、对老师的不熟悉，教育活动中迅迅能乖乖地坐在自己的位置，不会到处乱跑，还会跟着老师唱歌、跳舞。英语学习特别棒，回家经常唱英语歌曲给爸爸妈妈听。

可是时间久了，迅迅熟悉了幼儿园的生活后，开始变得自由散漫起来：教育活动时跑到区角里玩，有时还跑出课室在斜梯跑上跑下，户外活动时也擅自离开集体，到处游荡。

今天，教育活动时他又跑走了。我跟着他来到斜梯，只见他跑上跑下，还自己嘻嘻地笑。我既不能丢下他不管，又不能不顾班里的其他孩子。于是，我用尽浑身解数想把他带回课室——拉他的手，他用力挣脱；

抱起他，他用力挣扎，我根本抱不动重重的他。他依然嘻嘻哈哈地笑着，我却只能无奈地看着他，脑海里搜索着办法。突然，我想起他对我的食物盒子特别感兴趣，因为我的盒子里有他喜爱吃的糖果。我跑回教室，抱起食物盒子又跑回斜梯。迅迅看到我的盒子笑逐颜开："给我，给我！"我说："回到课室，我就请你吃葡萄干！"说完我就掉头向课室走。迅迅乖乖地跟在我后面也走回了课室。我给了他一个葡萄干，并告诉他："你留在课室就有葡萄干吃！"他居然点点头！这个上午，他总算没有到处乱跑。

**反思**：这次事件中，我利用迅迅对葡萄干的喜爱把他带回了课室。但是食物奖励不能常用，我会在以后的观察反思中不断摸索发现，相信一定会找到迅迅更多的"兴趣点"，用行之有效的方法帮助他进步。

（2）读懂迅迅，做他的朋友

户外活动时间，在幼儿园大门口。孩子们的喝水时间，迅迅又不见了！近两个月，他经常会"玩失踪"，有时跑到木滑梯，有时跑到小长城，有时跑到山坡。每一次"失踪"，都让我们找得好辛苦。这不，大型器械、山坡上、木滑梯、小长城都没有他的影子。

"迅迅到底去哪里了呢？"我边思索边张望。会不会在"休闲巴士"里呢？我走近一看，果然看到迅迅正在巴士里兴奋地摸这摸那。我在车门口喊他："迅迅，我们回去了！"他看都不看我一眼。我上了车，牵起他的手想带他走，他却用力挣脱。

怎么办呢？我得想个好办法！"迅迅，我们一起开车去玩吧！我来当司机，你坐好了！"我坐到最前面的位置，假装握住方向盘。迅迅听了我的话可高兴了，在车厢里跑来跑去。我模仿汽车发出"嘀嘀嘀"的声音，迅迅的嘴巴也叽里咕噜说着什么。开了一会车，我说："我累了，我口渴了，迅迅可以陪我去喝水吗？"迅迅居然很乖巧地被我牵着手回到了集体中。

**反思**：迅迅对汽车很感兴趣，作为老师的我们，就要站在他的角度考虑问题，去理解、接纳并合理运用他的兴趣点，与他一起玩，满足他的合理需求，以游戏的方式打动他，再带他回课室就变得容易了。

特殊需要儿童常常有特别的行为表现，作为融合教育的"门外汉，"我

151

能做的就是学习、学习再学习，并在与"特殊"孩子的"斗智斗勇"中积累经验，成为更好的老师。

## 十六、我是一条勇敢的"小鱼"

—— 自闭症儿童融合教育个案分析

顺德区机关幼儿园 姚恒旋

"小鱼"是我在 2018 年秋接触的一位中度自闭症儿童，在整整一年的小班中，他作为自闭症儿童在我们班进行融合教育，以下是关于"小鱼"的个案分析以及生活点滴。

### （一）个案基本情况

#### 1. 孩子的基本情况

小鱼，男孩，2014 年出生，出生时无任何异常表现，健康可爱。直至 1 岁多，父母慢慢发现孩子有异于其他孩子，如语言表达能力迟缓、无法对视、情绪不稳定等，2 岁左右被诊断为中度自闭症。来幼儿园前一直在顺德星宸自闭症康复中心做康复。来我园后由妈妈陪读进行融合教育，经过一年的小班融合后有很大的进步。中班阶段上学期休学，选择了高强度的集中训练和治疗，中班下学期将返回幼儿园继续融合教育。

#### 2. 家庭情况

父母均是中学物理老师，学科带头人，日常教学任务重。爸爸性格温和稳重，妈妈则活泼开朗。在诊断出孩子有自闭症前，家庭幸福美满，各方面都朝着阳光的方向发展。可是孩子的一纸诊断书犹如晴天霹雳，让这个家庭陷入了悲痛中，对于这对年轻的父母来说打击相当大！"为什么会这样呢？""孩子小时候多可爱！""孩子以后怎么办？""我们现在又该怎么做？"面对一堆的问题，这对年轻的父母勇敢地选择了正向面对！记得小鱼妈妈曾经开玩笑说这是个富贵病。是的，医疗、专业训练、幼儿园学费等都是高昂的费用，重点是父母还需要全身心地陪伴。经过家园商议，最后决定请祖辈家长入园协助日常，妈妈上午来幼儿园进行陪读，下午返回学校工作，爸爸则在学校分担妈妈的一些课程，下午则由爷爷送孩子到培训机构，周末再到广州的专业机构上课，满满的课程内容志在让孩子在黄金阶段得到及时的干预，期望病情有所好转。

### (二)班级融合教育案例

融合教育主张在普通教育环境中提供特殊方法，使特殊需要儿童和普通儿童能有最大的互动并使双方获益。融合教育并非删除所有的特殊教育服务，亦非为少数学生之利益而牺牲其他学生，而是在普通班级中提供教师与学生必要的支持性服务，并辅之以个别化的课程调整，确保学生在课业、行为和社会的成功。

**案例一：跳泳池事件**

在小鱼入园前，我们就进行了家访，与家长进行了详细的沟通，也请教了专业的特教老师。可正式开学时，还是出现了挺多问题。小鱼对于集体生活以及陌生的环境都很不适应，对任何活动也不感兴趣，显得淡漠不合群，更没有遵守规则的意识。虽然没有攻击性行为，但安全意识很差，总是会离开座位离开集体。小鱼喜欢玩水，就在开学第 3 周的一天，孩子们正在户外活动，教师和妈妈一个不留神，小鱼看到别班的孩子刚上完游泳课去更衣，就往游泳池冲了过去，妈妈追在小鱼后面但也来不及制止，于是小鱼就直接跳进水里了！日常如果孩子有任何伤损，作为老师都非常担心，并且会第一时间向家长道歉、解释。可是当发生这件事情的时候，小鱼妈妈第一反应是对我说："对不起！对不起！给老师添麻烦了。"当看到家长满脸歉意时，我心里特别难受，并能感受到妈妈的自责和自卑。但我想告诉她，虽然小鱼是个特殊需要孩子，但他不是一个"麻烦"，他应该得到和普通孩子一样的待遇和一样的照顾！

这件事情后，我认真思考并采取了一些策略：

1. 差异教学法：由于自闭症儿童在情绪、社会性以及认知等方面的发展不足，我们在进行活动的时候会根据孩子的情况适时调整，以期符合孩子的需要和兴趣。在集体活动中采取个性化教育，时间不会太长，但在区域自主游戏、户外活动中会保证时间充足一些。

2. 图示、视觉法：通过图片、视频让小鱼了解幼儿园半日活动的内容，并鼓励其积极参与。

3. 训练和提高生活技能：在日常的活动时间内让小鱼与普通孩子一样做同样的事情，如参与游戏、进餐、如厕、整理衣物等，虽然大多情况下小鱼都不能独立完成，需要妈妈协助，但氛围还是要形成，让孩子知道在何时做何事、怎样做事等。

4. 以同伴为中介的社会交往训练：进行融合教育的主要目的就是满足特殊需要儿童人际交往的需要，普通儿童一般情况下不会主动和特殊需要儿童进行交流，所以我们选择了愿意交往、年龄相仿、有爱心又与小鱼有共同兴趣和爱好的小伙伴，进行引导和鼓励，有时候会提供一些奖励来保持他们对训练的兴趣和交往的热度。

经过一系列的干预，两个月后，小鱼已经可以尝试参与高结构活动，并在妈妈的陪伴下坚持 20 分钟；另外他也意识到户外活动要跟随自己的班级，虽然有时候还是会控制不住独自跑开，但已经不去做危险的事情了。

**案例二：拒绝吃水果**

小鱼总体的饮食习惯不错，能够自己进食，但对水果非常抗拒。据说小鱼从小就不喜欢吃水果，因为缺乏维生素，所以他的指甲长不完整，并且容易感冒生病。当来到幼儿园看到我们每天的水果课间餐，妈妈特别地激动，希望能够让小鱼有所改变也能尝试吃水果。但我们的第一次尝试就失败了，第一次看到小鱼发那么大的脾气，非常抗拒，甚至连妈妈都不理了。我走过去把小鱼带到安静的睡室，并且拥抱着他，什么都不说，直至他安静下来。事后我和妈妈进行了沟通，采取了相应的干预策略：

1. 接纳孩子的负面情绪：在我们教育教学活动过程中，自闭症儿童经常会出现大声喊叫、情绪不稳定的情况。面对不喜欢的水果，小鱼表现出激动的情绪，我们要学会接纳。

2. 提高孩子的认知能力：通过看一看、摸一摸、闻一闻等方法，让孩子认识不同的水果，还利用水果进行各种有趣的游戏，激发孩子对水果的认知和兴趣。

3. 辅助物强化：相对来说小鱼比较喜欢吃坚果类的食物，刚好我们课间餐也有配，所以当要吃水果的时候我会以坚果作为辅助物进行"诱惑"：吃一口水果就可以吃一块腰果。从少到多，从园到家，不仅在幼儿园要坚持吃水果，在家也一样。

4. 环境影响：每次课间餐都要求小鱼和小伙伴在一起，感受和小伙伴一起吃水果其乐融融的场面，看到其他小伙伴也在吃水果，激发自己也想吃的欲望。

通过一系列的干预，小鱼渐渐尝试吃水果了。最开始只吃苹果，其他不吃，大概持续了 2 周到 3 周的时间，便开始慢慢地尝试其他水果，每次都不能太多，一点点地尝试。其中有一段时间小鱼因为生病不能吃水果，饮食习惯又打回原状，之后我们又再次巩固强化。由此可见，对自闭症孩子的教育真的是有异于普通孩子，需要我们更多的耐心和坚持。

**案例三：拍球记**

有一段时间拍球是小鱼的最爱，不管是在家还是幼儿园，到哪玩都喜欢带着球。在幼儿园户外活动时间，无论我们玩什么项目，他都会自己跑去固定放球的地方找球。从这个侧面也可以看到小鱼知道器械的摆放位置，并有意识根据自己的意愿进行活动。为了满足他的需要，我们也会把球带在身边让他去玩。小鱼拍球的动作有点机械化，掌握技巧的过程并不容易。他拍球的发展阶段基本为：原地抛接球、与大人相互抛接球、原地双手拍球。单手拍球难度较大，尚未掌握。

教师采取的干预策略：

1. 细心观察：留意观察孩子每天的生活及运动情况，及时发现孩子的兴趣并支持和鼓励孩子做自己喜欢的运动。

2. 辅助到位：由于孩子的专注力难以集中以及动作的不协调性，同时不能很好地掌握技巧，很容易失去活动的兴趣，所以老师和家长会及时提醒，耐心地辅助，从而促进孩子的进步。如在拍球的过程中，我们会通过声音、动作来提醒孩子："小鱼看着球，""球在哪里?""拍，拍，拍，加油!"等。

3. 示范动作：老师会通过手把手的方法，让孩子感受球的弹力，以及拍球的方式，重点在于反复强化，每天都练习。

4. 家园共育：除了在幼儿园练习，在家也多练习，晚饭后妈妈都会约上邻居小朋友俊俊一起练习，在小伙伴的陪伴下小鱼兴趣更大，进步也更大。

期末的体能测查，小鱼可以达到一分钟双手连拍 87 下，比个别普通孩子还要厉害，进步非常大! 这也给了我一个很大的鼓舞，对于自闭症孩子，教师花的时间和心思或许要比普通幼儿多十倍甚至一百倍，有时候效果还不明显，但只要我们持之以恒，家园协力就一定会有所改变!

小鱼休学后，我们已经有很长一段时间没有见面了，但是小鱼一有进步，妈妈就会用信息或视频的方式及时告诉我。另外我发现，以前无论是拍照还是拍视频，小鱼都不会看镜头，但现在跟我视频互动的时候，已经可以短时间地对视，知道屏幕那边有我，而且还可以跟我进行一两句简单的对话。

融合教育作为当代国际教育发展的潮流，为特殊教育和普通教育提供了新的发展机遇。同时也给二者的发展带来巨大挑战，向教育提出了更高的要求。在此背景下，更需要我们广大的幼儿园教师不断地学习、研究和实践，让 3—6 岁的自闭症儿童在幼儿园能够接受良好的融合教育。

祝福"星儿"，我们永远陪伴着你!

## 十七、有的放矢式，家园配合，干预特殊需要幼儿问题行为

顺德区机关幼儿园　关绮娴

### (一)个案基本情况

1. 研究对象

小隽是一名轻度自闭症孩子，4 岁入读幼儿园小班，目前在读中班。

读小班时有一个半学期，都由爸爸进班跟读半天。孩子语言表达能力弱，运动协调能力很差，喜欢自己到室外去逛，特别是做早操时一不注意就溜走了，害怕别人靠近或碰到他，不顺其意时会趴在地上大喊大叫，对文字符号尤其是数字和日期特别敏感。

2. 干预准备

(1)对家长进行约谈，消除其心理压力，达成共识，即融合教育需要家园配合，共同参与，融合教育方案的执行需取得家长的配合与支持。

(2)班上老师对小隽的行为进行视频、图片和文字观察记录与分析。

(3)在特教资源室老师指导下，针对小隽的当前情况，家园配合采取目标时间法有的放矢地干预训练，以期提高小隽各方面的能力，使他能够更快、更好地适应集体生活。

(二)干预策略及反思

1. 事件与行为一：擅自离开集体(小班上学期)

自由活动时间，小隽经常未经老师同意就一个人跑到课堂外，或者跑到其他班级。该情况在户外活动时间段更频繁，只要走动时有与其他班级交叉的过程，一转眼他就不见了，需要一名老师去把他找回来。

**干预策略：**

(1)教师在班上特制了一个属于小隽的专属班级姓名牌，每天早上小隽一回到班就给他戴上，并在幼儿园工作群向全园教师知会：如有发现该孩子去到他们班，即刻告知本班老师或帮忙带回。

(2)满足好奇心的需求。每天下午，副班老师利用 40 分钟的备课时间，单独和小隽沟通，问问他喜欢到哪里玩，然后单独带他去那个区域玩，只要是允许孩子活动的地方，尽量满足小隽的好奇心需求。对于不能带去的地方明确告诉他不能去，并说明不能去的原因，然后果断带走。

(3)巧用故事行为卡引导。针对小隽是视觉比听觉优先感应的孩子，我们将他需要学习修正的行为做成图文并茂的故事情境行为卡，反复给他讲，作为视觉提示，提醒他记住情境故事行为卡的内容，每个过渡环节也都进行强化提醒，同时结合他最想要吃的冰淇淋和棒棒糖进行激励。当他能完成故事行为卡上某一项内容，立马拿出一个棒棒糖，并给他摸一摸和数一数，收集在一个透明的盒子里，放在钢琴上，让他能看到，引导他继续努力，争取放学能将收集到的棒棒糖带回家。但他如果忘了故事行为卡的约定，又自己离开班上到别处去，棒棒糖会被课室的"魔法门"变走。

（4）练习不离开规定活动边界

①在班级走廊的地上贴上本班的边界标志，告知小隽属于本班的活动范围，并拉着他的手走一遍，用情景模拟法，帮助他知道要在本班的范围内玩耍，不超过本班的边界线。随后让他自己走三遍本班范围边界线，如果正确即马上奖励他玩自己最喜欢的学具。老师只要发现他走出了课室门，就放手不放眼地关注他、提醒他。

②每天离园时间，建议家长带小隽到一个区域玩，玩之前先和他说明活动区域的范围及边界，并拉着他的手沿着边界走一圈，接着要求小隽自己走一圈，并告诉他如果玩耍时不超出边界就会得到奖励，如果超出边界就不会得到奖励。

（5）练习找老师。

①找妈妈。每天离园时间，妈妈拿着班上的小铃鼓，带小隽到幼儿园里他喜欢的区域玩，并提前说明听到妈妈摇小铃鼓的声音后，就要立即回到妈妈身边。如果做到会得到奖励，如果不能做到没有奖励。

②等小隽基本能做到"听到铃鼓就找妈妈"后，妈妈再陪着小隽一起，用同样的方法找老师。

③活动集合时，老师先摇铃鼓，再喊小隽的名字，帮助小隽独自完成听到铃鼓声后找回班上老师。

（6）制作小隽的行为奖励小册子，将幼儿园一日生活分为 12 个内容，做到一个活动或环节不擅自离开集体就奖励一个星星贴纸，集齐 12 个星星就可以和爸爸妈妈换礼物。请家长每天来班上陪读，身上带着这本小册子和星星贴纸，每一个活动或环节结束，马上进行反馈，让他对自己的行为结果"看得见、摸得着"，肯定他的正向行为。

**反思：**

（1）干预结果：通过干预，小隽的好奇心得到满足，边界意识有所增强，集合时经提醒名字能找到老师，有时还会主动回到教室，擅自离开集体的次数大大减少，离开集体的距离也越来越短。

（2）分析与反思：经与家长了解，小隽这个到处串门的行为可能是在早教班形成，之前早教老师每天都会带小朋友去不同的班逛一轮，所以变成了一种习惯行为。而来到幼儿园后，场所变大、班级增多、户外器械和各班的学具超多，更给了他更多新奇的刺激，而小隽的串班行为一旦形成就需要一定的时间消退，消退之前我们仍需要阻止其串班行为的发生，当他屡次串班不成就会逐渐减少串班行为的发生。借助故事行为卡练习时，我们试过没收小隽的棒棒糖让他承担乱跑的后果，这给他留下了深刻的印象。跑出去寻找新奇的事物这个想法对他仍有吸引力，所以家长、老师都一直密切关注着他，只要发现他有准备想出去逛的苗头，就立马提醒并引导他。

2. 事件与行为二：不爱打篮球（小班下学期）

小隽不喜欢运动，最不喜欢球类运动。每次小朋友拍篮球，他都跑走自己玩，老师把篮球拿给他，他就是不接，如果把球放在他手上，他就立马松手把球掉在地上，并哭闹或坐在地上不起来等。

**干预策略：**

我们采用目标时间法训练，将拍篮球这个大目标分解成若干小步骤，降低难度，从最简单的练习激发小隽的学习兴趣。每个步骤之间，用鼓励、诱导的方式衔接起来，将目标奖励按由密到疏的原则进行强化。

（1）加强肌力训练：拍篮球要求手部、腹部、腿部肌肉力量，针对这三部分，老师在班上对小隽进行一对一训练。手部定点用力推球练习、腹部弯腰练习、腿部深蹲练习等，让小隽的力量短期内得到提升。在家，请家长通过玩亲子互动游戏，进行强化式配合训练。先从简单的《小小降落伞》游戏开始玩，通过练习向上投的动作，增强上肢力量，再过渡到难度大一点的《推小车》游戏，锻炼小隽的臂力和腹部力量。腿部练习从玩《亲子分合跳》到《毛毛虫爬》的游戏，锻炼小隽的四肢协调性、关节稳定性、增强腿部力量。

（2）身体协调能力训练：由于篮球较小，小隽肌肉力量与肌肉控制能力不足，如果直接让小隽练习篮球会很容易失败并容易让他产生挫败感。在园，我们先让小隽抱抱、摸摸羊角球，用羊角球和他产生身体上的触碰，并玩《和羊角球躲猫猫》的游戏，让他产生愉悦，不排斥大的弹力羊角球，而且羊角球有两个角，他很轻松就能拿起。再让家长买了瑜伽球，在家用瑜伽球进行练习，因为瑜伽球大，手感软，弹力强，与羊角球很相像，小隽使用时容易控制，很快就学会拍瑜伽球了。小隽回到幼儿园后，玩跳跳羊角球时，小隽不经意地就拿起羊角球拍了一会儿；于是，我顺势拿了小一点的颗粒弹力球给他，鼓励他拍给小朋友看，他成功了。当老师和小朋友给他鼓掌时，他很开心，自信了！

（3）手把手全辅练习与目标的强化：进阶到拍篮球时，老师先站在小隽身后双手握着他双手的手腕，控制其拍球动作，进行手把手全辅。步骤与要求是：①刚开始只要求手把手全辅拍5下，就可得到他最喜欢的食物；②等小隽有点熟悉动作后，要求手把手全辅拍10下、20下、30下，奖励食物；③手把手全辅拍25下，小隽自己拍5下，奖励。④手把手全辅拍20下，小隽自己拍10下，奖励；⑤小隽可以自己拍30下、50下、100下。强化方式从密集到稀疏，奖励方式也从食物向社会正强化过渡。

（4）参加幼儿篮球兴趣班：老师与篮球教练做事前沟通，建议家长全程跟陪、手把手全辅。目的在于有亲人陪伴，帮助小隽较好融入全新的兴趣班环境，同时更好地帮助他听从教练的指令，能手把手全辅式帮助他相对顺利参与篮球游戏，避免他单独跑走。如果是小隽可以完成的项目就尽量让他独立完成。在遇到他感到有明显困难的项目时，家长才手把手引导其完成。

**反思：**

（1）干预结果：小隽手部、腹部、腿部肌肉力量增强了；眼、手、脚的协调能力提升了。篮球兴趣活动的参与度从原来家长全程手把手辅助到学期末全程无需家长辅助完成整个活动。由刚开始的拒绝、不配合到配合、偶尔的主动，最后逐渐喜欢上玩篮球。

（2）分析与反思：肌力、身体协调能力是基础，小隽肌肉力量和身体协调能力不足导致他无法在体育活动中体验到乐趣，于是感到困难而容易产生厌恶情绪；手把手辅助运动和锻炼，配以及时的强化，让小隽体验到篮球游戏的快乐，让他在有趣好玩的过程中学到拍篮球的技巧，进而帮助他建立自信、提升整体健康水平和幸福感。

3. 事件与行为三：学做早操（中班上学期）

新学期要学做新早操了，小隽跟不上，他表现很焦虑，在早操队伍里冲来冲去，发出很大的叫声。老师安慰他，没关系，可以在旁边先看看小朋友和老师怎么做操的，或老师带着他做，但小隽不理，还坐地上哭闹。

**干预策略：**

（1）录制小隽做操的视频，约谈家长，就小隽做操焦虑情况分析原因：

①中班新的早操动作较小班的早操动作复杂，小隽需要更长的时间熟悉。

②小隽肢体协调能力还有待提高，由于动作不到位，产生挫败感，不知所措。

③新早操增加了更多的队列位置变换和小朋友之间的协作，小隽对音乐、节奏与动作把握不到，一环接一环，产生焦虑。

（2）拍摄老师的早操分解动作示范视频、全套早操完整视频和班级孩子分段合作视频，制作任务完成奖励卡。根据小隽的理解程度，请家长在家，和小隽一起练习每个早操分解动作。每完成一个动作，就拍小视频给老师反馈，并在任务完成奖励卡上贴上奖励贴纸。家园及时大力表扬与肯定，让小隽知道自己的进步痕迹，产生兴趣去学习。第二天早上的早操环节，针对小隽的新掌握动作，老师边领操边表扬小隽和其他孩子，或请小隽做领操员，老师在旁辅助，增强他的自信。

（3）请家长继续每天做早操陪练，进行帮辅。

①观察小隽的动作，发现动作不到位或难完成的，及时纠正，回家后

就重点练习，如此重复循环。

②在不影响其他孩子做操的前提下，把小隽安排到队伍最后一行，由爸爸站在小隽身后，当他出现忘记转换队列位置或不能同小朋友充分协作时进行辅助。从刚开始动作辅助，慢慢过渡为语言提示，再过渡为手势提示，最后全部撤出辅助。

**反思：**

（1）干预的结果：通过三周半的学习，小隽的早操动作得到有效的纠正，已基本能独立完成整套早操，与小朋友间的协作过程也有模有样，做早操越来越开心了。

（2）分析与反思：早操是孩子们体育锻炼的项目之一，在锻炼过程中，对小隽的动作模仿、身体协调、节奏把握、同伴协作、遵守规则等能力都有很好的提升，更重要的是提升了他的学习能力与克服困难的能力，能让他体会到学习与克服困难带来的快乐与自信。

## 十八、自闭症幼儿人际支持策略的研究
### ——以中班小朋友为例

顺德区容桂东逸湾英伦幼儿园　李禧祺

自闭症幼儿由于在自我控制和社会交往方面存在一定的障碍，因此，良好的人际支持关系对于自闭症幼儿而言非常重要。目前，部分幼儿园开启融合共生教育模式，面向自闭症幼儿开放，让他们有机会和普通儿童一起学习、生活，并在这个过程中受益。但是在具体实践过程中，无论是来自家长，还是来自教师、同伴和专业人员的人际支持，都存在一些问题。因此，我们需要从这几个方面入手，构建早期融合共生教育中良好的人际支持系统，真正为自闭症幼儿取得良好的教育成效提供强有力的支持。

### （一）自闭症幼儿自身人际关系存在的问题

1. 没有依恋行为，喜欢单独活动

×××是幼儿园中班的一名学生，也是一名自闭症儿童，从外表上看，他跟普通孩子没有多大的不同，但是在日常活动中，经过仔细观察，还是能够很明显地感觉到他跟普通孩子的差别。他的社会性发展较弱，总是单独活动，而且在班级活动过程中，很少和别人有眼神上的交流，也不愿意主动和其他幼儿一起玩，总是沉浸在自己的世界当中，每天的区域活动有限，集中在数学区。他把父母老师视为生活的工具，有需要的时候才会去拉老师的手，没有事情的时候就不会理老师。

2. 在认知能力上，他的认知能力强，喜欢科普类的书，喜欢认汉字。同时，他的自理能力较弱，速度有待提高。遇到事情不能正确表达自己的需求。比如，看到面条，他很想吃，但是不会表达，只能用哭闹替代。对亲人和生人的反应区别不大，看见陌生人也不害怕，不认生。

3. 大动作发展能力较弱，×××非常喜欢音乐活动，听到音乐就会双手合起来跳，但从他有点木讷的动作中，我们不难发现他的大动作能力有比较大的问题，而且动作行为的出现偶然性比较强，对人不感兴趣，对团队游戏活动不感兴趣，尤其是对"人"不感兴趣。

## (二)特殊需要幼儿人际支持策略

针对×××的学习和生活现状进行综合分析可知，在适应和融入幼儿园过程中，从家长、教师、同伴和社会专业人员入手，创造良好的环境，帮助幼儿适应融合教育十分重要，具体包括以下支持策略：

1. 情感体验是改善自闭症人际交往障碍的基础

自闭症幼儿缺乏情感体验的动机与感受，家长与幼儿园教师要创造各种机会让他感受到情感的体验，包括亲吻和拥抱。家长与教师可以经常抚摸拥抱自闭症幼儿，并积极引导他们用自己的双臂来回应别人的拥抱，让他们感受到爱与被爱。尤其是每次家长带领幼儿进入幼儿园的时候，可以拥抱保安、拥抱迎接幼儿的园长、老师等。家长可以在旁提醒与协助自闭症幼儿完成这件事情，让他形成一种条件反射，知道自己每天早上在幼儿园门口或者班级门口要完成这件事情。

**2. 从最熟悉的关系开始，认识家庭成员与班级老师**

在吃饭前，或者幼儿去玩自己想玩的活动之前，幼儿园老师可以经常拿出自闭症幼儿父母或者老师的照片让幼儿认识，并鼓励他们说出来，不完成任务就不准去玩；也可以经常与他们一起翻阅自己家庭相册或者班级活动照片，分阶段丰富他们的认识。比如，首先认识自己，然后认识自己的老师或者父母，最后再了解活动照片的内容，让他们有家庭或团队的意识，感受到他人的存在。

**3. 从关注简单的人际反应开始。** 比如：呼喊名字，当老师、父母喊他名字的时候一定要有反应，当然我们要有一个稳定的称呼，无论是在家里还是在幼儿园里，每天都喊他的名字，直到他有反应为止；又如，我们可以在玩握手游戏的时候，鼓励他一定要拿出自己的手与别人握手；每天来幼儿园一定要说"早上好"，下午放学的时候一定要说"拜拜"或者"再见"等，并逐步养成习惯。

**4. 创设引发自闭症幼儿社交沟通的场景**

创设社交沟通场景，意思就是他必须有交往之后才能实现自己的目标或者愿望。比如：他喜欢玩跳跳床，我们一定要让他表达"我想玩"三个字之后，我们才能让他进去玩；他喜欢吃某种食物，我们把食物放在难以拧开的瓶中，让他主动去寻求别人的帮助等。

**5. 积极参与集体体育游戏，为其提供友谊支持**

体育游戏一方面可以通过集体的力量促使特殊需要幼儿加入群体游戏之中，另外一方面也可以促进特殊需要幼儿与同班幼儿的友谊发展，让他在活动中感受到自己的存在，意识到他人的快乐，从而慢慢主动地参加集体活动。比如：我们玩丢手绢游戏、接龙游戏、抛球游戏等。国内外研究结果都表明：体育游戏和体感游戏都对自闭症幼儿的发展具有积极的作用。

**(三) 支持策略的有效性保证**

**1. 家长要以"参谋""战友"、仁爱父母的身份提供人际支持**

家庭对幼儿早期教育有着十分重要的作用，对于自闭症幼儿而言，家长主要负责他们的日常生活起居和教养活动，因而对于他们的个性、情况非常了解，可以算得上是最了解他们的人。虽然家长不像专业的老师一样，拥有丰富的专业教育知识和教育方法，但是却是强有力的支持者。因此，家长以"参谋""战友"、仁爱父母的身份提供人际支持，对自闭症幼儿的发展有着重要影响。在这一点上，×××的妈妈做得非常好，为×××付出了很多时间和精力，不仅尽心尽力照顾他的饮食起居，同时，为了促进他的语言发展，她每天都会安排大量时间给他读绘本。在他情绪不好大发脾气的时候，陪他做游戏、听音乐，极力安抚他的情绪，帮助他提高情绪控制能力。此外，她还在家里准备了各种器械，每天给×××进行感统训练。

2. 教师以"大朋友"与"父母"双重身份提供人际支持

在幼儿园里，教师是幼儿活动与生活照料的主要组织者和引导者，对幼儿的发展起到至关重要的作用。自闭症儿童由于在各方面发展能力弱，因此，需要老师付出更多的爱和关心给予幼儿更多的接纳和理解，以"大朋友"和"父母"的双重身份提供支持，并在一日生活的各个环节给予他们更多的帮助和关注，帮助他们掌握学习和生活技能。比如：我们可以通过开展主题教学活动《各种各样的人》《我和你不一样》等，帮助幼儿认识到，每一个人都有自己的特点，以此帮助幼儿更好地接纳跟自己有着不同个性、不同行为的人。另一方面，在日常活动中，针对×××的发展特点，老师也会有意识地给×××增加一些大动作运动发展的机会，并刻意在语言、社会交往、认知、自理能力等多个方面给予他一定的帮助，给他提供更多的锻炼机会，帮助他更好地发展。

3. 引导幼儿同伴作为"好朋友"提供人际支持

融合共生教育的其中一个积极意义在于，自闭症幼儿和普通幼儿一起学习和生活，能够从同伴那里学到许多生活习惯和能力，这对于他们日后顺利融入社会有非常重要的意义。普通儿童的行为能够起到示范作用，推动孤独症儿童建立正确的社会行为，包括关注同伴、跟随同伴、服从集体、参与集体活动等。不过，能否产生这样的积极意义，取决于普通幼儿对于他们的态度，取决于他们能否建立长期、稳定的同伴关系。因此，对于自闭症儿童进行引导和教育时，要努力帮助幼儿形成良好的同伴关系，让孩子在合作、互助的同伴关系中获得潜移默化的影响和发展，让同伴作为"好朋友"为他们提供必要的人际支持。

### （四）融合共生策略效果评估

**1. 情绪状态上的改变，及时倾诉排解**

在老师和家长的共同努力下，经过一个学期的适应，×××各方面进步很大，最明显的改变是，能识别他人的高兴、难过、生气、发怒的表情了。同时，他的情绪表达能力增强了，遇到问题不再单纯以发脾气来表达，会使用语言表达自己的高兴、难过、生气的情绪，也可以及时通过倾诉和说出自己的感受来表达、排解情绪了。

**2. 极端问题行为逐步减少，社交能力得到增强**

×××的极端的问题通过一定时间的融合慢慢地改善了很多。比如：一开始他从来不跟人有眼神接触，也刻意回避跟其他孩子一起玩。但是，现在他能注意跟他说话的人，能对常见人、事、物等 5 个以上的名词有适当的反应，愿意观察同伴行为，也愿意和其他孩子一起玩游戏，社会交往能力得到了有效提升。

**3. 父母教养观念得到转变与提升**

面对孩子的进步和突破，×××的妈妈感到非常开心。她说，非常庆幸自己做出将孩子送入普通幼儿园的决定，伴随着孩子的成长过程，自身的教养观念也得到了很大转变和提升，并且开始以更加平和的心态去接受孩子跟其他孩子的不一样，开始放慢脚步陪伴孩子慢慢进步和成长，更重要的是她开始主动学习有关 ABA 理论，积极配合幼儿园做好各种事情，家园一道共同促进孩子的发展。

**4. 幼儿同伴实现了融合共生的目标，获得心灵的成长和丰富**

幼儿园融合共生教育不仅对自闭症幼儿的发展具有积极意义，对于普通孩子而言也能有效提供一个爱他人的环境，培养普通幼儿爱的能力，让孩子从小体会并接纳个体差异，获得心灵的成长和丰富。在老师的积极引导下，在跟×××相处过程中，班里的孩子对待×××的态度有了非常大的改变，他们开始认识到，×××和自己的不一样，需要对他更加宽容，激发了他们的爱心和责任感，于是，在日常的学习和生活中，他们会主动帮助×××，带领×××做游戏；如果他在游戏中表现不好，他们也非常耐心、认真地帮助他。

## 十九、利用兴趣点与同伴支持促进特殊需要幼儿发展

顺德区大良万圣怡幼儿园　梁美伦

### (一) 个案基本情况

小正今年 7 岁半，是一个轻度自闭症的孩子，他语言表达能力很弱，有时往往开口就是嘟嚷着一连串，旁人根本听不清他在说什么，但他会用简单的句子表达自己的意愿。在班上，他喜欢大声尖叫、奔跑、亲吻同伴的头发、故意抢走同伴的玩具；一旦没有达到目的就会原地大喊大叫、哭闹，甚至用头猛烈地撞击地面。同伴们对他这样的行为感到反感和害怕，不愿意跟他一起玩。

### (二) 个案情况分析

小正的父母比较忙，仍然会抽出时间带他做相应的感统训练，但父母的教养方式截然不同。父亲的教育方式比较直接和粗鲁，有时候小正表达不清楚就开始着急，容易失去耐心，言语和行为粗暴。妈妈比较溺爱，只要小正一出现哭闹的苗头就会手足无措，多数都是有求必应。通过与家长的多次沟通与调整干预策略，我们发现要帮助小正，只要找到他的"突破口"，就可以"对症下药"。

### （三）干预策略及反思

1. 案例一：惊人的记忆力

一天上午，我们正在进行一个《宝贝牙齿旅行记》的绘本故事阅读活动，小正出奇地安静，走近一看，他对绘本里"看牙医"的画面特别感兴趣，用手指着画面里的蛀牙自言自语道："这颗牙齿坏掉了，要去医生那里拔出来。"

直到活动结束，他还在专心地看着那幅画，叫他吃营养餐都不愿意过来。我走过去问他："小正，这颗牙齿怎么了?"小正说："它坏掉了，要去牙医那里拔掉。""那小正的牙齿有没有坏掉?""没有呀!"他边说边张开嘴巴让我看。"哇，你的牙齿真健康，来，我们看看你的牙齿能不能把这块苹果咬碎。""可以的。"他马上把书放好，去洗手，边吃苹果边说："我的牙齿没有坏掉。"吃完水果后，他已经把这件事情忘得一干二净，开始在小朋友之间跑来跑去，我说："小正，不如老师给你一支水彩笔，你把自己的牙齿画出来好不好?"他马上停下来，拿起水彩笔，但是没有马上画，而是眼望前方，在思索着什么，然后过了大概10秒钟，他便开始画了起来。大概5分钟后，我过去看他，发现他竟然把刚才绘本里的画面画出来了!

案例给我的启发：要提高特殊需要幼儿的语言表达能力，可通过抓住他的兴趣点以及转移注意力的方法来实现。

事实也证明了这一点：当小正对一些事物产生兴趣时，教师适时介入，巧妙地做一些引导，他就会一改往日"上蹿下跳、脾气暴躁"等现象，变得特别安静、专注，并能认真倾听老师的指令。也能给我们很多惊喜，而这些惊喜往往就是一个突破口，成为打开特殊需要幼儿心扉之门的一把钥匙，有效纠正他的不当行为，达到较好的干预效果。

2. 案例二：波珠游戏大挑战

有一天，我们跟孩子们玩波珠游戏，尝试让孩子们用一根短的 PCU 管来发射波珠。孩子们与同伴玩得不亦乐乎，非常专注，且观察细致、勇于挑战……看得出，小正也非常感兴趣，跃跃欲试。当他玩了一次想再次玩的时候，同伴们提醒他要排队，这下他不乐意了，一定要马上玩。很快他就和小朋友产生了矛盾，眼看他就要坐在地上哭闹了，我连忙问孩子们："我们来两两合作玩好吗？"孩子们觉得很奇怪，怎样合作玩呢？小正也停止哭闹，好奇地看着我。我拿出更多的管子和波珠，让孩子两两自由组合。正当我在思考让谁和小正一起合作时，班里性格最温顺的顺顺举起手说："老师，我想和小正一起玩。"小正愣了一下，顺顺走到小正身边接着说："可是我们要轮流玩，不能抢。"出乎意料，小正爽快地答应了。

为了让孩子们玩耍的空间更大，我们来到了户外的大草地上玩耍，孩子们的积极性更加高了。顺顺和小正则坐在草地上，顺顺拿着管子发射波珠，小正则帮忙将发射出去的波珠捡回来，顺顺递过管子给小正，轮到小正玩。两人的配合非常好。玩了一会，小正看上去有点坐不住了，站了起来正准备走，顺顺叫了一句："小正，坐下来玩。"这句话就像是有魔力一般，小正停住了自己准备要走的脚步，重新坐了下来，两个人又开始玩了起来……这时候，一些小班的弟弟妹妹路过，他们发出一声声赞叹："好好玩啊！"小正听了，脸上露出了自豪的笑容，嘴巴一直在说："这个波珠是大哥哥玩的，你们还小，不会玩。"就这样一直到户外活动结束，小正一改往日到处游荡，不听指令的现象，专心致志地与顺顺在玩"波珠游戏。"

案例给我的启发：感兴趣的游戏、同伴的力量可以提高特殊需要幼儿的交往能力以及自我约束能力。

"波珠游戏"引起小正的浓厚兴趣，他所表现出来的专注力让我十分惊讶。同时，在这个活动中，他变化很大：从"蛮不讲理""到处游离"的状态到"有商有量"、与同伴"和平相处、合作游戏"，还能认真倾听同伴的指令并做出回应，做到相应的妥协。

在这个案例中，最值得关注的是"同伴的力量"。因为顺顺的出现，让原本情绪准备"一触即发"的小正瞬间平静了下来，顺利加入游戏。为此，我及时在全班孩子面前肯定了有爱、善良的顺顺。表扬了小正的变化，无形中让孩子们获得了与小正友好相处的方式，对小正更加包容和耐心。教师要善于将"一个同伴的力量"聚集到"数个同伴的力量"，给特殊需要幼儿营造包容、有爱的氛围，让他们从自己的"世界"里尝试融入别人的"世界"里，从而互相接纳。

在与家长进行反馈与分享时，一方面要用到事例说话，另一方面，对于特殊需要幼儿的变化，我们给予家长更加具体、专业的指导。在有血有肉的事例面前，家长更加容易被教师对孩子的细微观察感动，被教师的专业素养所影响，从而改变自己的教育观念与策略。只有家园一起携手，才能从根本上帮助特殊需要幼儿取得质的变化。

功夫不负有心人，经过一段时间的有效干预，小正已经慢慢地从自己的"世界"里走了出来，他开始尝试融入集体，能在同伴的帮助下玩耍，慢慢尝试参加集体活动等，在这过程中，老师、家长和孩子们一同成长，受益良多。

## 二十、帮助自闭症儿童做好幼小衔接准备的策略

顺德区容桂东逸湾英伦幼儿园　黄晖如

### （一）个案基本情况

小旭，男，2012 年 2 月出生。4 岁时被诊断为高功能自闭症，并伴随多动行为，随后在一家康复中心训练，2016 年 9 月入读普通幼儿园接受融合教育。

### （二）个案情况分析

在小旭入园前，我们通过与家长和特殊教育机构老师的沟通和了解，以及对小旭为期一个月的观察，发现虽然老师对即将面临的挑战做了好心理准备，对特殊教育专业知识有些了解，但是当真正遇到孩子发生问题时还是手足无措。家长将孩子康复的全部希望放在教师身上，希望教师理解、关注和帮助小旭，忽略了家庭教育更是特殊儿童的重要课堂。

通过观察和谈话，发现他存在以下几个问题：（1）交往技能缺失，常

常是突然出现在小朋友面前并大声呼唤名字，不懂得开启交往。(2)日常交往中常常出现不恰当的行为，如靠近同伴且闻他人头发上的味道，给同伴造成不好的感受。(3)教师和陪读家长在指导小旭交往时多为语言指导，示范交往语言并让小旭练习，相关交往情景的演练有欠缺。(4)交往时出现发脾气、哭闹的情况，需要较长时间才能缓和，影响交往质量。(5)常规意识弱，不听指令，课堂上随意离开座位，上课注意力不集中，需要老师反复提醒，才能回到位置上。

### (三)干预策略

1. 提前做好幼小衔接的各项准备

幼小衔接不仅是幼儿园与小学的关键任务，也是整个家庭、社会的共同事业。自闭症儿童进入小学接受正规的教育，在孩子所经历的这次人生早期重大生活与发展环境改变中，干预方法应从多方面着手，例如，幼儿园应该做出哪些准备，具体涉及的领域如何实施；孩子有哪些准备，需要具备哪些能力；家长需要哪些准备，从哪些方面着手进行教育培养，从而形成教育合力，使自闭症儿童顺利进行幼小衔接。

(1)日常生活管理的准备

①自我服务能力的培养。进入大班后，我们对小旭生活自理能力进行强化训练，让其掌握简单的穿脱衣服、刷牙、洗脸、独立吃饭、如厕等基本生活技能。经常使用的方法有塑造法、任务分析法和连锁法等，联合特殊教育机构老师一起专门为小旭设置个别化教育课程。

②遵守作息制度。把作息时间表做得显眼一点，让小旭能够一眼看到一日的安排。在课室饮水机旁张贴使用步骤，在楼梯口张贴上下楼注意事项，在卫生间的洗手池和便池的位置张贴洗手步骤和注意事项等，帮助小旭实现校园生活自理。另外，家长定期和幼儿园教师或者机构教师交流沟通，在生活中将课堂里所学的知识进行泛化练习，强化其理解能力，从而促进生活自理能力的提高，为进入小学做好准备。

(2)任务意识、规则意识的准备

①学会听指令。幼儿顺利完成小学阶段的过渡，成为合格的小学生，必须服从学校的规则、遵守课堂纪律，比如：理解上、下课铃后要安静坐在自己位置上，听到自己名字起立回答问题等。自闭症儿童往往接受能力差，不能理解规则和指令，需要教师机械强化。教师让小旭坐在第一排中间的位置，这样便于教师给予更多的关注。同时，安排一个"小天使"在他旁边不时地提醒与榜样示范，帮助小旭了解和熟悉班级环境、课堂规则，明确告诉他什么行为是正确的，什么行为是错误的。

②学会守规则。为了帮助小旭明白课堂回答问题要举手，我们请了同伴和小旭一起进行课堂模拟练习。教师事先强调回答老师提问要举手这一课堂规则，然后由同伴扮演优秀榜样，每次回答问题时都积极举手，经教师许可后，才能回答教师问题。教师对同伴的行为给予积极的强化，如奖励小红旗等。学习过程中发现，小旭非常喜欢维护规则，经常指出同伴的错误，因此，教师决定利用坏榜样为例，让小旭指出错误，以达到强化规范行为的目的。同时，鼓励小旭分析奖惩的原因，进一步强化课堂规则，逐渐内化成习惯。

（3）社交技能的准备

幼儿恰当的社交表现能提高他们的生活能力，提升他人对自身社交行为的重视程度和接纳程度。自闭症儿童社会交往障碍主要表现在：不能进行社会交往、不能建立伙伴关系、不能恰当表达自己的感情。所以，建立社交技巧就是建立自闭症儿童的独立能力，帮助他们迈向成长。

①同伴介入促进人际关系的适应。小旭不能建立伙伴关系、不能恰当表达自己的感情，教师便有意识强化他与同伴交往的能力，比如：拍球游戏"认识你我他"，当同伴发指令："拍拍你的球、拍拍我的球、拍拍他的球"等，另一同伴和小旭轮流执行，然后同伴与小旭互换角色，游戏中强调同伴对小旭的表扬与鼓励。又如"捉迷藏游戏"，在游戏初始阶段，同伴主动邀请小旭一起来藏，另一名同伴来找，起初小旭无法理解捉迷藏游戏的含义，经常自己跑出来，告诉同伴自己的位置。同伴多次示范后，小旭逐渐学会游戏规则并享受到游戏的乐趣。教师通过个性化的游戏指导，让

小旭与同伴建立良好的关系。

②调整幼儿园环境以促其心理适应。老师特意安排一位心智相对成熟、善于交往、学习和生活自理能力强的小女孩作为"融合小天使"当小旭的同桌，在幼儿园三年时间不断支持和帮助小旭。教师鼓励"小天使"要适时提醒小旭遵守规则，还指导其怎样与小旭沟通、交往。平日里，教师加大对小旭的关注度，当小旭出现问题行为苗头时，适时地给予帮助。课堂上针对小旭的能力水平提问，增加小旭的课堂参与次数。教师特意设计一些活动，让小旭带领同伴游戏，提高同伴们对小旭的接纳度。

(4)情绪管理的准备

自闭症儿童情绪理解往往存在明显的缺陷，不能恰当地回应他人积极或者消极的情绪，在与他人的交往过程中，缺乏共情，因此很难建立良好的社会交往关系。

①建立建构性情绪表达。小旭总是不分场合干扰别人并发脾气等。教师在班级中营造宽松的氛围，接纳自闭症幼儿特有的行为表现形式，利用角色游戏，科学引导、有效干预，帮助小旭在游戏中适应这些变化，从而提升其社交水平。在区角活动时，老师组织孩子们一起玩过家家游戏，讨论角色的分配，老师当爸爸或妈妈，其他小伙伴当哥哥姐姐，而小旭则当家里的小弟弟。角色游戏中的每一个情境、每一个对话都有利于自闭症儿童习得社交经验，因此需要教师科学引导自闭症儿童恰当表达自己的想法和情绪。如：小旭在游戏中只喜欢切菜，一旦有其他孩子想玩，他就哇哇大哭。教师一方面安抚其他孩子，告诉他们"小旭是小弟弟，大家要爱护他"，另一方面让小旭哭一会，在他不再发泄情绪的时候讲道理说教，给情绪一个缓冲期。在这个缓冲期里小旭也尝试慢慢自己调节情绪，此时老师再适当引导。孩子在这种心理斗争中可以锻炼控制调整情绪。

②及时强化调节情绪。教师也采用"代币换物"的手段，利用代币制结合负强化进行干预，与小旭约定好：只要每天不出现乱发脾气和干扰别人的行为就可以获得一枚代币，反之则倒扣一枚。小旭集齐3枚币即可获得一个强化物，强化物可以根据幼儿的阶段喜好变换，并非固定不变。

（5）环境准备

组织自闭症儿童提前走入小学参观小学，与小学生一起参加一些活动，使他们认识并逐步熟悉小学的环境，了解学校的一些基本活动，激发其喜欢上小学的愿望。另外，幼儿园可以组织毕业离园系列教育活动，如幼儿毕业告别会、毕业典礼等，让孩子们逐步树立学好本领、争做一名合格小学生的强烈愿望。

2. 多方合作，减缓自闭症儿童的幼小衔接坡度

从"幼小衔接"看来，儿童的教育环境变迁是具有连续性的，多方合作有利于控制环境变迁的程度。保持环境变迁的连续性，有利于缓解自闭症儿童的焦虑与不安。因此，小旭在进入小学前，幼儿园老师、特教机构老师加大了合作与沟通的力度，共同制定了衔接教育的目标并按要求落实执行。

主要采用以下策略：①幼儿老师把孩子的基本情况和能力通过书信方式转达给小学老师，让小学老师更了解孩子的情况；②幼儿园老师、家长和机构老师提前了解小学的要求；③据小旭情况制定转衔教育目标和设计教学方案（个别化教育）；④在课程活动中教师做好个案记录；⑤鼓励父母参与计划的实施；⑥幼儿老师、家长及机构老师动态观察评估，实时调整干预方案；⑦追踪孩子在小学中又出现哪些新问题行为并给予指导。

（四）效果及反思

小旭经过在幼儿园三年的融合、干预，各方面能力有所提高，基本能适应小学生活。小旭入小学半年后我们进行随访，家长反馈如下：

1. 可以独自上小学，无需陪读；

2. 上课期间老师反映可以安坐，但是容易开小差、走神，听觉记忆长久，能理解课堂教学内容；

3. 与同学有一定交流，且渴望朋友，但仍存在部分不恰当行为；

4. 发生过 1—2 次被同学欺负的现象；

5. 上学期期末考试成绩语文 88 分，数学 67 分；

6. 作业主要靠回家辅导；

7. 新冠病毒疫情期间的网课由妈妈全程辅导，成绩较在校学习要好，考评分为 95—99 分，孩子在认识上能够理解课本教学目标要求。

可见，经过前期多方合作的幼小衔接准备，小旭基本能顺利地适应小学生活。所以，针对每一名自闭症儿童，甚至每一名特殊需要儿童，都应该根据他的身心发展特点和个人特质，因材施教，为其做好独一无二的幼小衔接前期准备。

## 二十一、自闭症幼儿铭铭的行为案例分析

顺德区机关幼儿园 叶珊珊

### （一）个案基本情况

铭铭，男，5 岁，现就读中班，2 岁 1 个月时被诊断为自闭症。他对声音的反应极差，语言表达不清楚，理解能力弱，主动性差，易冲动，易与其他小朋友发生争执，喜欢独处。

### （二）个案情况分析

1. 认知能力方面：能够进行简单的颜色配对和形状配对，认识常见的颜色、形状，但专注力弱。

2. 大肌肉运动方面：能够完成简单的动作，比如双脚离地跳、双脚交替上下楼梯、走平衡木。快速爬行、连续拍球、单脚站立和绕障碍物跑等有难度的动作完成比较吃力。

3. 精细动作方面：能够用胶泥搓简单的圆形和长条形状，拼拆简单的乐高块等，涂颜色容易涂出线外，不会串珠等精细动作。

4. 语言理解和表达方面：理解能力较差，只能听懂简单的指令，分不清"你""我""他"这些人称代词。能用简短的词语以及配合手势与别人交流。能讲简单的句子，如"早上好""铭铭要玩""铭铭肚子饿了"等。

5. 生活自理方面：可以独立如厕，但有时小便会弄湿裤子。能自己喝水、穿脱鞋子，但穿衣、整理衣物上常需他人提醒或协助。

6. 人际交往方面：铭铭喜欢自己一个人玩，缺乏与小朋友互动交往的意愿和技巧，对于小朋友的主动示好会逃避，对于自己喜欢的小朋友会直接冲上去拖拉、强拥、亲吻等，经常会跟其他小朋友发生争执。

7. 自我情绪方面：经常沉默寡言，也容易冲动，遇到困难或者不愿意做的事情会以哭的形式来表达。

(三)干预策略

1. 教学调整

(1)针对铭铭的情况，经过三位保教人员与家长的沟通，家长决定采取半天在园学习，半天在外面专业机构训练的融合教育方式，以期融合效果会更加明显。

(2)有针对性地开展添加式教学，尽量让铭铭回答一些符合其认知水平的问题，并多鼓励表扬，使他能获得成就感和感受到被关注。活动时，我们把铭铭安置在中心位置，这样能让铭铭感受到来自周围小伙伴的热情，从而更好地融入其中。

(3)老师单独辅导。老师专门对铭铭开展有针对性的教育活动，进行各项体能或者语言方面的练习。

2. 班级环境调整

(1)集体示范策略。铭铭容易冲动，常与其他小朋友发生争执。我们将改善铭铭的人际交往放在首位。老师以身作则，起带头作用。在孩子面前示范如何主动去帮助别人、如何与小伙伴进行交流，还向孩子们传达"铭铭很想跟大家做朋友，可因为他不懂如何交朋友，需要大家一起来帮助他"这一观念。另外，及时在班上表扬乐于助人的小伙伴，并给予小红花奖励。这样自然而然，孩子们都会非常乐意去帮助自己身边的小伙伴，形成一个友好和谐的大家庭。

(2)小天使策略。我们先从班上选出几位特别会关心他人的孩子，由这几位"爱心小天使"带着铭铭去做事情，完成老师布置的任务或游戏。比如进餐，小天使会示范流程或协助铭铭取餐，主动邀请铭铭参加游戏，铭铭与其他孩子争执时，"小天使"会主动调解或告诉教师等。

起初铭铭并不在意这些安排，甚至对出现在他身边的小朋友抱有一丝"敌意"。慢慢地，在"爱心小天使"们的帮助和感染下，铭铭的性格温顺了很多，不再无缘无故拉扯小朋友和发脾气，逐渐有了协商和谦让的意识，开始主动接触"爱心小天使"，学习融入大集体生活。这个策略不仅给铭铭送去了关心与帮助，而且也教会班里的孩子们善良与包容。

3. 专项能力辅导

(1)语言表达和理解能力训练。首先，通过有趣且有重复语汇的情景故事、儿歌游戏和角色扮演等，让铭铭自由选择喜欢的角色并学习简单的短句。这样一方面可以提起他的学习兴趣，另一方面通过孩子们之间的对话，增加铭铭和其他孩子的交流能力。其次，利用生活上的教育契机，和铭铭交流。如提醒铭铭主动说"老师，早上好"、"老师，再见"；教会他把"铭铭要××"改说成"我要××"，把"小朋友不和铭铭玩"改说成"他不和我玩"等，在潜移默化中提升他的语言能力。

(2)图片示范与重复练习。为了让铭铭能够听懂复杂的指令，从而更好地融入集体生活，老师分步骤、重复指导他完成一日活动流程的任务，例如：户外活动前指导他先搬椅子到睡室，然后拿书包，再拿衣服和折叠裤子，最后排队。同时通过图片和视频等手段指导家长配合加强训练，经过不断的练习与巩固，铭铭逐渐能独立完成各项事情，而且动作也越来越熟练。

(3)提升运动能力策略。老师利用铭铭喜欢运动的特点，创设情境对其进行各项体能训练。例如：为了让铭铭掌握双脚跳、跑步、跨、绕等技能，老师先让动作发展好的小朋友带着他学习小兔跳、小狗跑，再延伸到跨、绕障碍物等复杂动作。另外，通过拍视频的方式，让家长在家带着铭铭反复练习。铭铭取得一点进步，家长和教师都会及时表扬，奖励他最喜欢的东西。

（四）干预效果

经过一个学期在园的干预和校外专业机构的训练，铭铭能较主动和老师、同伴打招呼，老师和小朋友主动伸出手向他问好时，他也能及时回应。铭铭已经较好地融入班集体，会和小朋友一起做游戏，很少与其他小朋友发生争执，交到了几个好朋友，会与小朋友分享玩具。与此同时，铭铭也会用正确的方式表达自己的想法，遇到困难时他会主动寻求成人或同伴帮助。运动能力有了很大进步，虽然有些动作不太标准，他愿意去尝试每项运动，体验到快乐、自信。

（五）反思

1. 和谐的家园关系以及家长的积极参与配合是融合教育顺利开展的保证。

学期刚开始时，针对铭铭的情况，我们班三位老师多次把铭铭父母邀请到学校，和铭铭父母展开深入交流。刚开始，铭铭父母很反感老师每天反映孩子的情况，对孩子在园的状态非常无奈和表示质疑。但教师仍锲而不舍地与家长沟通，并通过拍铭铭活动录像及邀请家长来园观察他的活动等方式让家长深入了解孩子情况，还建议家长多陪伴孩子，有什么问题及时和老师沟通，家长才慢慢对铭铭的行为问题引起重视。

2. 有针对性的融合教育更加有利于自闭症幼儿的成长。

铭铭性格孤僻，不愿与人相处。我们建议家长对他"投其所好"，用他喜欢的东西来和孩子交流。铭铭刚来园时比较难适应幼儿园生活，我们建议家长来园陪读，当经过一段时间干预后，我们会视铭铭情况，逐步减少家长陪读的时间，到最后撤离。刚开始铭铭会下意识地找家长，每当这个时候，老师和"爱心小天使"就会和铭铭一起说话，一起玩耍。久而久之，他可以不再依赖家长，可以独立地在幼儿园学习生活，家长也可以安心工作。

3. 专业机构的配合有利于自闭症幼儿的成长。

术业有专攻，特殊教育机构的教师相比普通的幼儿园老师，他们的训练和教育更加具有针对性，尤其是一对一的训练更加有效。此外，幼儿园教师也应该多与家长、特教机构教师多沟通特殊儿童的学习生活情况。通过这样的多方合作，铭铭每天都有新的进步。家长说："铭铭从之前的'小刺猬'变成了现在温顺的'小绵羊'"。

良好的家园合作是提升融合教育质量，促进自闭症幼儿发展的重要保障。爱是自闭症幼儿最好的"良药"。每个自闭症幼儿都是一个小天使，我相信，在老师、家长和专业机构的共同努力下，自闭症幼儿能够早日走出自己的小世界，去迎接更美好的明天！

## 二十二、帮助自闭症儿童发展同伴关系的个案分析

顺德区机关幼儿园　吴燕萍

### (一)个案基本情况

骞骞，男，5 岁，就读幼儿园中班，2 岁半确诊为轻度自闭症。出生后由父母、爷爷奶奶、保姆照顾，家庭氛围和睦。骞骞的自理能力与普通儿童没有太大差别，但语言表达能力较弱，既不能很好地"读懂"同伴的想法，又不善于表达自己的想法和情感。交往被动，与人没有眼神接触，对身边发生的事情兴趣不足。此外，骞骞不会恰当地运用面部表情、肢体动作、语言表达等与同伴进行互动，偶尔还会出现"推人""大喊大叫"等行为。

### (二)个案交往行为案例

1. 案例 1：户外活动后，孩子们回到班上准备换衣服。骞骞穿的是一件较贴身的卫衣，弹性不大，因此尝试了很久都没能成功脱下来。这会儿，轩轩正好换好衣服回到座位上(轩轩坐在骞骞旁边)，骞骞一脸焦急地看着轩轩，还一边用手拉扯着自己的衣服。轩轩想了想，问骞骞："要帮

你脱吗?"骞骞没有说话。轩轩犹豫了一会,便动手帮着骞骞脱下了卫衣。骞骞换好衣服后想把装脏衣物的袋子放进书包,可是书包里东西太多了,袋子怎么都塞不进去。于是,骞骞又把手中的袋子和书包举高给轩轩看,轩轩看到后就接了过来,帮助他把袋子成功放进书包里。骞骞见书包拉好了,没有说话,拿起书包转身离开了。

2. 案例2:骞骞最近爱上了表演区的活动,今天的自由区域活动时间,骞骞又来到了表演区。只见他穿上警察的服装,手上还拿着一支鼓槌当做警棍。旁边的希希邀请小伙伴一起游戏:"我们一起来唱歌、打鼓好吗?""好呀!"大家都纷纷响应。骞骞却对同伴的邀请不在意,一个人在走廊里走来走去,还伸手推了一下在玩游戏的小伙伴。大家不满地说:"不能推人!"但是,骞骞不以为然,转身走开了。又过了一会儿,骞骞突然拿着警棍对着区域里的小朋友们大喊:"我是警察,你们是坏人。"边说还边走上前抓住小伙伴,吓得大家纷纷跑开并告诉老师。

## (三)个案情况分析

### 1. 缺乏社会交往能力

骞骞的动作技能发展跟同龄人相差无几,但缺乏社会交往能力,语言发展迟缓,理解能力较差,导致其在集体交往中对同伴表现出漠不关心或置之不理的态度,不能正常地与同伴进行交往。同伴主动与其交往时,他常常不能准确理解同伴的意思,无法做出正确、积极地回应。而骞骞长期"漠不关心、置之不理"的态度,令小伙伴没法产生与其交往的兴趣,这直接导致他与同伴的关系难以得到进一步发展。

### 2. 家庭环境的影响

骞骞跟父母、祖辈家长、保姆住在一起,在家依赖祖辈家长和保姆的照顾,动手能力差。骞骞需要帮忙时常常用动作表示,祖辈家长和保姆看到后就会直接帮忙,并没有要求他用语言表达自己的想法。久而久之,骞骞就养成了"不开口"的肢体式求助。

## （四）班级融合实践策略

结合幼儿同伴交往的理论指导，以及对骞骞与同伴关系的持续观察和研究，为促进其社会性发展，我班从以下几方面为切入点，开展融合教育：

1. 用真诚和爱，建立相互的信任

作为融合班级教师，我们要树立正确的融合教育理念，坚定对融合教育的信心，从心里接纳自闭症儿童。从自身做起，树立良好的榜样，给予自闭症儿童更多的耐心和爱心，尊重、平等地对待他们。

骞骞刚到班上时，由于不适应班上环境，入园时由保姆直接送到教室。分离时经常拉着保姆的衣服不放，对老师的问好视而不见，甚至躲起来不让老师发现。一开始，我们几位老师会站在门口，用亲切的语言与其打招呼，但是效果不太理想。通过一段时间的观察，我们发现骞骞对玩具车非常感兴趣，和骞骞商量后，我们同意他每天都可以带一辆自己喜欢的车上学。当他上学时，我们总会笑着问："骞骞，你今天带了什么玩具车回来呀？"就这样，骞骞慢慢地解除了对我们的排斥心理。其次，我们经常会用肢体语言，如"摸摸头""拍拍肩""拥抱他"等，让骞骞接收到"老师在关注你"的信息，这也有效地拉近了我们之间的距离，让他愿意与我们亲近。

2. 以多形式的活动加强普通儿童与自闭症儿童间的互动，促其共同成长。

在融合班级里，普通儿童起着十分重要的作用。他们既是自闭症儿童的协助者，又是自闭症儿童模仿的对象，更是其社会交往行为的引发者和反馈者。因此，我有目的地开展丰富多彩的活动，以多种形式创设普儿与特儿社交的机会。鼓励和指导普儿帮助特儿，加强他们之间的互动以共同成长。比如，开展玩具分享活动，让自闭症儿童在游戏中有机会认识和熟悉自己身边更多的同伴；组织"安吉游戏""户外野炊""拼砌乐高"等小组合作游戏，增加自闭症儿童与同伴间的互动；设立"爱心小天使""能干小老师"等奖项,激励普儿与特儿的互动交流;对能主动帮助自闭症儿童的孩子及时给予肯定与表扬。

3. 创设有情境的角色游戏,帮助特儿学会遵守规则,促其社会交往。

游戏是儿童最喜欢的活动,其中角色游戏又最能促进儿童的合作性和社会交往。因为骞骞最喜欢"警察",我便为其创设情境,让他在班上也扮演一名"小警察",帮助同伴一起完成各种小任务。为了让"警察游戏"能顺利开展,我鼓励其他孩子主动与骞骞沟通,共同完成任务。我还鼓励骞骞去其他区域"巡逻",如果发现其他孩子发生冲突,则引导他想办法帮助同伴解决矛盾。如有人争抢玩具时,提醒他们"玩具要一起分享哦!"等。通过这样的情景演练,骞骞与人沟通的意愿变得强烈,说出来的话语也符合当下的情况,"乱推人、抓人"的情况也没有再出现。

对于自闭症的儿童来说,从其兴趣出发,通过游戏引起他的无意注意,后将无意注意转化为有意注意,在此过程中他能够真正成为游戏的主人,也更能遵守与同伴游戏的规则。

4. 以表扬和鼓励的方式,增强特儿自信心,体验成功的快乐。

《幼儿园教育指导纲要》中提出:"幼儿园应对幼儿多使用鼓励的语言,让他们分享自己成功的喜悦。"在幼儿园的一日生活中,我们会特别注意骞骞的行为表现,只要他出现正面、积极的行为,我们都会及时给予口头赞扬:"你的小手好能干"、"你真有礼貌",奖励"贴纸"时还给予优先选择的机会等。并且鼓励其他幼儿向他学习,让他体验成功,增强自信心,充分调动积极性,促使其有更大的进步。

5. 加强家园融合教育,齐心协力促进特儿发展。

家园合作是实施融合教育的关键因素之一。针对一些可预见或已出现的行为问题及障碍,家园联手进行有效干预,肯定会取得事半功倍的效果。在对骞骞的教育干预中,其出现行为问题及交往障碍时,我们会及时与家长沟通,共同商讨教育策略,确保教育方法的一致性。比如:当骞骞需要帮忙时,他经常只用动作来表示,这时老师或家长就会引导他用语言表达:"你想让我帮你做什么呢?请你用能干的小嘴巴告诉我。"帮助他学会表达自己的意愿，促进其语言发展。此外，我们还经常通过各种手段与家长沟通，了解骞骞在家的情况及表现。对家长反馈的问题一起商讨相应的对策，及时帮助骞骞解决问题，促进其发展。

（五）实施效果

一年的融合教育，对骞骞个体发展的作用非常积极且明显。骞骞接受融合教育后，其各方面均有了明显的进步。早上回园，他能对老师说："早上好!"愿意开口表达自己的想法；专注力有了明显的提高；学会了遵守班级规则，渐渐适应了幼儿园的学习与生活；开始喜欢参加集体活动，还交到了几个好朋友。虽然他在社会交往的主动性上还有所欠缺，但在老师的引导下能够和同伴一起合作完成简单的事情。

（六）反思

1. 构建融合教育的环境，消除偏见尤为重要。

首先，我们要指引普通儿童为特殊需要儿童提供接纳和支持的榜样示范，形成良好的融合班级氛围。其次，教师要创设一个宽松自在、平等友好的交往环境，鼓励同伴间进行互动。再次，社会上仍存在着对特殊需要儿童的误解，"刻板的动作""无法眼神交流""攻击性行为"等都变成自闭症儿童的"标签"。因此，作为实施融合教育的幼儿园应创设各种活动，如通过"世界自闭症关爱日""家长学校培训"等来帮助普通儿童和家长了解自闭症儿童的行为特点和特殊需要，正确认识、接纳并帮助自闭症儿童，以促进更好地融合。

2. 要讲究教育策略，帮助孩子更好地发展。

由于自闭症儿童的认知发展、语言表达和行为表现与普通儿童存在差异，因此我们要根据自闭症儿童的生理特点及心理特点，制定适宜的发展目标，开展合适的教育教学活动，实施个别化教育。首先，在日常的学习与生活中不断强化其积极正向的行为，帮助幼儿形成良好的习惯。其次，教学组织形式、方式方法要灵活多样。除了集体教学活动，还要有意地开展个别化活动、分组活动等，提高幼儿的参与度。再者，在日常的教育教学中，要运用游戏化、生活化、创设情景等多种方法，吸引自闭症孩子的注意，让孩子可以更好地融入课堂中。

3. 幼儿园、社会、家庭密切联系，推进融合教育的实施。

融合教育不单单是幼儿园的事情，社会的认可与家长的配合同样占据着十分重要的地位。自闭症儿童的教育要保持一致性，实现家校统一融合教育需要家长理念和行动上的支持。我们要鼓励家长参与到教学中来，向家长介绍一些科学的融合教育方法，并且指导家长及时反馈幼儿在家的情况，保证融合教育效果。

### (七) 总结

自闭症儿童的社会交往，不是一天两天就可以改变，它是一项长期而艰巨的工程。对于自闭症儿童而言，良好的同伴关系不仅有利于稳定其情绪和行为，使其获得安全感及归属感，也有利于其社会化发展，使其更好地适应普通幼儿园的教育环境。在当今的融合教育背景下，作为融合班级教师，我们要持续引导自闭症儿童与同伴实施有效的互动交往，创造有利于同伴交往的机会，促进自闭症幼儿社会交往能力的发展，真正实现自闭症儿童的融合教育。

## 二十三、幼儿班级融合实践个案探究

顺德区大良万圣怡幼儿园　谭思禹

### (一) 个案基本情况

轩轩，男，5 岁，已确诊为自闭症，有自残行为；目前就读于幼儿园大班，具体基本情况如下：

1. 家庭成员概况

爸爸——个体户老板。脾气暴躁，经常喝酒，晚上很晚才回家，与孩子沟通机会较少。

妈妈——个体户财务。应酬多、晚上经常喝酒，偶尔与孩子沟通。

哥哥——小学生。偶尔陪伴弟弟玩耍，但由于寄宿，所以星期一至五不在家。

外公——农民。轩轩基本由外公带大，是外公的心肝宝贝，含在嘴里怕化了，捧在手上怕掉了，什么事都是包办代替。

2. 个案成长史

轩轩出生后基本由农村过来的外公带大，先后去过几家幼儿园。他各方面能力发展缓慢，尤其是语言方面，5 岁才慢慢开口说话，学叫妈、爸，只会说单字，两个字以上的词语都不会说。轩轩生活自理能力很弱，基本都是由外公或父母包办。在家的时候最喜欢看动物类动画片，如：《狮子王》《猫和老鼠》等，且百看不厌。除此之外就喜欢一个人到处跑。

父母对该孩子的教育状况是：母亲溺爱，父亲暴力。轩轩 2015 年入读万圣怡幼儿园。入园后，通过观察，老师则发现该幼儿性格较孤僻，对教师的教育极为排斥，不会听指令。

## (二) 幼儿在园行为表现

### 1. 入园、晨间活动环节

如果爸爸把他送到教室门口，他则非常冷漠地把书包放好，既不和老师说早上好，也不和爸爸说再见。老师主动与他打招呼，他会扭着头不说话，躲在一旁。如果是妈妈送来幼儿园，他就会让妈妈抱到教室门口，书包也要妈妈帮他放，妈妈离开时，他则大哭大闹，非常依赖妈妈。

### 2. 过渡环节

轩轩不会主动喝水，也不会主动如厕。老师尝试和他沟通，他不仅不理睬，甚至还会挣扎。

### 3. 户外活动环节

户外活动时，轩轩不会和老师及班里的小朋友一起玩，总是喜欢一个人。如果老师靠近他，他就会马上跑开，所以老师只能远远地关注他的安全。

4. 进餐环节

进餐时，轩轩不会认真安静地吃饭，他边吃边玩，如果遇到了自己不喜欢的菜，就会直接给身边的小朋友。

5. 午睡环节

中午午睡时，轩轩不会主动脱鞋袜和衣服，躺在床上后还会动来动去，影响身边的小朋友休息。当老师要帮助他脱鞋袜和衣服时，他就会大哭大闹，甚至做出过激的反应。

6. 集体教学活动环节

在教学活动中，轩轩不会安安静静地坐在椅子上跟着老师一起玩游戏，而是在教室里走来走去、翻乱教室里的学具，影响其他上课的小朋友。

7. 自主游戏活动环节

轩轩不愿参与各种游戏活动，喜欢一个人在课堂里四处走动。小朋友想要靠近他时，他会对着他们张牙舞爪；老师靠近他时，他就会扭头走开。

8. 其他特殊行为

(1)轩轩不喜欢老师叫他的名字，也不喜欢受到明显的关注。如果他发现被关注，就会跑出教室，老师越想跟上他，他就跑得越快。

(2)轩轩大便后不会自己擦屁股，当老师教他擦屁股时，他会把用过的纸巾往额头、身上擦。

(3)轩轩做错事情时，如果受到批评，他就会出现不当行为。例如：躺地上、抱住自己的头等。

(三)发展情况分析

1. 智力发育迟缓

轩轩体能发育正常，行动敏捷，站、走、爬、跑等动作的协调性很好。但是，他的语言能力发展比同龄的孩子要慢。轩轩刚进来时还不会使用完整的词组和语句，参与班级活动存在困难，记忆力相比其他小朋友要弱，智力发育迟缓。

2. 缺乏良好的家庭教育

(1)缺少亲情关爱

父母的陪伴很重要，父爱、母爱是儿童心理健康最重要的营养素。按照埃里克森的观点，0—1岁期间没有得到足够的生活照料和情感的抚慰，会使个体缺少一种安全感和信任感。轩轩拒绝老师和同伴靠近的一系列抗拒行为，可能是因为他缺乏父母的陪伴和情感的安慰所致，虽然有外公的陪伴和照顾，但终究不能代替父母的爱，从而造成了他情感上缺乏安全感，产生了对外界的抗拒。

(2)过度包办代替

1—3岁是发展幼儿自主性的关键期，轩轩这个阶段一直是在老人的过度保护下成长的。外公非常疼爱轩轩，每件事都不需要轩轩自己动手，轩轩一直过着饭来张口、衣来伸手的生活。正因如此，导致他五岁都不会自己擦屁股，错过了自主性发展的关键期，一旦错过就很难弥补。

(3)缺乏社会交往经验

入园前，轩轩一直在家里由外公一人照顾。外公很少带他去户外社区玩耍，他的世界里面只有自己的家，缺乏与同龄小朋友一起玩耍交往的经验和意愿。同伴间的交往是成人无法替代的，同时也是促进其社会性发展和语言表达能力发展的最好途径。然而，由于轩轩外公的过度保护，让他失去了这个发展社会交往能力的机会，导致其社会性和语言表达能力发展滞后。

(4)教育方式简单粗暴

轩轩的爸爸是一位个体户老板，他对孩子的教育方式比较粗暴。如果轩轩在家做错了事，或老师向他反映轩轩在幼儿园不好的表现时，他就会很生气地直接责骂甚至体罚孩子。而轩轩则会拿头撞墙以发泄情绪，爸爸看他的做法更生气，干脆直接拉着轩轩的头部更用力地撞向墙面。轩轩在家最怕的是爸爸，在幼儿园做错事情时，最害怕老师告诉爸爸，所以当轩轩意识到自己做错事情的时候往往会出现一些怪异的行为，这恰恰是他内心恐惧的一种行为表现。

（四）干预策略

《纲要》中指出："幼儿园的教育是为所有在园幼儿的健康成长服务的，要为每一个儿童，包括有特殊需要的儿童提供积极的支持和帮助。"幼儿园教育应尊重幼儿的人格和权利，尊重幼儿身心发展的规律和学习特点，以游戏为基本活动，保教并重，关注个体差异，促进每个幼儿富有个性的发展。我们班上几位老师一起认真讨论分析了他的行为和问题，把对轩轩的教育干预工作列入班务工作计划的重点，为轩轩建立了《特殊幼儿辅导档案》，认真填写《教师观察幼儿记录》，根据轩轩的发展情况，及时研究、调整干预策略。在争取到家长的积极配合后，我们对他进行了以下几方面的干预：

1. 争取家园共同合作推进融合教育

（1）老师及时进行家访，了解轩轩在家的情况，与家长进行沟通，并给出合理建议：在家让轩轩自己的事情自己做，也可以给他一些力所能及的小劳动，培养他生活习惯和基本的生活自理能力。

（2）请家长多带轩轩接触外面的世界，这样不仅可使轩轩心情愉快，开阔视野，增长见识，还能尝试和不同的人交流，促进他社会性语言的发展。

（3）耐心与家长沟通，争取家长的理解与配合。我们刚开始和轩轩家长沟通时，家长并不太接受，有时会以各种借口拒绝沟通，甚至会觉得为什么我家的小孩有这么多问题。我们寻求幼儿园园长的帮助，一起找家长谈话，耐心地向家长解释和沟通，指出家园合作的重要性。通过沟通，家长了解到只有老师了解孩子在家中的情况，才能采取相应的教育措施解决问题后，他们才同意配合。我们不断地为家长提供了许多教育建议，家长看到孩子在不断进步，态度终于有所改观，愿意平静下来跟老师交谈，并配合实施教育干预策略。

### 2. 创设安全的心理环境

《纲要》要求："建立良好的师生、同伴关系，让幼儿在集体生活中感到心情愉快，形成安全感、信赖感。"在园里，老师始终以关怀、接纳、尊重的态度和轩轩交往，给他情感上的抚慰，让他感受格外的温暖，逐渐形成安全、温馨的心理环境。

(1)主动关心幼儿。老师主动接近轩轩，和他说话，即使他不予理睬。如不愿洗手、擦嘴时，我们就边帮他洗，边鼓励他自己试试；他不肯上厕所，常常把大便拉在裤子上时，我们在给他换裤子时会不厌其烦地跟他讲大便要解到厕所去，解在身上太脏太臭。他开始拒绝我们脱他的裤子，后来慢慢顺从了；他饭量大，吃一份饭菜不够饱，偷偷地去舔别的小朋友碟子里的饭菜。我们每一次进餐都会问他是否吃饱了，耐心地教他添饭。经过一段时间的锻炼，他现在已经能够勇敢地自己出来添饭了。每一个生活小环节，我们都非常注意他的行为表现，有意识地在集体面前表扬他，给他格外的帮助和关怀，同时也鼓励其他幼儿多帮助和关心他。

(2)营造友爱的班级文化。我们为轩轩特意设计了"亲爱的好伙伴"主题教育活动，教育全班小朋友学习与同伴交往、与同伴友好相处、关怀同伴。通过各种活动让轩轩知道幼儿园的人、事、物，熟悉幼儿园的环境。以游戏和活动逐渐帮助轩轩适应新的集体生活，了解一日生活的基本规则。尝试与同伴互动，探索自我和他人的关系，营造相亲相爱的集体氛围。

(3)建立亲密的师幼关系。比如：在区域活动时我会主动地与他聊天，给他讲图书中的故事；在自由活动中，我们也积极鼓励他参与到其他小朋友当中。我们会陪着他一起进入游戏中，开始他不愿意参加，经过不断地尝试努力，渐渐地他愿意跟着我们一起玩建构游戏、玩集体游戏等；户外活动时，他会慢慢地拉着我们手一起走；每次的入园和离园，我们都会主动同他问好和道别；我们会蹲下来给他拥抱，积极鼓励他参与班级集体游戏。有一次，我们带领全班小朋友到操场排练周末小舞台的节目，他不愿参加，想跑到大型滑梯去玩。得到我们许可后，他对老师说："你们走要叫上我。"（意思是我们回教室别忘了叫上他）看来，他已经有了初步的集体生活意识，对老师的戒备心理已经在慢慢消除。

3. 增进师幼互动

在园时间，我们尽量给予他较多的关注，经常蹲下来和他面对面地交流，摸摸他的头，对他微笑，让他感受到老师的关爱，感受到他是受欢迎的，增强他的自信心。在进餐时，我们会轮流来陪他，哄他吃饭；在午睡时，他不肯好好睡觉，保育老师会每天陪在他身边哄他睡觉，给予他充分的陪伴，给他足够的安全感。

4. 抓住机会促进其语言发展

在日常生活中，我们会抓住每个和他交流的机会，不管他是否给予回应，我们都会想尽办法和他沟通。我对他的语言表达能力比较看重，经常鼓励他把自己的想法说出来，或者跟我们老师说一些简单的词语和句子。此外，每天下午我们会找时间给他讲半个小时的故事。在上课的时候，我们也会提一些特别简单的问题请他回答，这样可以让他集中注意力听课，还可以让他思考问题，不会让他有玩小动作的时间。一个学期过去了，轩轩能说更多的话了，虽然只是一些简单的词句，这也可以证明只要家长和老师耐心地引导，特殊需要孩子的语言表达能力是可以得到发展的。

（五）效果及反思

通过一段时间的干预与指导，轩轩对老师和小伙伴没有那么抗拒了，他也慢慢地愿意遵守班级的常规，参加一些集体活动，不在活动时走来走去。以前做错事容易出现过激行为，现在则学会和老师沟通，不乱发脾气了。这一举动充分地证明了他对老师的信任。

1. 要重视家庭教育

幼儿期是一个人性格形成的最主要阶段，父母不但要满足孩子物质上的需求，更要注意孩子的精神需要。父爱、母爱是任何东西都无法取代的，幼儿最需要的是成人情感上的抚慰。案例中的轩轩则恰恰丧失了最初的情感教育，错失了最关键的自主性发展时期，使他逐渐形成了抗拒、不信任的心理。一个完整、健康的家庭教育环境对孩子的成长是何等的重要！

（1）家长尽可能亲自抚养和教育孩子

一方面孩子有与父母在一起的强烈的心理需要，这一需要得不到满足就容易产生感情饥饿和被遗弃等不健康的心理。另一方面，若把孩子交给祖辈抚养，孩子很容易受到溺爱，加之他们的文化水平和观念的差距，往往施以不正确的教育方式。由于生怕教育不好孩子不好交代，这种强烈的责任意识和巨大的压力感往往使他们产生紧张和焦虑，因而对孩子的言行过分敏感，这些都是不利因素。

（2）创设良好的家庭情感环境

家庭是孩子最早接触的环境，父母对待孩子的正确态度、和谐的家庭气氛、严而适当的教育方式及父母的榜样示范作用是孩子形成健康个性和行为的必要条件。家庭成员之间的关系应当和睦、平等、互相关心和互相爱护。孩子在良好的情感环境中生活、成长，他们会感到自由、舒畅、温暖、幸福，从而形成健康的人格。家长还应做个有心人，多注意观察孩子的日常行为，注意他们的心理变化，特别是在环境发生变化时，如家庭搬迁、入学等，以便一些不良情绪在开始产生时就能得到有效的控制。

（3）转移教育重心，改进教育方式

现在有不少的家庭教育把重点放在教孩子认字、写字、画画、弹琴上，把家庭教育等同于智力教育和文化知识的教育，而忽视健康人格的培养。我们认为，家长应在开发孩子智力的同时，更多地去关注孩子的心理健康，把注意重心转移到孩子的心理健康教育和人格素质的培养上，及时地发现和校正孩子的胆怯、消沉、偏见、妒忌、撒谎、孤独、恐惧等不良的心理疾病，及早防止行为问题的发生。

2. 重视幼儿自信心的培养

教师和家长要使孩子相信自己有优点和长处，从而树立"我能行"、"我很可爱"的观念，让孩子充满信心地面对自己。所以，我们做教师和家长的，必须注意自己对孩子的评价和态度，善于赏识，多肯定和鼓励。老师对孩子的教育，首先是应该仔细观察他的闪光点，鼓励他，让他在集体中找到自信，让他慢慢融入集体之中，感受到老师，集体的爱。对孩子调皮捣乱的批评行为也要讲究方法，不能打击孩子自尊心，要采用委婉的方式，让他明白事理；使他明白错在哪里、今后应该怎样做，不能否定他的全部，不要让他感受到你是在严厉地批评他。这样的教育是慢慢来的，老师不要急于求成，要看到孩子的进步，及时地给予肯定，增强孩子的自信心。

3. 重视家园、社区合作共同培养幼儿

有的家长只养不教，有的望子成龙，有的拔苗助长、棍棒相加。教育不当，其效果自然难以想象。家长应明确家园共育的重要性和必要性，积极配合幼儿园的工作。家园共育非常重要，老师在对轩轩的教育中，对他的家庭进行了了解，这非常必要。这样才能针对原因制定统一的教育方案，让孩子在有利的环境中成长。

## 二十四、阿斯伯格综合征幼儿自残行为的个案分析
大良万圣怡幼儿园　叶改娟

（一）基本情况

小博（化名），5 岁，是一个阿斯伯格综合征的男孩。原就读于广州某幼儿园，由于有语言暴力、攻击性行为、自残行为，被原幼儿园劝退。3 月份从广州举家搬迁到顺德，入读于万圣怡幼儿园，是我们班的一位特殊儿童。小博知识面广，记得第一次见面，他就跟我聊青蛙的解剖，他特别喜欢拼乐高、画画和阅读。

（二）家庭情况

小博的爸爸妈妈都是公司里的高管，博士学历，家里还有一个 1 岁半的弟弟，小博身体各方面正常。小博被确诊为亚斯伯格综合征后，妈妈辞

职和外婆一起在家照料俩兄弟；而爸爸长期在外地工作，平时很少在家。由于弟弟比较听话，而小博情绪很容易激动，所以妈妈对两兄弟的态度截然不同，妈妈和小博的亲子关系比较僵，有时会骂他甚至打他。

(三)日常案例

1. 案例一：在家访中出现的两个小插曲

(1)小博从沙发后面捡东西的时候摔倒了，随之用头撞地。爸爸把他扶起来，问他摔疼没有，他说："我要杀死我自己。"然后头不停地在地上撞击。

(2)小博拿着妈妈的手机走去阳台拍对面的人，爸爸告诉他："这是别人的隐私，我们不能这样做，这是原则性的问题。"但小博根本听不进去，还是坚持自己的做法，爸爸再次制止，结果小博又用头去撞阳台上的围栏，嘴巴说："我要杀死我自己。"

2. 案例二：发生在幼儿园里的小插曲

(1)有一天，妈妈去吃早餐，小博又想跑到楼下找妈妈，我把他给拦住了。他很生气地说："你为什么不让我下去，我要去找妈妈，我要去找我妈妈!"我告诉他："妈妈在吃早餐，吃完早餐就会回来，我们在教室等就行了。"这时，他开始发狂，当着全班孩子的面说："我要打死你，我杀了你，我以后再也不来你们这家学校了。"一边说一边哭，闹得很是厉害。我坚持不让他下去，因为我想让他知道自己不可以随便走出去，并且想办法让他参与我们的集体活动。他一边跑一边不停用双手捶自己的头说："我要打死你，你就是一个坏人，你为什么不让我下去找妈妈。"

(2)区域活动时间，大家都选择了自己喜欢的区域，而小博和另外两位女孩选择了最爱的科学区。收拾音乐响起，大家都忙着收拾，而小博却把别人收拾好的区角材料全部倒了出来，然后拍拍屁股走了。我请他收拾，他便用双手大力捶自己的头，然后说："我就是坏孩子，我就是坏人，我要杀死我自己。"

(3)户外活动时间，大家都在一起玩，小博总是要离开班级，自己跑去玩摇摆车。当妈妈叫他时，他就会趴在地上，用头撞击地面，然后嘴里不停地说："我要杀死你，我要杀死你。"

### （四）案例分析

**1. 自身原因**

（1）从案例中可以看出：小博有很明显的自残行为，语言也充满了暴力。但他也有自己的长处、有自己感兴趣的事情，如：拼乐高、画画、阅读、玩摇摆车等，一旦他的喜好没得到满足或被打断，他便会做出自残的行为。

（2）从他的语言表达中可以看出，小博对妈妈很依赖，也很信任，妈妈是小博的精神支柱，支撑着小博的整个世界。所以一旦没有看到妈妈在身边，他会产生巨大的恐惧感，缺乏安全感，进而做出一系列的攻击性行为或自残行为。

**2. 家庭原因**

（1）妈妈对弟弟的爱让小博产生嫉妒的心理，虽然他是"星儿"，但是他有感受、有自尊，一旦自己的意愿得不到满足，他就容易用自残行为和粗暴的语言来引起别人的注意。

（2）妈妈长期一个人带着两个孩子，特别是像小博这种经常会做出令人意想不到行为的孩子，妈妈长期处于提心吊胆的神经紧张状态，脾气容易暴躁，情绪难以自控，所以妈妈有时也会大声骂他、打他，这样一来，孩子自残的行为就进入了一个恶性循环。

（3）爸爸长期在外工作，很少参与孩子的教育。一旦孩子出现问题，爸爸缺乏正确的教育手段，这样更加容易让孩子情绪激动，从而做出过激的行为。

### （五）在教育中采取有效的干预措施

《幼儿园指导纲要》中指出，幼儿园教育要面向全体幼儿，为每一个幼儿，包括有特殊需要的幼儿提供积极的支持与帮助，促进他们身心全面、和谐、健康地发展，促进每个幼儿富有个性的发展。综合小博生活环境、接受能力、个性特点、家长陪读等多方面因素，我们帮小博制定了训练方案、确定目标，希望通过有效的干预引导他融入集体活动中，从而能更健康快乐地成长。

1. 同伴树立榜样，建立信任感

平时老师会有意识地安排班里性格较为开朗的小朋友和小博一起玩、一起游戏，并且在任何游戏活动中留意小博的每一个细微表现。小博最喜欢班上的一名法国小女孩，为此，我们安排他和小女孩坐在一起，平时活动时让小女孩多带着他，多给他做正面示范，集体活动时经常提醒并帮助他，这样一来，他就不会随便离开集体了。此外，在生活中多关心他，让他感到老师的爱心和朋友之间的友情与快乐，让他逐步对班集体产生信任感。

2. 老师重点关注，减少距离感

在小博出现不恰当行为时，不要用简单粗暴的批评，可以拉拉他的小手跟他谈谈其他的事情，转移他的注意力，摸摸他的头，让他感觉到老师的关爱，再与其分析原因，从而帮助他改正不恰当的行为，用"温和教育"来感染孩子，拉近老师与孩子的距离，增强彼此的信任感。如：在区域活动中，小博没收拾就走了，为此，我并没有直接批评他，而是让他帮我浇花，做他喜欢的事情，完了再带着他一块收拾好区域材料，并强调以后的进区规则。又如：户外活动结束，小博不肯回课室，我跟他说："小博，我们去那边看看有没有蜗牛。"我们一边走一边聊，很快便回到了课室。

3. 集体中激励表扬，树立自信心

《幼儿园指导纲要》指出：学会用欣赏的目光发现孩子的优点。作为教师就要用发现的眼睛、欣赏的目光去探求每个孩子，因材施教。小博虽然是特殊需要儿童，却有很强的可塑性，在他把完成的一幅画呈现在小朋友面前时，大家都为他鼓掌，让他有种集体的存在感。当他当值日生认真地扫地上的每一块垃圾，认真清洗托盘和碗勺时，孩子们都为他竖起大拇指，从而让他的自信心大增，让他感觉自己也能做好每件事情。

4. 日常注重行为纠正，建立规则意识

（1）共同建立规则

我们知道小博不愿意参与集体活动，有时还会出现一些自损及暴力的言语，为此，我们和他协议：如果他能和同伴完整参加一个集体活动，那么第二个活动他可以做自己喜欢的事情，如：画画、阅读等；慢慢地，我们又提高要求，如果他一天内没有出现过自损的行为及暴力言语，我们在户外活动时间可以有15分钟离开集体的自由活动，还可以奖励做小班长；如果出现过一次，就减少5分钟，以此类推。有了这些约定后，小博变得越来越有动力了，慢慢地，这些不良的行为越来越少，并有了一定的规则意识。

（2）进行交往训练

在集体生活中，对于亚斯伯格综合征儿童来说，最困难的可能就是与同伴建立良好的关系。而建立良好的同伴关系，对于任何一个儿童来说都十分重要。为此，在"自闭症关爱日"当天，我让全班小朋友自制了小贺卡，让孩子们说说小博身上的优点，并把这些优点放大，最后让孩子们和他拥抱、握手、送卡片，让更多的小朋友关心、关爱、包容他，并愿意和他做朋友。在活动中，我们需要把活动规则告诉他，并逐条解释清楚，使他更好地融入活动中。

5. 家园共育，与孩子健康成长

（1）给家长提出教育建议：尊重孩子，建立宽松、自由、民主、和谐的新型家庭关系

建议小博的爸爸妈妈平时多给孩子拥抱，多点时间关心孩子，增加亲子互动时间。妈妈白天在幼儿园陪读，爸爸晚上要定时跟孩子做有效的交流，如和孩子一起玩游戏，引导孩子分享在幼儿园的见闻等。在讲话方式上，尽量引导孩子与自己对视，眼睛是心灵的窗户，眼神的交流可以打开内心的世界，逐渐培养孩子正确与他人沟通的能力。

（2）父母为孩子布置一个属于他自己的空间

父母慢慢教小博把自己的东西放在固定的地方，另外把让他情绪激动的物品收藏起来，让他对自己的小天地感到安全、依恋，以达到帮助孩子有长期稳定情绪的目的。

（3）家庭成员间教育理念与方法要一致

父母双方要多进行沟通，时常意识到孩子发展的现状以及所面临的问题，双方都不要过分庇护孩子，更不应用简单粗暴的行为解决孩子的不恰当行为。

（4）在日常生活中，注重交往能力的培养

节假日父母要多带孩子出去走走，创造条件让孩子与小伙伴一起玩耍，为孩子提供交往的环境和游戏。这样不仅有益于孩子和同伴之间的交往，开阔视野，丰富与人交往的经验，还有助于帮他把心中的不快与压抑释放出来，逐渐变得豁达和开朗。

（六）干预效果总结与反思

心理学家马斯洛提出人的心理有五个层次的需要：生理需求、安全需求、社交需求、尊重需求、自我实现需求。小博情况特殊，因此我们在与孩子相处的过程中要充分尊重孩子，常使用蹲下来的教育，了解孩子，走进孩子的内心，将孩子的心灵打开，用"和风细雨、润物细无声"的教育方式，耐心、循序渐进，从孩子的认知、情感、行为中来帮助孩子。

功夫不负有心人，经过一个学期的训练，小博已经开始慢慢融入集体，不再随意离开了，还愿意帮助老师做些小事情，如：扫地、分派牛奶、洗托盘等。让我感到开心的是：进餐时，他居然还会帮小朋友盛饭，午睡也基本不会影响其他小朋友了。一路走来，这个曾经有交往障碍的孩子渐渐敞开了心扉，而在他一点点成长的过程中，教师与家长、同伴也在和他一起成长。

## 二十五、自闭症儿童情绪问题干预的个案研究

顺德区大良万圣怡幼儿园　肖燕芬

（一）个案基本情况

小华是一名 4 岁的自闭症男孩。他语言表达能力差，社交能力弱，虽

然有一些交友的意愿，但不会主动发起交往，大部分的时间喜欢自己单独活动；他注意力较弱，不能持久停留在同一事物上，对于自己不感兴趣的事物没有耐心；当需求得不到满足的时候，他会有不恰当的情绪发泄方式：如：大哭大闹、长时间尖叫、滚地，当老师对其错误行为进行批评时，他偶尔会出现伤害老师或同伴的行为，还会有轻度的自残行为，如：敲头、撞墙、咬自己等。小华的情绪问题的出现具有突发性和破坏性。我们详细了解了他的家庭情况，并对其采取了针对性的干预策略。

### (二)个案情况分析

#### 1. 家庭环境因素的影响

首先，父亲因工作需要，需长时间与母亲分居两地，陪伴小华的时间较少。父亲一旦回家，对于孩子过分溺爱，总是有求必应；其次，孩子大部分时间都是由祖辈家长和保姆照看，凡事都包办代替，很少与同龄孩子相处，与同龄人之间发生冲突或解决矛盾的机会较少；另外母亲也因与父亲长期分居，在教育引导小华的过程中，表现得较为急躁，没耐心，易发脾气，常会将不满的情绪发泄在孩子身上。

#### 2. 孩子自身因素的影响

小华三岁后确诊为自闭症，所以孩子的情绪问题除了与父母的教育方式有关外，很多方面也是自闭症孩子自身存在的特征。例如：理解能力、表达能力，社交能力比正常儿童弱；存在社交障碍而导致情绪控制的能力较差。

### (三)干预策略

#### 1. 接纳情绪，给予发泄情绪的空间

刚接触自闭症幼儿时，常束手无策，对于问题行为不知道如何下手，只要小华有情绪问题出现，曾尝试以压制的行为让其哭闹停止。例如："小华，不要哭了，会影响小朋友游戏"，"再哭就不能玩你喜欢的玩具了"等。但是我逐渐发现压制的行为只会适得其反，却找不到解决问题的好办

法。参加了幼儿园融合教育的相关讲座及上网搜索相关资料后，对于小华出现的情绪问题，我有了好的解决方法：发挥拥抱的魅力，让孩子有安全感；接纳孩子的情绪，允许孩子表达自己内心的情绪；先处理情绪，建立情感连接，再去处理事情，这样会取得更好的成效。同时在情绪发泄的过程中，当小华出现积极的情绪状态时，如：这次的哭闹时间比上次时间短了，没有滚地行为等，我都会及时通过一些奖励的方式或者满足他的一项要求进行鼓励和表扬。

2. 适当惩罚，学会对自己的行为负责

当小华在班级出现情绪问题，导致有攻击同伴或自残行为时，我也会通过惩罚的方式让他对自己的行为负责。例如：在班上，他对乐高特别感兴趣，他的错误行为，会让他失去一次拼装乐高玩具的机会；除了惩罚的方式，我还常通过隔离的方式来阻止他的一些不良行为，如：暂停他参与游戏和回答问题等，直到不良行为消失或情绪稳定后，再让他正常参加班级活动。

3. 转移注意，帮助控制不良情绪

在一次户外游戏结束后，小华突然滚在地上开始发起脾气，原来他不愿意跟着老师回班。我走向前对着他说："小华，乐高很长时间没见到你了，想跟华华一起玩呢！我们赶紧跟小伙伴们回班吧！"他听到乐高两字，马上从地上爬起，拉着老师的手一起回班。另外，他还特别喜欢音乐，看到他有不良的情绪表现的时候，我会播放他最喜欢的音乐，通过听音乐的方式转移他的注意力，帮助他控制不良的情绪。

4. 家园合力，共商有效解决策略

马卡连柯说过："家庭是最重要的地方，在家庭里面，人初次向社会生活迈进。"良好的家庭教育，是父母用人格、品德、学识、情感及家庭习惯给儿童以熏陶，是学会做人的教育。调查显示，很多所谓情绪障碍儿童是和家庭父母的抚养方式及家长期望有着很大的关系，良好的家庭环境更能促进儿童的健康成长，无论特殊儿童还是正常儿童。针对小华的情绪行为表现，及时与家长做好密切的沟通与交流，与家长共同探讨有效的教育方法，并常邀请家长参与幼儿园组织的教育讲座，做到家园合力，达成共识。

（四）效果与反思

经过对小华一个学期的观察了解、教育引导，小华的情绪不稳定问题有了很大的改善，在班上发脾气的次数和攻击性行为都明显减少了，情绪控制能力有了明显的提高。

曾看过一段话："星星的孩子就像蜗牛一样，虽然走得很慢，但一直都在进步着，哪怕是一毫米。"我们作为教育者，要有牵着蜗牛去散步的心态，学会欣赏，学会等待，给他们一个有爱的空间，给予更多的接纳和理解，让"星星的孩子"不再孤独，也能拥有美好的未来。

## Ⅱ. 唐氏综合征幼儿教育干预案例：

### 一、利用音乐活动促进"唐氏综合征"幼儿发展的个案研究

顺德区机关幼儿园 张志红

（一）个案基本情况

小洋，男，4 岁，出生后 6 个月确诊为唐氏综合征，并在医疗机构进行专业康复训练。入园时，语言表达、动作发展水平等指标均落后于同龄小朋友，医学综合评估发展年龄仅相当于 21 个月同龄儿童水平。

（二）个案分析

1. 语言理解与表达：小洋不能理解老师的集体指令，即使是单独对他发出指令，也常听不明白。他会叫"爸爸""妈妈""爷爷""奶奶"等称呼，还会说一些的简单的字、词，如："好""吃""不要"等，但发音含糊不清，除了家人，其他人很难听懂。

2. 动作发展：小洋能够完成一些简单的动作，但动作协调能力及运动

技能较弱，主要表现为不会蹦跳，跑步时膝盖不会弯曲等。

3. 自理能力：能够自己拿杯子喝水、会自己拿勺子吃饭等，但不能独立如厕，不会自己穿脱衣服。

## (三)融合策略

根据小洋在语言、运动、自理等方面能力较弱的情况，建议小洋家长入园陪读，为孩子提供一个心理支持，辅助孩子更好地融入普通幼儿的教育环境中。

## (四)干预策略

通过家访及对小洋入园初期的观察，教师发现小洋对于音乐有着较灵敏的反应和兴趣，只要听到音乐就会扭动身体，而且节奏感也很好。为了让小洋能够适应幼儿园的生活，理解班级规则，更快地融入班集体，教师尝试在班级常规活动中采用音乐引导的方法帮助小洋掌握班级常规指令以及参与班级活动。利用小洋感兴趣的音乐作为信号帮助他在放松状态中由一个活动环节向另一个环节自然过渡，使常规要求落实达成，产生"润物细无声"的效果，提高其一日活动的整体质量。

1. 选择适宜的音乐素材

针对小洋的情况，我们在音乐的选择上做了一些考虑。比如在收拾玩具方面，国际班日常会充分利用英文歌曲，小洋也喜欢英文歌曲，而英文歌曲 *Cleaning Up* 正好就是收拾玩具的意思，这首音乐结构简单、节奏感明显，速度适中，容易听辨，即使重复多次播放此音乐也不容易使小洋产生倦怠感，所以用此歌曲来提醒他收拾玩具十分合适。

2. 由易到难，循序渐进

刚开始，教师让小洋学习听音乐去完成一件事情。一段时间后，小洋习得了听到某首音乐就会做某件事情时，教师则适当增加音乐的难度，将两首不同的音乐串连在一起，根据不同的音乐去完成不同的事情。例如：教学活动前的准备，先去如厕再坐回座位做律动，等待其他伙伴，如厕的音乐和回座位等待的音乐是不一样的。渐渐的小洋也和其他同伴一样，听到音乐就能主动去完成某件事情，适应班级的规则。

3. 注重音乐的趣味性、游戏性

要小洋跟随同伴一起排队是件很头疼的事情，而在幼儿园的一日活动中，排队又必不可少，例如：排队拿饭，排队拿水杯喝水，户外活动前后排队集合等。教师利用游戏式的歌曲《开火车》作为排队的音乐，这首音乐旋律简单，生动有趣，容易刺激孩子的感官，集中孩子的注意力，很适合用来训练孩子有序的排队。而且此音乐能为孩子提供一个游戏的情境，当听到《开火车》的音乐，小洋就知道要进行"开火车"的游戏了，他也学着同伴排队，做到自觉遵守规则排好队。

4. 重复训练和反复示范相结合

班杜拉学习理论告诉我们，儿童是通过模仿获得社会学习。因此，在儿童的心理发展中，模仿能力占有很重要的地位。虽说小洋对音乐敏感，但是要听不同的音乐去完成不同的事情对他来说还是有难度的。因此对小洋的训练除了放慢速度，还需要反复多次的训练，在重复训练的同时教师还要反复进行示范，让小洋直观地看到自己应该怎么做，目标更明确。

5. 结合孩子的性格特征、情绪反应选择音乐

当从一个活动转换到另一个活动时，特殊儿童往往很难适应和转换。过渡环节时，小洋偶尔也会出现尖叫、焦躁甚至发脾气的情况。教师这时会用握着小洋的手唱着轻柔的《问候歌》的方法，这样小洋会慢慢冷静下来，注视着教师。当教师在歌曲中自然地加入小洋的名字时，小洋焦虑不安的情绪会逐步消退，跟着教师去完成他该做的任务。

6. 家园配合

目前融合教育中研究界普遍认为有特殊儿童的家长参与早期教育才是最理想和最有效的教育。幼儿对家人有着与生俱来的信任，也最为了解孩子的各方面需求。小洋由奶奶来园陪读，奶奶十分认同教师用的音乐引导方法，学习和配合教师音乐引导的做法，并把方法带回到家庭中运用。在家园的共同配合下，小洋在融合教育环境中逐渐进步。

（五）反思

1. 老师时常主动诱发幼儿学习与游戏动机

在日常的观察中，教师逐渐认识到，在融合教育中应从特殊儿童的自身特点出发，结合幼儿自身的兴趣需要，找到适合他们的教育方式。兴趣是一种很强烈的动机，兴趣是主动学习的核心动力，对于"唐氏儿"而言，动机的诱发是其一切学习的基础。唐氏综合征的干预方法有很多，但由于每个"唐氏儿"的症状都有不同的差异，这就需要教师具体问题具体分析。针对小洋个体的情况，教师选择利用音乐进行引导干预的方案，适应了小洋的天赋和兴趣，所以融合干预才取得了良好的成效。

2. 分层逐步引导

依据马斯洛需求理论，人的需求不断发展，当原有的需求满足后就会产生新的需求。因此，需要分阶段地评价幼儿出现的新问题，不断地更新引导措施和计划，因势利导，以适应和支持幼儿的发展和变化。针对小洋而言，最初，教师只是运用一两首旋律简单的音乐进行引导，但在干预进行到中期时，发现他可以辨别更多的旋律，教师就适当增加一些难度，采用更多更丰富的音乐来帮助他完成更多的事情。

3. 创设更具支持性的音乐心理环境

在融合教育环境中，教师要创设更具支持性的音乐心理环境。因此，教师除了和小洋建立相互信任的依恋关系，还应和普通幼儿建立稳定、良好的心理关系。教师今后应组织那些具有较强音乐能力和亲和力的普通幼儿和小洋建立伙伴关系，进而使小洋关注并模仿同伴的音乐行为，在音乐中获得乐趣与自信。

## 二、幼儿园唐氏综合征幼儿个案研究

顺德容桂东逸湾英伦幼儿园　陆剑云

当幼儿园老师不易，当特殊需要幼儿(下称特儿)的老师更不易。笔者是非专业特教老师，接触特儿时，曾纠结、迷茫，不知所措，也不知该从何入手。即便经历了不少失败、挫折，饱尝了艰辛与不被理解，笔者还是没有放弃，相反更用心、努力地学习相关知识，开启多途径的学习之旅。如，积极参与园内外各类讲座、培训，在日常工作中向有特教经验的老师学习。此外，笔者坚持读书，带着问题认真研究阅读特殊教育理论的专业书籍。日积月累，通过阅读和探讨教育教学策略，笔者对特殊教育、对特儿有了更深入的认识，相比开始时，也敢于面对且更有方法了。教学中，特儿有点滴进步，对老师而言都是成功的、幸福的体验，与此同时，老师工作的价值和乐趣也体现了出来。

对待特儿，我们的爱应是纯真而炽热的。笔者用一颗接纳和平等的心把他们与普通的孩子"融合"在一起。走进他们的心扉，想他们所想，乐他们所乐，并给予特儿充分的信任、关怀和尊重。在笔者的眼里，没有"特儿"。有教无类、因材施教，促使特儿在原有基础上得到不同的发展是为人师表应有的担当。结合工作实际，笔者从以下三个方面总结了唐氏宝宝芬芬的成长经历。

## （一）善用生活场景，提升口语表达能力

芬芬是刚升上小二班的唐氏宝宝，她活泼开朗，对各种事物都有较高的兴趣，并且积极参与活动。她对人有礼貌，见到老师和伙伴都能鞠躬问好。此外，芬芬适应能力强，每天都能开开心心回园，从不哭闹；她的规则意识较好，能听懂老师的指令并遵守班级常规，如如厕、洗手、排队喝水、两手轻轻搬椅子、取餐等。但她的语言表达能力较弱，表现在不能完整表达，日常交流只会用"要""不要""吃饭"等简单的字、词去表达自己的意愿和想法。对此，笔者有意识地通过以下途径提升芬芬的口语表达能力。

1. 从一日生活环节出发，给芬芬创造表达的机会。教师经常和她交流，引导她及时回应。如"芬芬，你去帮老师收杯，好吗？""芬芬，请你用两只手轻轻搬椅子回座位，好吗？""芬芬，请你去给小朋友送水果可以

吗?"……

2. 关注兴趣, 结合情景, 引导芬芬主动表达。芬芬是个喜欢唱歌的女孩, 在园期间, 笔者会播放已学歌曲请芬芬为大家演唱, 她的兴致特别高涨。时间长了, 当音乐响起, 老师还没来得及邀请芬芬, 她就自告奋勇地举手说: "我唱歌。"虽然演唱时芬芬还做不到咬字清晰, 但重要的是她敢于开口、大胆演唱。笔者认为引导芬芬参与歌唱活动能有效地提高她的语言表达能力。

3. 个别化指导并行。笔者常借助图片和绘本等易吸引眼球的素材, 对芬芬进行一对一指导, 其间笔者要求芬芬把视线集中在笔者身上。例如, 用红苹果的图片告诉她: "芬芬, 这是红色的苹果, 请跟着我读。"慢慢地芬芬能认真说"苹果、红色"。经过持续的强化训练, 芬芬的表达能力有很大提升, 词汇量增多了, 也逐渐能用词组或短句表达。如"拉臭臭""擦屁股""老师添饭""老师热, 换衣服"等。记得有次她和标标发生争执, 标标咬了她一口, 芬芬顿时大哭, 摸着被咬的手臂说: "老师, 标标咬, 痛。"现在, 芬芬能及时回应老师的提问, 能更清楚地表达自己的意愿。看到她的变化, 妈妈也不禁开心地说道: "这孩子每次都让我惊喜, 想不到进步这么大。"

(二)创设幼儿喜欢熟悉的情景, 促幼儿情感发展

日常教育活动中, 教师倾注爱心, 创设各种情景, 能有效地促进特儿快乐成长。

1. 创设展示自我的舞台。芬芬对音乐特别感兴趣。每次的音乐活动、户外早操、舞蹈特色活动, 都能看到她灿烂的笑容, 舞动的小身体。因为芬芬身体柔韧度好、乐感也不错, 舞蹈老师曾多次表扬芬芬。笔者也有意识地为芬芬创设自我展现的舞台, 常常请她做小老师, 带着其他孩子跳舞、唱歌, 芬芬非常喜欢这个角色。在快乐周末的小舞台上, 芬芬自信地在众人面前展现自己, 非常自信、投入, 赢得在场观众的热烈掌声。亲其师而信其道, 教学活动中, 笔者首先让芬芬喜欢老师, 进而喜欢老师组织

的教学活动。此外，结合她的长处和爱好，引导她动口、动手，使她感到好玩、开心，从而由学会到会学再到乐学。因此，芬芬乐于参与日常的课堂，每次都热情高涨、非常投入。

2. 创设比赛场景。芬芬的动手能力很强，能快速地穿脱鞋袜和衣服。如芬芬在班级自理能力比赛——"穿鞋袜"中脱颖而出，获得班级第一名并代表班级参加年级比赛，并获得三等奖的好成绩。足以证明，虽然芬芬是特殊需要孩子，但凭着自己的努力也能获得可喜成绩。

3. 创设自由的画画情景。芬芬还喜欢画画。记得在一次绘画活动中，老师请孩子们画出"心中的太阳"。只见，芬芬画了一个大大的、圆圆的、涂满黑色的太阳。于是，笔者询问道："芬芬，你画的是什么?"芬芬说："太阳。""你的太阳是什么颜色的?""圆圆、黑色。""为什么?""喜欢。"从芬芬的画和师幼一来一往的交流中可以看出她是一个很有想法的孩子，能选择自己喜欢的颜色涂色，而不是按照常规的"红红的太阳"涂色。笔者经常创设这样自由的画画情景，让芬芬无拘无束地创作，满足她对画画的喜爱及艺术表达的需要。

(三)取长补短促进步，积极肯定促发展

每个孩子都有长处和短处，特殊需要儿童也不例外。在促进孩子的特长发展过程中培育孩子的自信心，面对其不足之处，教师要有目的、有计划地采取相应措施，有效地促进孩子的成长。

1. 提高动作协调性。

芬芬的运动协调性较差。走路和跑步时总让人感觉会摔跤、摇摇晃晃的。于是，笔者采取以下策略提高芬芬走、跑两方面的运动协调性：(1) 日常让芬芬多走楼梯、学习蒙氏走线，每天一有时间就带着她练习；(2) 户外活动或晨练时，有意识地增加芬芬走和跑的机会，如扔沙包、扔球后请她帮忙捡，或是让她练习往返跑。经过一段时间的训练后，笔者发现芬芬走路和跑步时步伐更加平稳了，不像之前摇摇晃晃、像要摔跤似的。

2. 提高言语的社交机会与功能。

芬芬的交往意愿强烈，非常渴望和小朋友一起玩耍，但她的社交能力较弱，由于语言表达能力的制约，她常常不能用语言表达自己的诉求。因此，当她想和小朋友交往时，常常会情不自禁地用手去拉拉、摸摸、扯扯小朋友的头发。所以，常常有小朋友"投诉"："芬芬拉我""芬芬弄我"等。经过观察和分析，我采取以下干预措施：

(1)明确交往中的不良行为。抓着芬芬的手、与她对视，并明确说："芬芬，不可以拉头发。"同时，请芬芬保持对视，明确说出"不可以"。

(2)坚持正面引导。因芬芬的社交水平受语言和社交行为的制约，笔者通过示范正面引导芬芬。例如，语言肯定及示范：芬芬，老师知道你喜欢小朋友，想和小朋友玩时，我们要用嘴巴说："小朋友，一起玩。"她似懂非懂，但也会点点头说："知道。"

(3)体验交往乐趣。

邀请班上善于交朋友、相对能照顾小朋友的孩子主动和芬芬做朋友，和她一起游戏，既能让芬芬在真实的场景中体验交往，也能感受到好朋友一起玩的快乐。现在，芬芬逐渐学会和小朋友相处，能够一起开心地游戏，不再出现拉扯、摸小朋友的头发的情况了。笔者还经常听到孩子们说："芬芬，我们一起玩。"

总之，老师只要充满爱心，用心创设各种情景，因材施教，取长补短，就能有效促进特儿的身心健康发展。

## 三、融合教育背景下促进唐氏幼儿动作发展的个案研究

顺德区机关幼儿园 张珠君

动作发展是衡量幼儿身心健康的一个重要方面，《指南》中指出："发育良好的身体、愉快的情绪、强健的体质、协调的动作、良好的生活习惯和基本的生活能力是幼儿身心健康的重要标志，也是其他领域学习与发展的基础。"对于动作发展迟缓的唐氏综合征患儿来说，需要提高其基本的运动能力，包括动作协调性、灵活性、平衡力等，才能逐渐适应幼儿园的日

常活动。为了更好地实施融合教育，教师必须要观察和了解融合对象的动作发展现状和能力，制定适宜的目标和有效的策略，促进其大动作的进一步发展。我班有一位唐氏综合征患儿，以下为提高其动作发展作的个案分析：

（一）个案基本情况

洋洋（化名），6岁半，患有唐氏综合征，两年半前进入幼儿园进行融合教育。父母均为大型企业高管，由于平时工作比较忙，洋洋的起居及教育主要由奶奶负责，奶奶为退休教师，现每天在班上陪读。洋洋是班上年龄最大的孩子，但身高体重显著低于同龄孩子；教师通过观察并参考《3—6岁儿童学习与发展指南》目标，洋洋的语言和动作发展水平均达不到3岁水平；洋洋的模仿能力强，行为比较刻板，喜欢按部就班完成工作。

事例一：九月升入大班以来，由于课室的调整，班级上下楼的通道从平坦的斜梯更换为楼梯。上下楼梯对于洋洋来说有些"困难"，当孩子们一个跟随一个下楼梯的时候，排在中间的洋洋常常因为走得太慢，跟不上队伍，同时影响了跟在他后面的孩子，经常听到有孩子向教师投诉："洋洋挡住我们的路了！"一些热心的孩子会尝试拉着洋洋的手协助他下楼，可洋洋总倔强地把同伴的手甩开，并大喊："不要！"经过观察，我们发现洋洋下楼梯动作缓慢的原因是不能进行左右脚交替下楼梯。即使牵着他的手下楼梯，脚还是同样不能交替，但速度会稍快一些。而他上楼梯时却能缓慢地左右脚交替上行。

事例二：早操体能锻炼的一个环节是围绕操场进行障碍慢跑，但洋洋还没跑几步就一个劲地喊："累、累……"奶奶怎么引导也不起作用，老师牵着手也不愿意跑，后来直接蹲在地上表示拒绝；户外活动，有时洋洋可以跟着其他小朋友跑跑跳跳玩十几分钟，有时嫌累不愿意动，运动量不足导致他总是不愿意喝水。

（二）个案情况分析

1. 家庭因素

教师从和洋洋奶奶的聊天得知，因洋洋是特殊儿童，家人会把很多洋洋力所能及的事情代劳。尤其爸爸妈妈带得少，更是事事包办，比如走路需要抱，进餐喝水也需要喂，否则阳阳就会拒绝做，爸爸妈妈都顺从他。通过教师的观察，发现洋洋独立性差、喜欢依赖人的情况并非只是自身缺陷而引起的问题，另一个重要的原因是平常练习动作的机会太少，不愿意进行体能锻炼也因习惯了家人的包办，耐力没有得到发展。

2. 自身原因

唐氏综合征儿童动作发育迟缓，而且动作一旦习得，就较难改变，因此其行为习惯偏向固定模式。在下楼的动作中，他习惯了固有的下楼方式，能力未得到"激活"；其次洋洋身高的不足和较少的练习导致他对下楼有些恐惧，所以当有小朋友想帮助他下楼时，他马上就甩开别人的手表示拒绝。

3. 教育者

教师缺乏关于"唐氏综合征"幼儿融合教育的专业知识和技能，没有系统地制定促进其动作发展的教育目标和方法。教师应从洋洋入学开始就对其各方面能力进行评估，并以此为依据制定区别于普通幼儿的教育内容和方法。平时教师应该在关注洋洋健康、情绪等情况的基础上有针对性地对其进行动作训练，及早发现问题并采取措施改变。

(三)干预策略与效果

1. 制定符合特殊幼儿的动作发展目标

从洋洋动作发育迟缓的实际情况出发，制定可行的动作发展训练目标，并渗透到日常的每个环节中，指导家长协助开展持续、连贯的动作训练。目标可参考相关量表，但不能跟他的年龄及同龄人的动作发展标准对应。例如《3—6岁儿童学习与发展指南》动作发展目标二是"具有一定的力量和耐力"，显然洋洋是不能实现5—6岁能力目标。教师根据洋洋的能力把目标降低一个年龄阶段，参照3—4岁的目标："能双手抓杠悬空吊起10秒左右，能行走1公里，可适当休息。"根据此目标，教师和洋洋家长沟通，每天放学让洋洋尝试跟着奶奶走路回家(洋洋家离幼儿园路程 1 公里左右)。刚开始洋洋走一会就会蹲下来不愿意走，我们建议奶奶一定不要抱洋洋，可以慢慢走，累的时候坐下来歇一歇，对洋洋多给予鼓励。渐渐地洋洋走路的时间越来越长，做到了从幼儿园走路回家。在园时，教师也惊喜地发现洋洋的耐力有了明显进步，得到了一定的提升。

2. 根据幼儿的特点设计教育方法

洋洋善于模仿，有秩序感，因此，结合他的特点设计适合的方法引导其提高动作能力，这样事半功倍。例如针对下楼梯的动作，教师先让小朋友示范下楼梯的慢动作，并配上口令："1、2、1、2……"当迈出左脚时喊出口令"1"，迈出右脚时喊"2"，洋洋开始模仿并理解口令，学习跟着口令双脚交替下楼梯。过了一段时间，教师观察到在有口令的情况下洋洋才会进行双脚交替，没有口令又恢复原样，因此每次下楼梯教师都在旁喊口令或者请小朋友协助喊口令。持续了两个月后，洋洋慢慢习得了双脚交替下楼梯的方法，并习惯了下楼梯的模式，不用口令提醒他也能做到比较自如地双脚交替下楼梯了。

3. 注重家园联系，确保三个"一致"

在日常活动当中，四位保教人员(包括外教)会定期针对洋洋的动作发展情况进行总结和分析，并及时把发现的问题跟洋洋的家长沟通，确保家园教育的一致性，包括目标一致、方法一致、效果一致。如进餐时看见奶奶给洋洋喂饭，教师便会提醒奶奶让洋洋自己吃饭，甚至请她回避一会儿，慢慢地奶奶发现洋洋可以独立完成许多事情，也意识到孩子的动作发展需要家园共同配合。

经过这一系列的措施，洋洋的协调能力和耐力有了明显的进步，活动能力更强，动作更灵活。动作的发展也促进了他身体素质的提高，身体更壮实了。

(四)反思

想让特殊需要儿童掌握一项新的动作技能，需要成人综合其发展水平、兴趣爱好等制定科学的培养目标与方法，才会有事半功倍的效果。唐氏综合征的儿童对于简单动作技能的掌握不能同普通儿童一样，需要将整体活动进行分解，分步骤、循序渐进地进行学习，反复、长期地进行训练。在融合班级中，无论是集体活动还是一日生活的其他活动，针对特殊需要儿童，都必须要有区别于普通幼儿的发展目标和方法，教育者也必须不断研究和学习，用专业知识分析特殊需要儿童行为背后的原因，"对症下药"，这样才能让特殊需要幼儿在普通幼儿园里得到发展和促进。

## 四、促进唐氏综合征幼儿语言发展的个案研究

顺德区均安鹤峰大地幼儿园　古伊玲

### （一）个案基本情况

恩恩是一位 4 岁的唐氏综合征女孩，主要特征表现为智力落后、特殊面容和生长发育迟缓，并伴有多发畸形。第一次接触恩恩是在 2019 年开学前的家访，通过与她父母聊天得知她出生不久后就被诊断为唐氏综合征，当时她的父母万分悲痛，但没有因此而放弃，而是努力帮助她成长。恩恩在婴儿时期，四肢发育比较缓慢，直到 1 岁多，才学会站起来。她在语言表达方面也比较弱，只会说单字或叠字，需要一个字、一个字地教她发音。在上幼儿园之前，恩恩已经在康复中心进行语言训练，父母希望她在语言表达方面能有更大的进步。

### （二）个案情况分析

由于恩恩语言表达能力较弱、动作发展滞后，因此接近 4 岁才就读小小班，在班级中年龄偏大。虽然恩恩的语言表达能力较弱，只能简单地说出单字或叠字，但她能听懂老师的指令，遵守班级常规，也能感受到老师或同伴的情绪。在接触恩恩的一个学期里，她有以下特殊的行为表现：

1. 经常如厕洗手。恩恩经常上厕所，并趁着如厕的时间在洗手间里洗

手玩水，常常把衣服弄湿。

2. 安全意识较弱。恩恩在进行户外活动时，安全意识比较薄弱，比如玩滑梯，她会想从高处往下跳。我们阻止她的危险行为后，她才走开。

3. 喜欢趴在地上。恩恩经常会坐着坐着就趴在地上，当我们叫她起来时，她会看着老师但继续保持动作，直到老师伸手扶她，她才起来坐到椅子上。

4. 喜欢独自画画。恩恩很喜欢画画，但经常会坐在美工区的地板上，拿着蜡笔在塑料垫上乱画，经过提醒后，她会自己站起来，收拾好蜡笔和垫子。

### (三) 干预策略

1. 多了解幼儿成长过程与在家情况。

恩恩四肢发育比较迟缓，1 岁多才学会坐和站，但不是很稳，需要成人的帮助。语言表达也是通过家长和康复中心的老师慢慢教才学会发音，有些字的发音还不是很准确。恩恩的自理能力还可以，会自己穿脱衣服和鞋袜。她还有一个 2 岁多的妹妹，经过与妈妈的沟通，恩恩很疼妹妹，也很照顾妹妹，妹妹午睡时会帮妹妹盖被子；妹妹吃饭时，她也会表现出姐姐的模样引导妹妹自主吃饭，努力成为妹妹的好榜样。多了解恩恩的发展状况，老师们更能理解、接纳恩恩的特殊需要，从而更有针对性地采取措施，循序渐进地引导恩恩。

2. 坚持交流与互动

我们希望恩恩能通过日常交流加强语言表达能力。于是，我们有意地和她多说话，并一字一句地教她发音。每次我们都重复发音，希望她能跟着说，可这并不是一件简单的事，大多数情况下，她都不会跟着说。但有一次，恩恩和同伴们抢玩具，在争抢的过程中，恩恩嘴里蹦出"老师"二字，真的让人又惊又喜。

3. 帮助特儿融入班级

我们会经常与恩恩互动，引导和帮助她融入班级。比如，在区域活动和户外活动时，老师会主动与她一起游戏，有意识地为她搭建友谊的桥梁，帮助她建立她自己的朋友圈，让她多交朋友，感受交往的乐趣。

4. 包容孩子的特殊行为

对于恩恩的一些特殊行为，我们不会用常规的标准去要求她，更不会用严厉的言语去责怪她。我们会把那些特别的行为当成她需要外界帮助的信号，给予她更多的包容与指导，及时引导她纠正特殊行为。比如，她喜欢趴在地上，我们会让她知道地板有很多的细菌，趴在地上会让身体接触细菌，容易生病。对于特殊需要儿童，我们要多站在他们的视角看问题，用更多的耐心去教育他们。

(四)效果及反思

在家长和老师的帮助下，恩恩入园一个学期后有了不少的进步。她会用简单的词句向老师问好，每天早上回园见到老师时会说"师师"，有时候还能模糊地说出"老师"。与同伴交往时，恩恩会用自己的语言与同伴们互动，而且慢慢变得喜欢说话，能与班上的小朋友愉快地相处。她在动作发展方面也有所进步，跑步的时候能稳稳地跑起来，很少出现跌倒的情况。

对于恩恩的进步，我们感到非常欣慰。但是，在融合教育这条道路上，我仍有很多没有解决的问题，需要多学习融合教育的各种知识，积极探索，努力给特殊需要儿童更大的帮助。

## Ⅲ. 发育迟缓幼儿教育干预案例:

### 一、促进发育迟缓幼儿粗大动作发展的干预策略

顺德大良万圣怡幼儿园 黄玮然

(一)个案基本情况

然然今年 6 岁，就读大班，是一名发育迟缓幼儿。他的语言发展和记忆能力很好，喜欢和同伴、老师聊天，情绪管理和学习习惯也较好，自理能力在老师和妈妈的不断培养下一直进步。由于然然发育迟缓，而且体形偏胖，导致他在动作发展方面存在以下问题:

1. 眼睛很难长时间注视一点。

2. 走路双腿无力，呈内八字，左摇右晃，四肢不协调。

3. 跑步缓慢，姿势不正确，左右摇摆。

4. 动作灵活性差，对于障碍物不能及时作出躲闪反应，容易摔倒。

5. 上、下楼梯缓慢、协调性差，需要外物辅助。

（二）干预目标

1. 在没有任何辅助的情况下，然然可以单脚站立至少 5 秒。

2. 在没有任何辅助的情况下，然然可以单脚连续向前跳至少 3 步。

3. 在没有任何辅助及语言提示情况下，然然可以在走路或跑步时闪躲障碍物。

（三）干预策略

1. 腿部力量训练活动

（1）练习抬脚

双手叉腰抬脚：让然然身体保持直立，两手侧平举或双手叉腰，抬起一只脚，然后放下，再抬起，反复练习，让身体保持平衡姿势。这个抬脚练习是有效训练单脚站立的好办法。

（2）单脚踢球

让然然抬起一只脚，去踢地上的球。完成整套动作，然然必须保持身体的平衡，才能抬起一只脚去踢球。

（3）面对面单脚站立

引导然然找一个朋友，面对面站好，双手拉住同伴的双手，然然抬起一只脚，原地站立 3 秒或 5 秒，换同伴站立；或者双方拉住双手，同时抬起左腿或右腿，然后根据情况逐步脱离同伴的辅助，自己独立单脚站立。

（4）闭目单脚站立

首先让然然扶着墙或老师，站好后，双眼闭上，练习单脚站立；接着双手打开保持身体平衡，练习单脚站立；最后闭上双眼，练习单脚站立。

这个练习难度比较大，需要完成前一目标后再开始下个动作的练习，循序渐进地进行。

（5）利用音乐律动练习

①游戏玩法（一）：大家围成一个圈，互相拉手，听到音乐"如果感到幸福，你就跳一跳……"，大家单脚跳一下，之后依次增加，直至3到5下；

②游戏玩法（二）：大家围成一个圈，独立站立，听到音乐"如果感到幸福，你就跳一跳……"时，自己单脚跳一下，之后依次增加，直至3到5下。

2. 动作灵活性协调性训练活动

老鹰抓小鸡：一组同伴（然然在其中），每人排队抓住前者的背后衣角，他们当小鸡跟在母鸡（老师）后面，老鹰在后面追，母鸡带领小鸡跑步绕过设立在场地中的障碍物（雪糕筒），来回穿梭其中，用来躲避老鹰的出现，可以训练然然在跑步中躲闪障碍物。最后，母鸡离开，小鸡们自己排队抓住前者背后之衣角来练习，最后小鸡们各自自由散开，自主穿梭其中来躲闪障碍物以避免被老鹰抓住。

3. 建立自信心

帮助孩子树立自信心有助于促进其动作发展。在班上，只要然然有一点进步，我们都会及时给予他有效的鼓励和肯定，并明确地告诉他为什么得到奖励。由于先天问题，然然在行动上比别的同伴慢，产生了一定的自卑心理，在完成任务时显得有点胆怯。及时的鼓励及表扬，能帮助他树立自信心，得到他人的尊重，从而消除他的自卑感。如：在然然完成力所能及的事情后，老师及时在集体面前表扬他，让同伴知道然然和他们一样有了进步，并引导孩子们一起分享然然进步的快乐，让大家对他说些感谢、鼓励的话，使然然知道小朋友们需要他，大家尊重他、喜欢他，慢慢地，然然也开始变得有自信了。

（四）效果及反思

入园一年多，然然经过老师和家长的共同努力，基本上克服了自卑心理，能积极参与到班级各项活动中，在动作发展方面也有了很大的提高，特别在上、下楼梯的时候，能自己独立完成。

虽然孩子先天出现不足，但是通过后天的教育干预和培养是可以改变的，家长和老师需要付出更多的耐心与爱心，努力为孩子创造条件，拓展孩子的生活经验，让孩子更好地认知社会，发展各方面的能力。

## 二、发育迟缓幼儿融合教育的个案研究

顺德区机关幼儿园　黄静婵

### （一）个案基本情况

小宣，男，2016 年出生，3 岁入读幼儿园小班。入园面试时发现孩子语言表达能力较弱，基本不会用语言沟通，专注力差，大小动作发展水平均偏低，初步认为孩子有发育迟缓的问题。入读幼儿园之前以外婆和妈妈养育为主，妈妈工作较忙，白天由婆婆带小宣。由于外婆年龄较大，行动不便，白天带小宣时，较少下楼进行户外活动，沟通也较少，晚上妈妈或爸爸的陪伴时间也不多，基本饭后就洗澡睡觉。孩子一岁多的时候摔伤过脑袋，当时没有留意，后来脑袋发育大小不正常，做脑部 CT 时发现有少量淤血，医生建议不需要进行手术治疗，可以等身体慢慢吸收。但是，之前过多的积血压迫了脑神经，也直接导致孩子出现发育迟缓情况。

### （二）发展情况分析

1. 健康发展

（1）身心状况

小宣刚入园时身高正常，体重偏低，情绪相对稳定。晨接时会有焦虑情绪，不会用语言表述或说明自己的想法，只会通过大哭来表达自己的感受，其他时间没有太多情绪变化。对于班上组织的活动，缺乏参与意识，对老师的指令不能做出及时的反应，通常坐在位置上不动，需要老师协助

和提醒。

（2）动作发展

大小动作发展都不理想。能够走路，但是不能够快速跑，双腿力量不足，不能同时起跳，更不能向前、向上起跳。不能双腿交替上下楼梯。走路脚步轻浮，身体不稳，平衡能力欠缺。手臂力量不足，投掷沙包只有一米左右，幼儿使用的小板凳都搬不起来。手的动作不够灵活协调，手掌无力，不能灵活转动手腕，拍球时被动等小皮球弹起来，手眼不协调，常常连球跑了都没发现。进餐时不能很好地握住勺子，不能准确地把饭菜送到口里。小手肌肉无力，涂鸦的时候蜡笔画出来只有一点痕迹，给书包拉拉链都很难拉起来。

（3）生活能力

小宣刚入园时自理能力差。不会用杯子喝水，只会用吸管喝水，用杯子喝水时嘴巴不会合拢，口肌不发达。不会用勺子吃饭，需要喂饭，进餐速度慢。不会穿脱衣服鞋袜，中午很难入睡。会自己小便，午睡或平时会尿湿裤子，大便需要提醒和帮助。

2. 语言能力

小宣平时很少说话，能在成人引导下模仿一些短语或短句，比如："早上好""饮水啦""吃饭啦"之类的日常用语。对别人的说话内容不能做出正确、及时的回应。不太理解课堂用语，或老师给出的活动指令。倾听时注意力不集中，会左顾右盼，或者定在那里走神。模仿发音有很多音发得不准，或发不出来，不能用一整句话完整表达意思。和别人说话时眼睛极少对视，在成人引导下会说"谢谢"等礼貌用语。平时基本和其他幼儿没有语言交流，和老师的交流也很被动，只能回答一些简单的封闭式问题。能用"好""是""要""不"等简单的词语来进行回应。对阅读图书不感兴趣，对图画书上的内容不理解。

3. 社会性发展

小宣和其他小朋友之间很少有互动和交流，但是他愿意和小朋友玩平行游戏。对游戏活动没有明显的兴趣，在成人指导下能安静地进行一些简单自主操作的游戏活动。户外活动中会排队滑滑梯，很少和其他小朋友一起玩合作游戏。喜欢自己走来走去或坐下来到处看看。和小朋友很少发生冲突，偶尔发生冲突，小宣一般没有太过激烈的反应，也不会主动寻求帮助，需要成人主动干预与帮助。

4. 认知水平

认知水平较低，对一些简单的日常用品有一定的认知，但是数学认知方面很弱，基本的图形、颜色都不能区分，对数量关系没有概念。

5. 艺术感受力

对手指点画或拓印画这类活动愿意参与，喜欢各种颜色。听到节奏明快的儿歌会站起来拍手，摇摆身体，但是不会跟唱儿歌。

(三) 班级融合教育具体措施

根据前期我们对小宣在各个方面的发展情况的观察和了解，我们进行了讨论分析并制定了干预方案。在取得家长认同的基础上，我们在班上采用了个别干预和集体干预的形式，结合家长在家配合练习和锻炼，对幼儿进行了为期一个学期的干预教育，逐步提高幼儿的各项能力水平，有效促进其身心全面发展。具体干预措施如下：

1. 个别化干预策略

(1) 加强体能锻炼，通过循序渐进的方法帮助幼儿提升身体机能，发展其大肌肉动作，促进其身体平衡性、协调性和灵活性以及力量和耐力的发展。

① 锻炼跑步能力

每天晨练时，由于小宣不会跑步，我们先是拉着他一只手，带着他慢慢跑起来，他逐渐学会迈开脚步，摆动双臂，带动身体跑起来，保持身体的平衡，不会因为脑袋向前冲失去平衡而摔倒。一段时间后，我们再放开手，以陪跑的形式跟在小宣旁边，慢慢引导他按照一定的速度跑起来。他从一开始20米跑10几秒到后期只需要8秒多，不仅跑步的速度加快了，跑步的姿态也越来越规范。他在与同伴一起练习的时候，距离也越来越小。说明他的腿部力量在增强，身体的协调性变得更灵活。

②锻炼跳跃能力

在跑步能力逐步提升以后，小宣的腿部力量明显增强，我们开始锻炼他的跳跃能力。开始小宣只会原地跳，我们先在平地上跟他玩"白兔跳"的游戏，让他学会并腿起跳；再用小呼啦圈给他玩"小青蛙跳荷叶"的游戏，练习双腿向上向前跳跃。刚开始时小宣掌握不了蹬腿起跳的技能，笔直地跳跃使得他总是跳不出圈，不能从一个圈跳到另一个圈里，常常踩到呼啦圈的边缘。经过老师多次示范后，通过拉起他一边的手带动身体向前跳跃，并辅以小零食之类的强化物奖励的方式，鼓励他从一个圈跳到另一个圈里面，逐步学会向上向前跳，慢慢过渡到连续跳圈圈。他第一次跳过一小排圈圈来到我的面前的时候，我们老师都给他鼓掌表扬，同时给他一颗葡萄干作为奖励。他开心地拍手，张开嘴巴吃起葡萄干，然后自己很快跑回起点，接着快速跳过圈圈，来到我的面前张开嘴巴想要获取第二次的奖励。而这样的进步是我们用了两个星期，每天下午离园时间训练15分钟的成果。接着，我们利用稍微高一点的纸砖，引导他跳跃过去，逐渐提高跳跃的难度，使跳跃更高更远。之后逐步过渡到用小轮胎作为障碍物，锻炼小宣的跳跃能力。在这个过程中小宣付出了汗水，也取得了可喜的进步。

③锻炼平衡能力

我们训练小宣走平衡木、小轮胎花基、小木桩、跳蹦床等方式让小宣感受平衡。开始走平衡木等平衡器械的时候他会经常掉下来，需要老师从旁协助。在跳蹦床时他也表现得很害怕，不敢走到中间去跳。我们先让他站在旁边，先扶着围栏跳，慢慢适应以后再让能力强的同伴扶着他一起走到蹦床的中间去跳。在这个过程中，从紧张到尽情玩耍，我们看到了小宣变得更加大胆、自信。平时锻炼单脚站立时他还是只能站三四秒，但是对于小宣而言已经有了很大的进步。

④锻炼拍球能力

拍球能力的好坏主要和孩子的小手灵活性、力量和手眼协调能力有关系。小宣看东西时眼神游离，很难专注到球上面。手掌的力量也明显不够，手指的灵活性也不足。刚开始他学习拍球时就是把球扔到地上，然后看着球自己弹起来或弹开。我们只能分步骤锻炼他的球感。首先，练习一拍一接，双手抓握球，再将球扔向地面，弹起时双手接住。慢慢感受抓握球的感觉，学会用眼睛去观察球，用手去接住球。由于篮球对他而言还是太重了，于是我们先用大一点的西瓜球给他练习，由于西瓜球又轻又大，所以小宣很容易就能抓住，给他练习一段时间之后再改成篮球进行锻炼。当他能够准确抓住西瓜球的时候，我们再训练他拍握篮球，慢慢过渡到学习连续拍打篮球。当他基本能将弹起的球接住时，再尝试练习连续拍球。拍球对于很多小班幼儿而言都比较困难，小宣通过循序渐进地练习，逐渐掌握拍球的技巧，经过半个学期的练习，小宣已经能够连续拍球五六下，这样的进步实属难能可贵。小宣在练习拍球的过程中，手眼协调能力和手部的力量都得到了锻炼和提高。

（2）加强小肌肉动作的训练，促进其手部小手肌肉的灵活性和手眼协调能力的发展

正所谓心灵手巧，锻炼小宣小手灵活性能够促进他的身心发展。在区域活动中，我们通过动手能力训练相关的工作来帮助小宣做小肌肉动作的训练。如穿木珠、夹豆子、塞蘑菇钉、捏纸球、搓胶泥、撕报纸面条、开锁头、拼插玩具、舀玻珠等工作游戏，逐步锻炼他小手肌肉的力量和灵活性；手指抓握力量明显提高，二指捏或三指捏的动作也有所提高，同时提高了手眼协调能力。由于小宣放学较晚，我们也常常利用离园时间对其进行单独训练，指导他操作各项学具，性格文静的小宣，大部分时间能在老师的指导下安静地操作学具。在日常生活中，我们通过鼓励小宣自己穿脱鞋袜、尝试自己剥橘子皮、剥鸡蛋壳等日常工作，让他的小手肌肉得到进一步的锻炼。在这个过程中，小宣也逐步建立自信心，当我们表扬他会自己穿脱袜子的时候，他开心地笑了。

（3）加强语言能力的训练，增加语言的输入，以日常对话为主，适当增加词汇量的同时，辅以听说游戏训练其反应速度

发育迟缓或自闭症儿童通常语言发展都比较差。小宣的语言发展明显

滞后，3 岁只有 1 岁多的水平。《指南》中指出："语言是交流和思维的工具。幼儿的语言能力是在交流和运用的过程中发展起来的。"所以，我们在帮助小宣发展他的语言能力的时候，更多的是注重个性化的交流。由于他的词语贫乏，很多日常对话都不是很明白，首要任务就是让他掌握日常用语，并能够做出回应。我们常常一个指令要跟他重复两到三次，并指导他按照这个指令做出相应的回应。比如我们对他说："小宣，过来喝水。"如果他没有反应，我们便走过去，拉着他的手，边走边说，"小宣，过来喝水。"并引导他取自己的水杯喝水。又比如：我们要求孩子离开位置要放好椅子。我们会边说边做动作示范，当发现小宣没有跟着做的时候，我们会走过去拉着他的手，说："小宣放好椅子。"通过动作示范能够让小宣记住这些指令的意思，慢慢地他还会模仿老师的指令，边说边做。再比如：吃饭的时候，我们发现他吃得好，我们会表扬他"小宣今天吃得又快又干净，老师表扬你。"听后他会开心地笑起来。刚来幼儿园的时候，他吃饭时，托盘、桌面会掉很多饭菜，到后来越吃越干净，这跟我们强化他注意饮食卫生有关，也跟他小手的灵活性得到提升有关。当他手眼更协调后，就能够把饭菜更准确地送到嘴里。经过两个月的强化练习，小宣开始能够听懂幼儿园一日生活的各项指令，并做出相应的反应。在创设良好的语言氛围方面，我们安排了一些能言善道、性格温和又乐于助人的女孩子坐在他的旁边，让他获得更多语言输入的机会。

在闲暇时间，我们会跟他聊天或给他讲故事，扩充他的词汇量。比如：给他讲一些简单的故事，让他从图画中了解故事里面的事物的名称，让他跟着一起说。渗透学习一些形容词，比如：美丽的蝴蝶，可爱的兔子，红红的太阳，绿绿的小草等。培养他阅读习惯的同时，也帮助他从书本中了解更多的事物或词汇。

我们还通过跟他玩听说游戏，提高他的听说反应速度，训练他的发音。比如：通过玩"大小声"游戏，训练他大胆发声；通过玩"听词语拍手"游戏，学习词汇，感受词汇的分类；通过做基础音节训练，帮助他纠正发音。

（4）加强自理能力的培养，逐步建立自信心

幼儿的自信源于自身能力的发展。对于新小班孩子而言，自理能力的提升将大大提高幼儿的自信心。我们从用杯子喝水开始培养小宣的自理能力，逐步教会他自己换鞋子、袜子，自己用勺子吃饭，自己脱裤子，把脏衣服放进环保袋等。虽然学得比其他孩子慢一些，但是，每一天的训练都踏踏实实地做着，他也逐渐取得进步。

刚开始学习换裤子时，他并不愿意做，或者说不知道如何去做，当别人在换衣服裤子的时候，他常常就坐在位置上发呆。然而，在我们一次又一次地手把手帮他把裤子脱下来，再拉着他的手穿上干净的裤子，指导他把脏裤子放进环保袋，最后把环保袋放回书包，并拉上书包拉链的过程中，小宣终于在第 4 个月学会了自己换裤子，整理书包。到了后期，小宣在园已经基本能自理，他有时候甚至做得比个别拖拉的孩子还要好，还要快。针对他很难午睡的情况，我们安排一个老师坐在他的旁边，轻轻拍打他，他闭上眼睛，慢慢就安静下来，沉沉睡去。渐渐地，小宣养成午睡的习惯，上床后都能较快入睡，尿床也变得越来越少了。到期末的时候，小宣在幼儿园已经基本能够自理。

（5）加强认知能力的培养，从认识周围的事物开始认识世界

除了日常一些物品的认识，我们还利用各个区域的学具，从一定程度上提升小宣的认知能力。在科学区，通过各种嵌板，帮助他认识各种颜色、形状、动物等；通过让他触摸感受物体的材质是光滑或粗糙，柔软或坚硬，并尝试表达自己触摸时的感受；通过数字嵌板，他认识了 1—5 的数字和数量对应关系。在观察角，他学习观察花卉，并认识了一些种子。在表演区，他感受各种乐器的声音，并跟着音乐一起唱唱跳跳。在美工区，通过玩颜料，感受各种色彩的变化等。认知能力的发展，使得他对周围的事物更加感兴趣，更具有探索欲。

（6）加强人际互动，促进其与他人之间的沟通和交往，发展其群体生活适应能力

由于语言发展滞后，很大程度上影响了小宣的社会性发展。我们通过

以强带弱的方式，让能力强的同伴带着小宣参与他们的游戏，以此促进小宣在班集体的人际交往能力。在这个过程中，我们跟进观察和适时帮助他参与同伴游戏。他和同伴之间，有时候是玩平行游戏，比如：各自做手工、看书或建构；有时候则是玩合作游戏，比如：一起玩过家家或一起做实验等。刚开始，小宣的参与能力较弱，但是，在老师的指导下和同伴的陪同下，他逐渐融入到游戏当中，学会和他人一起合作游戏，体验小组游戏的快乐。人际互动的增加也使得冲突偶发生，而我们发现刚开始小宣和小伙伴争东西时输了也没什么反应，后来他开始会不开心，会大哭，甚至还会咬人。虽然小宣的情绪管理还属于比较低级的水平，但是从没有感觉到产生本能的反应，会用哭闹或咬人来宣泄情绪，我们看到小宣在情绪感受方面是进步了。后面我们要做的是引导他如何用语言表达情绪，如何控制情绪，逐步向更高水平发展。从小宣在冲突中的表现，我们可以看到，他在这个集体环境下更加放松，敢于做出本能的反应，和同伴之间正是因为互动增加才会产生冲突，当他慢慢学会解决冲突的时候，他将更好地适应幼儿园的群体生活。

2. 集体干预措施

（1）使用同伴支持策略，营造团结友爱、和谐互助的班集体，促其发展

在班级中，我们老师对小宣更加关注，给予他更多的包容，当他做不好事情的时候我们耐心教导，言传身教，对于班上能力较强的幼儿，我们会请他们做小老师，去帮助小宣做一些力所能及的事情。比如：在小宣练习倒水的时候，他会把水洒出来，我们就请一个能力强，又乐于助人的孩子和他一起游戏，并请他做小老师，看到小宣需要帮助的时候可以及时帮忙。当大部分幼儿能自己换衣服时，由于手部力量不足，小宣还不能很好地独立完成。衣服有时候卡住脱不下来，我们有时会请已经换好的孩子过去帮助他。同时，在体能训练中，除了老师的指导和陪练，同伴的陪练也是非常重要的，同伴的竞争往往更能激发小宣的表现欲，让他更加积极参与到训练活动中。在体育锻炼中，我们发现许多小伙伴都愿意和小宣一起

跑步，一起跳跃，不仅大家的体能都得到锻炼，小宣的人际交往能力和语言表达能力也得到一定的促进和发展。当大家的帮助形成一种习惯的时候，我们就会看到，小朋友甚至会主动去帮助小宣，并带他一起游戏，把他当小弟弟一样照顾。当小宣上楼梯的时候因为不能双腿交换上楼梯，小朋友会主动去拉住他的手，带着他一起上楼梯；当小宣在户外活动时不会玩摇摆车，摇摆车开不动时，小朋友会主动过去让他坐到他们的车后面，带他一起开车；当小宣起床穿袜子动作很慢时，已经换好的小朋友会过去帮他穿，帮他调整袜子……就是在这样温暖而有爱的环境中，小宣变得越来越开朗活泼，他很享受这样的同伴关系。愉快的情绪和良好的人际交往，也更好地促进了小宣在班级体中的融合与发展。

（2）集体教学上的支持

在集体教学中，小宣注意力不集中，他的认知水平偏低，有时候很难理解老师课堂上所教的内容。但是，集体教学有预设的教学目标，我们不能因为小宣的参与就随意调整教学难度。于是，我们通过丰富课堂的活动形式，让课堂尽可能动静结合，吸引幼儿的注意力。同时，在课堂上根据幼儿不同的发展水平进行提问或让他们参与不同层次的游戏。针对小宣在集体教学中容易出现注意力不集中的情况，我们除了更多的提醒和关注外，还是会给更多的机会让他参与到活动当中。比如：让小宣回答一些稍微简单的问题，或者在课堂中帮助老师做一些力所能及的事情，以此吸引他的注意力。有时候我们会在同一个游戏中请几个小朋友一起参与，这种小组的形式能够让小宣没那么紧张，即使不太会，也可以参照学习其他幼儿的做法。又或者先请能力强的幼儿示范几次，再请小宣跟着做。通过这样一些方式，慢慢地培养他的学习稳定性和参与活动的积极性。我们老师及时的肯定和鼓励不仅让大家看到小宣的进步，更重要的是帮助小宣树立起学习的信心，获得成就感。

除此之外，像艺术类的课程尽可能让小宣自由发挥，以快乐的体验为主。而像数学、语言这类课程，我们都会在当天离园时间找机会给小宣进行查漏补缺，帮助他进一步理解和掌握。比如：我们在学习各类形状的时候，小宣根本不懂各种形状的名称和特征，我们在课后通过形状嵌板，用蒙台梭利三段式教学法再对他进行拓展训练，通过这样的方法，他慢慢能够感知各种形状的特征，能够拿对老师要求拿的形状，也能够把嵌板放到正确的位置上，感知图形的对应关系。

（四）干预效果

经过一个学期的干预后，虽然小宣目前各方面的发展还不能达到同龄小伙伴的水平，但是也有了长足的进步。小宣在体能发展上有了很大进步，跑步、跳跃、拍球等能力有很大提升，能够和老师一起参与早操，基本掌握操节的动作；基本能够自理，午睡不再尿床，能够独立进餐，自己穿脱裤子，自己穿脱袜子和鞋子；懂得基本的礼仪，会说"谢谢"和"对不起"等礼貌用语；小手灵活性更好了，串珠、夹豆子等需要手眼协调的工作都能自己做；有一定的人际交往，乐意参与到集体活动中，和同伴有一定的互动；情绪更加稳定，和其他人对话时眼神更加聚焦，而不是左顾右盼；日常的用语都会说，能够听明白老师的指令，能够进行一些正常的互动；词汇更加丰富，小宣在英文学习内容上也小有成效，掌握了部分颜色、形状、身体部位、小动物的英文说法；喜欢跟唱中英文儿歌，能够跟着音乐一起感受轻快的儿童舞蹈；喜欢上幼儿园，每天都开开心心回园……短短一个学期的干预，我们从小宣的身上看到了希望，相信只要足够努力，足够坚持，小宣一定可以追上其他小伙伴的步伐。

（五）个案反思

1. 个别化教育能更有针对性地帮助发育迟缓幼儿实现向更高水平发展的目标

《指南》中指出我们要"尊重幼儿发展的个体差异。"事实上，我们每一个人都是不一样的个体，每一个人的发展进程是不一样的，对于发育迟缓的幼儿而言，我们更加不能用一把尺子去衡量他的发展，而是应该看到他当前处于什么发展水平，充分尊重和理解他的发展进程，继而用有效的方法引导和支持他从原有水平向更高水平发展。在该个案中，我们通过前期对个案的观察获得个案发展水平的依据，在这个基础上研究哪些工作或训练符合个案发展需求，再通过大量"让他跳一跳就够得着"的个别化训练和干预，循序渐进，逐步促使他向更高水平发展，达到我们的干预目的。

2. 融合教育不仅促进特殊需要儿童的发展，也同时促进普通幼儿的社会性发展

在该个案中，我们能够看到个案的进步不仅仅靠老师的干预，更重要的是靠他自身的努力和坚持，而这个过程也离不开同伴的支持和帮助。从个案的干预过程中，我们反过来看，不难发现，同伴的支持不仅促进了特殊需要幼儿的发展，他们对特殊幼儿的关心、帮助、支持与陪伴，同时也让这些普通幼儿变得更加有爱心，有责任，有包容心，他们的社会性发展变得更好，他们自身的能力也在帮助特殊需要幼儿的过程中得到提高，小老师的荣誉感和成就感同样让普通幼儿变得更加优秀和自信。

3. 融合教育的进程需要家庭的重视，家校合力才是特殊幼儿良好发展的最大助力

好的幼儿教育绝对是家园精诚合作的产物。同样，好的融合教育更需要家园的通力合作。在个案干预之前，我们多次和幼儿的家人进行了沟通，了解到幼儿除了后天损伤造成其发育迟缓外，其家庭早期教育模式也存在问题。本来幼儿因为后天脑袋受伤就导致其发展滞后，特别是语言和动作发展停滞不前，但是，在这样的情况下，家人不但不加强这些方面的训练，反而错过其语言发展的关键敏感期。3 岁以前是儿童语言发展的最佳时期，然而家庭教育中极少的沟通时间根本不能满足其语言发展的需求。同时，少的可怜的运动量也导致幼儿的体能、动作发展明显滞后。在达成干预共识后，我们帮助家长制定家庭干预措施。家庭主要通过多带幼儿到户外活动，提高他的动作发展；平时尽量让幼儿自己的事情自己做，提高他的动手能力和自理能力；加强语言输入，在家里做什么事情都和幼儿进行语言上、肢体上或表情上的沟通互动；同时，和幼儿一起多看图书，多认知周围的事物，以此提高幼儿的语言水平和认知水平。正是调整

后的家庭教育配合在园的干预和教育，才使幼儿在短时间内取得明显进步。

### 三、对发育迟缓幼儿的融合教育干预个案

顺德区容桂东逸湾英伦幼儿园　范颖姬

#### （一）个案基本情况

小玲，女，2014 年生，早产，五岁入读小一班，妈妈陪读。专业机构对她的评估结果为：智力发育迟缓，语言发育障碍。

#### （二）个案情况分析

以观察记录法、档案资料法、对比研究法，我班教师对小玲进行为期一个学期的随班观察记录，并使用"学前幼儿发展检核表"和《3—6 岁儿童学习与发展指南》记录评估小玲现有的发展水平。

1. 体质较差。身高低于普通儿童水平，身体免疫力低下。粗大动作和精细动作发育迟缓，大运动手脚不协调，无法灵活使用剪刀等工具。

2. 语言发展迟缓。主要表现在倾听和语言表达能力差，无法与对话者进行眼神对视，不会主动与人打招呼，不会用语言表达需求，会简单模仿、复述 10 字以内的短句。

3. 社会性发展迟缓。主要表现在同伴关系不良和无规则意识，参加集体活动经常离开队伍，偶尔会有攻击性行为。

4. 自我控制能力弱，经常离群，课堂上偶尔坐不定。

5. 感受欣赏艺术和表现创造艺术的能力差。早操活动和音乐活动难以模仿老师的动作。

#### （三）干预策略

本研究的教育干预措施分为集体融合教育和个别化教育，主要在幼儿

园进行，结合半日机构训练干预与适当的家庭教育。幼儿园的干预计划为期一学期，每周一至周五上午实施。

1. 班级融合教育干预训练

（1）日常生活中的融合

①配备小天使，让她参与班级日常生活的融合

教师的态度决定孩子们的态度。普通教师是融合班级的灵魂人物，小朋友最容易受老师的暗示，老师的作用举足轻重。小玲刚来的时候，老师会这样介绍小玲："小玲长得很漂亮，但是她跟我们有一点点不一样，没有我们灵活，她不会表达自己，她做事情很慢，甚至很多事情都不会做，我们跟她说话的时候可能要多说两遍，耐心解释一下，她才能听懂哦，老师来比比看谁是班上的爱心小天使，能大方伸出双手帮助小玲，老师最欣赏喜欢帮助别人的小朋友了。"比如小玲很喜欢按班上电视的按钮，这样的行为今天又发生了，小诚小朋友马上跑过去阻止小玲不能这样，还比了个"不可以"的手势，告诉小玲这样做很危险，小玲并没有理会，小诚伸出了小手拉着小玲回到了座位，嘴巴还不停解释说："这样很危险哦，我们不能这样做，知道吗？"

②与班上家长的融合

普通家长是否接纳首先在于幼儿园的态度。园长和老师在面对质疑采取坚定的态度源于全纳的理念和对幼儿园教育的自信。同时也要发挥家委会的作用，在与小玲家长事先沟通好的情况下，在家委会第一次会议时老师将小玲的基本情况跟家委们阐述了，把融合教育对普通孩子的好处进行沟通，让家长们知道融合班级的孩子会更加有爱，同时，在小朋友帮助小玲的同时也会增强部分小朋友的自信心，通过这一部分的家长感染并带动所有的家长接纳有特殊需要的孩子。另外，小玲妈妈对老师工作的支持及对班上孩子的特别关爱，也在家长们的心中树立了非常好的形象。

（2）日常活动中的融合

在日常活动中，我们采用家长陪同、同伴指导策略，帮助小玲完成教师指定的任务。小玲的理解能力较弱，较难遵守班级常规，另外小玲有些

行为较刻板，需要加强引导。

比如：排队时会离群。我们采取了措施，每当排队时，让小玲站在队伍的第一个，老师牵着小玲的手，让第二位小朋友手搭着小玲的肩膀，让小玲有集体意识。然后慢慢过渡到让小玲排在队伍的中间，搭着小朋友的肩膀。这个方法经过长期训练，小玲的排队意识慢慢增强了。

又比如：小玲比较挑食，对于不喜欢吃的食物特别抵触。智力发展越落后的儿童，此方面的问题行为则会更多。其原因在于，智力落后的儿童可能分不清哪些东西是可以吃的，哪些是不可以吃的，因而会出现异食行为。他们也可能不明白饥饿状态与饱餐状态的不同，因此常常会过量进食。因此，我们通过一段时间的引导，教小玲觉察自己什么时候处于饥饿状态，什么时候处于饱的状态。我们运用过度矫正程序纠正小玲的异食行为，同时教小玲辨别可吃的食物和不可吃的物品。

小玲还存在攻击行为，表现为喜欢掐小朋友，并且攻击对象无差别，选择距离她最近的进行攻击。有的时候她会面目狰狞、反复搓手，如果不转移她的注意力，几秒钟后就会出现攻击行为。经过了一个月的观察和与家长的交谈，我发现许多孤独症儿童或者发育迟缓的孩子在适应新环境时都会出现问题行为，有的会大喊大叫，有的会自伤，有的会畏缩，也有的会像小玲一样选择攻击行为表达自身的感受。针对小玲的攻击性行为，我们采取了转移注意力的方法，每当孩子有这样的行为，我们老师就会让小玲参与其他的游戏活动，或者请小玲当老师的小帮手，之后会给予小玲大大的拥抱和大拇指，让小玲知道做有意义的事情，老师才会更喜欢，会表扬她。久而久之，小玲的攻击性行为明显减少了。

2. 个别化教育干预训练

（1）语言专项训练

小玲虽具有基本的语言能力，但是日常交往语言缺乏，需要帮助她积累语言素材。教师借助物质奖励来强化小玲的期望行为，如奖励贴纸。教师也运用故事法，借助绘本，帮助小玲理解故事中人物的语言，培养规则意识，将故事中的交往行为外化到实践中。同时也会利用入园和离园的机会训练小玲与人打招呼的习惯。教师说"早上好"或者提示性地问"早上来幼儿园见到老师、小朋友们应该说什么呀?"小玲说"早上好"后,教师及时夸奖和奖励。离园时,也用同样的方法鼓励小玲向教师和其他小朋友说"再见"。

(2)动作训练

小玲不能完成与同伴难度相同的动作项目,因此必须进行个别化的动作发展训练。根据干预计划,进行荡秋千、走平衡木、翻滚、沿直线走等感觉统合训练。大肌肉动作训练选择上下楼梯、起立蹲下、单脚立地跳、攀爬、球类运动等训练。精细动作训练主要借助蒙氏教具,选取了日常生活教具中的穿线板、二指抓、三指抓等,以及感官教具中的几何嵌板橱、插座圆柱体组、彩色圆柱体、神秘袋等教具进行训练。

(四)效果与思考

经过教育干预,小玲虽未达到 5—6 岁儿童应达到的发展要求,但是与干预前相比有较大的进步。目前小玲在 1 分钟内,能够完成拼插树的操作玩具;语言的倾听与表达能力增强,能够主动向熟悉的教师和同伴问好;同伴交往能力和规则意识增强,对同伴的游戏邀请有积极反应,虽然偶尔仍需教师的介入。通过本案例的研究,我们得到一些启示:

1. 重视家庭教育和加强家园合作

融合教育涉及的人员不只是幼儿园教师,家长、教师、相关专业人员需要通力合作,共同寻求在融合环境中帮助特殊需要儿童和健康儿童更好融合的方法和途径。小玲的家长提及小玲在家中训练时随意性较大、坚持度不够,大多数时候因为耐心不足、内疚等,降低了对她的教育要求,且其父母工作较忙,原定于每周五的沟通交流计划也没有持续坚持,导致部分行为问题不能及时得到控制。因此在以后的教育干预中,需要争取家庭更积极的支持。

2. 加强教师特殊教育专业知识培训

作为一名融合班级的老师,要从多方面提高自身的教育专业素质,更多地了解和学习特殊需要儿童教育的知识、方法、技巧以及应对措施等，提高融合教育能力。

## Ⅳ. 多动症幼儿教育干预案例：

### 多动症幼儿在园融合教育个案分析

顺德区机关幼儿园  李火仙

### （一）个案基本情况

小涵，男孩，2016 年 8 月出生，正常年龄入读幼儿园，现就读小班，是一名多动症儿童。妈妈全职带孩子，家里还有一个读小学的哥哥。教师家访发现孩子在家好动暴躁，妈妈管教不了。后了解到爸爸是个体户，极少参与孩子教育，如果孩子犯错只会一味责骂，要不就动手开打。哥哥与弟弟在家的相处方式就是武力式打架。

### （二）个案行为分析

1. 有意注意时间短，缺乏纪律意识，自控能力弱

通过观察发现小涵在集体活动中主动注意力很差，维持时间短暂，最多注意两分钟就被身边的事物吸引。他从不按正常要求坐到椅子上，经常站起来随意脱离班集体一个人活动，表现极其好动，爱狂奔乱跑，一刻不停，走路不稳，易摔跤，经常会发现他身上有磕磕碰碰的伤口。

2. 缺乏与同伴交往的能力

游戏活动时，小涵只按自己的意愿行事，任意拿取玩具。当想玩同伴手中的玩具时，不会主动沟通，就直接伸手去抢。同伴不愿意，他就大喊大叫，并攻击对方。

3. 冲动任性，攻击性强

小涵性格倔强，不愿意接受约束，遇到不如意的事情喜欢大叫。不讲道理，经常直接用脚踢、手抓、嘴咬、吐唾沫、砸东西等方式攻击身边的

同伴、老师。孩子们不敢和他玩，怕被他突然袭击。

4. 情绪障碍，易活动过度

在园情绪不稳定，易冲动，一点即爆，一动起来就收不住。爱发脾气，经常抢东西、打人，屡次破坏公物。休息时间不愿意坐在小椅子上，老师进行干预他就会摔椅子，已经摔烂好几张教室里的椅子。

### （三）干预策略及在园管理

1. 教育策略

（1）持续跟进观察，分析原因

访谈调查小涵的家庭基本情况，了解家庭教育方式，对其冲动任性、攻击行为、情绪障碍跟进观察，确定典型行为，并分析原因。

小涵入园后行为异常，引起了班级老师和园领导高度重视。班级老师多次与小涵妈妈进行沟通，园领导和特教资源室老师也多次到班上观察了解情况。经老师的专业引导，妈妈意识到爸爸在家打骂孩子以及对待孩子态度的危害，但是爸爸无视孩子的这些不正常行为，妈妈劝教无力。老师本想约谈爸爸，但是爸爸始终不愿交谈。园方根据小涵的系列行为表现，判断该幼儿有疑似多动症行为症状，但其家庭不愿意带他到医院进行诊断，缺乏医学鉴定，故只能暂定为疑似多动症。

①制定干预性教育方案

由于开学以来已有多位家长反映孩子在班被小涵打伤、抓伤、咬伤等事件，班主任老师通过与家委们沟通后，在园领导和特教资源室老师的协助下，成立研究小组对小涵进行教育干预。研究途径是定期开展碰头会，通过约谈、电话、微信等方式与家长保持密切联系，随时跟进与反馈，改进策略。经研究小组讨论拟定了初步干预方案：鉴于小涵在园伤人情况较频繁，对其"爱抓人""横冲直撞"行为进行矫正。

②运用认知行为疗法、正向行为支持法、同伴支持策略、日常行为报告卡等方法帮助小涵修正不良的行为模式

认知行为疗法：班级老师借助教育情境，捕捉教育契机让小涵明白

"打人抓人是不对的"，让他认识到"打人"的严重性，并从内心去改变这一不良的行为。

正向行为支持法：小涵对英语很感兴趣，在英语活动中，特意让他坐在最前排。鼓励他坐在椅子上听课，积极回答问题，遵守课堂纪律，遵守游戏规则，请他带头第一个回答问题，并给予星星奖励，及时肯定表扬他正面的行为。

同伴支持策略：我们发挥同伴支持的作用，为小涵构建一个好的学习氛围。我们把棠棠、月月这些自控能力非常强的孩子安排在他身边，同时在各个活动中也都特别关注他，当他注意力不集中时及时给予提醒。在一些活动中也让其他孩子带动他积极参与到学习中来，遇到困难时，同伴给予帮助。

日常行为报告卡：在碰面会上，我们和妈妈一起制定了日常行为报告卡，并做了一个有计划的目标。主要是针对小涵在园"打人"和"发脾气"的行为表现做系统的记录跟进。对他在园和在家的表现记录了一个月后，他的行为有明显改善，打人、伤人的次数越来越少，但后期偶有频率增高现象，我们视其为正常现象。

2. 在园管理

(1)全园教工统一认识，保持及时有效的沟通。园领导在早会上向全体教师介绍了小涵的情况，要求大家一起关注其行为，给予其正面语言鼓励和引导帮助。例如有一次在放学时间，张老师发现小涵把大的石头向上抛进树叶丛里，任石头随意砸落，他妈妈大声喊停他还是不听。张老师看到后马上令其停止这种危险行为，并通知班主任一起对其进行思想教育。

(2)制定合理的作息时间。譬如在早操时间、上课时间、午睡时间等按时对他进行提醒，同时叮嘱他多喝水、上完厕所后要洗手，帮助小涵养成良好的生活习惯。在需要较长时间等待的衔接环节，我们安排小涵做一些力所能及的事情，比如在等待分切水果时让他做小老师帮忙派发小碟子。在午睡时也特许他抱着自己的入睡安抚物，保证睡眠质量。

(3)活动不限制。小涵精力充沛，思维活跃，总是无法自控性安静下来。如果日常里还被要求这不能做，那不能动，那他就更想四处活动了。所以我们采取以动制动的方法，让他多参加各类体育活动，消耗其体力精力。日常也多安排他做一些"小老师"之类的活动，既对他起到鼓励作用，又让他有事可做，不至于做其他会影响到教学秩序的事情。

（4）对其不恰当行为给予严厉的批评。对于小涵经常出现的打人抓人、损坏公物、扰乱秩序等问题行为，我们一旦发现就会严厉制止，并做思想教育。让他知道这样做是不对的，防止不良行为形成恶习。

（5）取得本班家长们的理解和支持。家长们曾经反映有这样一个孩子在班上较危险，也觉得对自己的小孩不公平，担心小孩会被打或学习生活上受到影响。我们在学期家长会上向家长们说明教育的意义，融合教育是双向的，接纳特殊需要的孩子，让他们可以融入集体，帮助其改进；同时班上孩子也学会接纳与帮助，并学会合作，学会保护自己。经过分享交流后，家长们表示支持融合教育。

（四）对家长进行专业指导，形成家园合力

1. 就家庭影响对孩子的重要性对家长进行指导，同时提供专业的方法和相关的策略，引导家庭成员要在教育态度和方式上尽量达成一致。鼓励家长定期参加我园的融合教育家长专题讲座及参加案例分享会，让小涵的父母认识并了解特殊需要孩子，并借鉴学习经验。

2. 要求小涵的父母配合幼儿园工作。我们约谈家长，制订了家园合力计划。从园方层面与家长进行交流，对其家长提出一些合理化的建议和基本要求：家长尤其是爸爸不得打骂孩子，要多拥抱孩子，让孩子感受到爱与温暖，陪孩子活动，不要总让孩子个人玩耍；多说正面的鼓励孩子的话；不在孩子面前打闹，给孩子营造良好的家庭环境，减少不良行为对孩子的影响。

（五）效果与思考

1. 经过大半个学期的干预教育，小涵打人、爱发脾气的行为有了明显的减少。班上的孩子不再像以前那样回避他，而是愿意和他一起玩，并且在发现他有不正当的行为时会提醒他。班上的家长也解除了担忧，还在家引导自己的孩子如何正确地认识小涵的不良行为以及鼓励孩子帮助其改正。我们很开心地看到小涵可以融入我们班集体生活里面来，这也是老师们感到最欣慰的事。

2. 作为一位普通的幼儿老师，我们在实施融合教育的过程中缺乏有序性和专业性，在教育策略上只能是摸索前行。但是自从幼儿园开展融合教育以来，定期对老师们进行相关专业知识的培训，研讨分析案例，邀请专家讲座等。教师和保育人员也结合掌握的知识技巧，在教研组和园特教资源室老师的带领下不断尝试多种教育管理方式，慢慢地理解和发现特殊儿童的发展特点，摸索较为合适本班特殊需要孩子的教育管理方式。虽然可能只是一些经验式的方法，但也是有效地帮助到了特殊需要孩子，同时也提升了我们教师的自身教育能力。

## 第三节　融合教育一线教师论文、随笔

### 特殊需要幼儿随班就读家长陪读策略

顺德区大良万圣怡幼儿园　李萍

【摘要】随着国家对融合教育的倡导和推进，接纳特殊需要幼儿进入普通班级随班就读，进行融合教育的现象越来越普遍。本文首先介绍了幼儿园特殊需要幼儿随班就读的意义：使家长陪读的教育成效最大化。随后分别从教师、特殊需要幼儿家长与普通幼儿家长三个方面提出陪读策略。

【关键词】特殊需要幼儿；随班就读；家长陪读；策略

《国家中长期教育改革和发展规划纲要(2010—2020年)》提出"优先发展、育人为本、改革创新、促进公平、提高质量"的工作方针，要求教育工作者关注全体学生，其中也包含有特殊教育需要的学生，为每一位学生

提供合适的教育，促进学生最大限度的发展。[1]十九大报告提出，要坚持在发展中保障和改善民生，在幼有所育、学有所教、劳有所得、病有所医、老有所养、住有所居、弱有所扶上不断取得新进展，保证全体人民在共建共享发展中有更好的获得感，不断促进人的全面发展。[2]在各项政策、法律法规的陆续颁布与社会团体的努力推动下，幼儿园有越来越多特殊需要幼儿(以下简称星儿)进入普通班级随班就读。由于星儿尚不能独自适应幼儿园的生活与学习，所以需要家长进入幼儿园辅助陪读。但幼儿园教师和星儿家长对特殊教育专业知识掌握甚少，对随班就读意义了解不足，导致家长陪读质量不高。故梳理星儿随班就读的意义，清楚教师与星儿家长的陪读策略，争取普通幼儿家长的理解与支持显得尤为重要。只有三方共同努力，才能促进教育面向全体幼儿，使每一位幼儿都能得到最大限度的发展，达到陪读预期效果。

## 一、幼儿园星儿随班就读的意义

### 1. 有利于星儿身心和谐发展

随班就读能帮助星儿获得同等学习与生活游戏的权利，大家的理解与接纳有助于他们更好地理解自己与他人、环境、社会的关系，从而帮助他们更好地适应周边环境，提高社交能力，促进身心健康和谐发展。在随班就读过程中，星儿与普通幼儿相交相处，有利于星儿逐步形成自尊、自立、自强、自信的品质。

### 2. 有利于普通幼儿建立良好人格品质

融合教育是当今世界特殊教育的发展趋势，在融合教育的过程中，不仅能帮助星儿成长与进步，同时也能促进普通幼儿的成长与发展。在随班就读过程中，普通幼儿能更好地认识自身与星儿的个体差异，了解星儿的实际困难，从而逐步意识到相互理解、相互帮助、相互促进的重要性，培养每一位幼儿的同情心、同理心、包容、接纳、善良、友好、亲社会行为等良好行为习惯与心理品质。

3. 有利于提高教师专业发展水平

随着时代的发展与教育改革的不断推进，教师应具有一定的专业知识水平，才能巩固自身的社会地位。教师不仅要掌握教育知识和技能，也要具备观察、研究、指导每一位幼儿的能力，了解支持策略和研究方法，运用观察记录和个案分析等方式更好地促进幼儿融合，并能根据每一位幼儿的特点，制定最适合其发展的教育计划。

4. 有利于家长教育理念与教育方法的提升

开展星儿随班就读工作，对普通幼儿和星儿的家长在育儿观念、教育方式方面均有不同程度的提升。大家相互的理解、接纳、支持与配合，将为所有幼儿营造一个温馨有爱的成长环境，普通幼儿家长与星儿家长之间的相互交流与学习，也为彼此带来更多科学育儿的借鉴与启发。

## 二、不同角色的支持策略对"星儿"随班就读意义重大

随班就读过程中，为了使星儿能更快适应幼儿园的教育环境，获得更全面的发展，同时促进普通幼儿人格品质的培养，提高教师的专业水平，就需要教师、星儿家长和普通幼儿家长三方达成共识，共商有效的教育策略。接下来笔者谈谈三类角色的支持策略对"星儿"随班就读的帮助。

### (一)教师的支持策略

1. 通过多种渠道，进行融合教育宣传与指导

教师在星儿随班就读过程中，具有关键性的作用。教师在充分理解并践行融合教育的基础上，还应通过家长会、家教沙龙、运用微信和 QQ 等多种渠道与方式进行融合教育的宣传与指导，让更多的家长知道融合教育的重要性，了解教育公平性与教育多元化的意义。比如，可在家教沙龙中创设"融合教育的成长启示""如何使您的幼儿在融合教育中成长"等主题，不仅能使家长们更好地了解融合教育，而且能通过头脑风暴引出更多的教育启发、分享更多的教育资源。

## 2. 营造良好班级氛围，让本班家长接纳星儿

教师是营造班级氛围的"核心人物"，应认识到建立宽松、愉悦、友善、互助、共赢的班级气氛的重要性，将全体幼儿、家人与教师融为一体，团结友爱，互帮互助，合作共赢。这对班集体中每一位幼儿，包括他们的家人都具有重要而深远的意义，因为这样能够带给大家安全感、价值感与归属感。在 4 月 2 日"世界自闭症日"时，本班教师引导全体幼儿与家长为"星儿"——德德准备心意卡或绘画作品等，表达对德德的关爱之情。同时邀请家长志愿者派发蓝丝带，将融合教育的种子散播在更多人的心田。

## 3. 加强自身专业知识学习，提升专业水平

教师可以通过阅读专业书籍、参加培训、研讨等方式，丰富特殊教育专业知识，同时邀请专家、专业教师进行实地指导，利用社区和周边资源积极实践，查漏补缺，迅速成长。唯有专业的知识与指导，才能提高教师的融合教育教学技能，使教师更加从容自如地为每一位幼儿提供最合适的教学支持。

### （二）星儿家长的支持策略

#### 1. 接受现实，积极面对

星儿家长应该接受现实，并且积极乐观得面对目前情况，可多与社区机构、专业人士等进行沟通，表达情绪，抒发心情的同时，树立信心，积极面对，采取行之有效的方法及时对幼儿进行干预。

#### 2. 明确陪读目的与任务，充分相信幼儿的潜能

融合教育的理念是认可并支持幼儿，信任自己的孩子，相信他们是有巨大潜能的人，相信他们能形成坚定的自我信念。星儿家长应该清晰陪读的目的"陪读最终是为了不陪"，所以在陪读时，应充分相信幼儿的潜能，给予幼儿足够的机会进行实践与探索，应该意识到过程与体验重于结果，不包庇、不代劳、不气馁、不卑不亢、不慌不忙、有礼有节，帮助星儿较

好地融入幼儿园的学习与生活环境。

3. 自学相关特教知识，掌握一定的干预方法

星儿家长应该通过自学或者专业指导等方式掌握一定的干预方法和辅助策略。当星儿在一日活动各环节中出现情绪和行为问题时，家长能够及时给予支持与引导，帮助星儿顺利过渡，与教师一同为所有幼儿营造良好的学习与生活环境。比如，懂得"先处理情绪后处理事情"的原则，通过给予幼儿可视范围，引导幼儿对视，集中注意等方法，能较好地抚慰星儿情绪，帮助他们解决问题。

4. 与班集体良性互动，与幼儿园密切沟通

由于星儿家长在幼儿园陪读时间较长，逐渐成为班级一份子，不仅是星儿的家长，同时也是老师与普通幼儿的朋友，普通幼儿的接纳也将积极促使普通幼儿家长理解与支持融合教育的开展。大家友好相处，便能更好的帮助星儿适应环境，融入集体。德德的妈妈是一名中职教师，虽工作繁忙但仍坚持进班陪读，她利用空闲时间，甚至不惜工作到深夜，为班级幼儿准备他们喜欢的超轻粘土手工礼物，班级幼儿非常喜欢德德妈妈，同样他们也像喜欢德德妈妈一样，帮助德德的学习与生活。星儿家长进班陪读，需要经过幼儿园研究同意，所以星儿家长应与幼儿园保持良好的沟通，积极配合幼儿园里各项工作。

(三)普通幼儿家长的支持策略

1. 理解与尊重个体差异

每一个幼儿都是独一无二的个体，每个幼儿在性格、行为、能力等方面都存在差异。普通幼儿家长应正视差异的存在，理解并尊重幼儿之间的差异，客观对待幼儿的学习、生活与成长。每个幼儿都有自己的专长和优势，只有找到最适合自己个性和气质的发展方向，才能更好地展现自己的特色。每一个幼儿都应该绽放得一样精彩，拥有愉快而难忘的童年时光。

## 2. 培养幼儿良好人格品质

在星儿随班就读时，普通幼儿家长应意识到这一情况有利于普通幼儿更好地认识个体差异，了解他人的学习、生活困难，学会接纳个体差异，培养幼儿的同理心与爱心。若想幼儿长大后成为更优秀的社会公民，就需珍惜幼儿时期与"星儿"相处的教育契机，提醒孩子多帮助星儿，与他们一同分享，鼓励他们一同游戏。比如本班部分家长在混龄活动当天，都不忘提醒自己的孩子记得与德德做好朋友，一起游戏和玩耍。

## 3. 相互影响，相互促进

星儿随班就读可以对每一位普通幼儿产生积极影响，幼儿在相互理解、相互帮助、相互支持的过程中，一起合作、相互促进，共同成长，实现教育效益最大化。比如，在园内游戏或者开展春秋游活动时，尽量多创造一些机会引导普通幼儿与星儿互动，在交往中体验共同游戏，感受互帮互助的快乐，从而建立良好的友谊，一起学习、快乐成长。

**参考文献**

[1]华国栋. 特殊需要儿童的心理与教育(第2版)[M]. 北京：高等教育出版社，2011(8).

[2]谢正立，程黎. 美国特殊需要儿童早期教育中的家长参与[J]. 残疾人研究，2019(1).

[3]李怡，马阳阳，尤晨晨. 融合教育背景下陪读人员的现状及建议——基于河南某一融合教育小学的调查[J]. 中小学心理健康教育，2017(22).

[4]欧阳叶. 论随班就读智障儿童的融合教育及实施策略[J]. 绥化学院学报，2020(40).

[5]崔亚梦. 随班就读陪读人员角色与职能的调查研究[J]. 现代特殊教育，2017(20).

# 幼儿园融合教育师资水平提升途径研究

顺德区容桂东逸湾英伦幼儿园 赵靖文

【摘要】随着学前教育和特殊教育的发展，特殊需要儿童得到更多进入普通幼儿园进行融合教育的机会，学前儿童的融合教育也得到越来越多的关注。幼儿教师作为学前融合教育的主要一线工作者，特殊需要儿童进入普通幼儿园进行学习和生活让幼儿园教师的工作面临新的挑战。本文主要通过文献研究和访谈的方式，阐述幼儿教师实施学前融合教育的现状及通过建立学习共同体以有效支持学前融合教育的对策。

【关键词】学前融合教育；师资水平；提升途径

1994 年，联合国教科文组织召开的"世界特殊需要教育大会"发表了《萨拉曼卡宣言》，首次提出融合教育的概念，之后，融合教育成为世界特殊教育发展的主流。学前融合教育是融合教育在学龄前阶段的延伸，这是特殊需要儿童和普通儿童在幼儿园接受保育和教育的一种形式，这逐渐成为我国学龄前特殊需要儿童接受教育的主要方式和必然趋势。但是，我国学前融合教育处于起步且不断上升的阶段，学前融合教育体系尚未形成，幼儿教师对融合教育了解不足、培训力度不足等因素直接影响幼儿教师开展学前融合教育的水平与质量。

## 一、学前融合教育中幼儿教师师资水平面临多重困难

### (一)幼儿教师对特殊教育知识缺乏

随着学前教育人才培养的发展，幼儿园教师的受教育程度显著提高，以大专和本科为主的师资队伍逐渐取代以高中、中专学历为主的师资队伍。有数据显示，80%以上的幼儿教师理解和认可融合教育的理念，但目前我国学前教育专业的课程体系中，没有系统的特殊教育内容，因此在融合教育实施过程中，教师普遍存在特殊教育专业性不足的情况。

## (二)幼儿教师对特殊需要儿童加入班级态度不积极

教师 A,学前教育大专学历,从教 3 年。访谈时,教师 A 表示在校学习期间没有接触特殊教育或融合教育的相关知识,且未曾接触过特殊需要儿童,当得知班级会加入特殊需要儿童(诊断为发育迟缓)时,态度并不积极。笔者从周念丽的研究中发现:中日幼儿教师都认为自己无法胜任对特殊儿童的教育工作。此外,在对该生实施教育屡屡碰壁时,教师 A 极力要求家长到班陪读,但家长、教师均不了解陪读的意义和干预的方法,陪读效果并不显著。孙玉梅在湖北省幼教工作者学前融合教育观念与态度的研究中指出,幼教工作者对各类特殊幼儿了解不够深入,对于接纳特殊幼儿到自己的幼儿园或班级态度不积极(但是在师资、设备与教育方式能够给予支持的情况下有明显改观)。

## (三)幼儿教师对融合教育行为信心不足,班级融合教育进程缓慢

教师 B,学前教育本科学历,从教 13 年,自 2011 年起,先后带教自闭症、唐氏综合征、发育迟缓等 10 名特殊需要儿童。教师 B 表示,带教之始,因不了解这些特殊需要儿童的行为表现及对策,常对自身的教育行为自信不足,出现"心有余而力不足"的情况。即便保持与同行、家长的积极沟通,但由于双方都处于摸索阶段,效果并不明显,希望得到专业人士的指引。

## (四)提高学前融合教育质量是幼儿教师的诉求

教师 C,学前教育本科学历,从教 2 年,有康复中心实习经历。对于特殊需要儿童,教师 C 持积极接受态度。由于知识匮乏,通过上网查阅资料对特殊需要儿童的行为表现及干预有更多了解,但实践效果不尽如人意。教师 B 也曾通过网络学习加深对特殊需要儿童的理解,但缺乏实践经验,对特教教育方法了解不足,效果不佳。谈秀菁、尹坚勤曾就《普通幼儿园中特殊教育服务现状调查与思考》展开调查,结果显示高达 63% 和

64.8%的教师希望得到有关"特殊教育的专业培训"和"特殊教育专业人员的指导"。

### (五)幼儿教师实施学前融合教育过程中心理压力较大

教师 D,学前教育本科学历,从教 3 年,所在幼儿园接收特殊需要儿童。为加强教师对特殊需要儿童的了解,园方与香港某机构建立长期合作关系,定期到园为教师提供特殊教育的专业培训。但在实践过程中,特殊需要儿童常常打破正常的保教秩序,对班级其他幼儿有影响,如出现咬人、扔东西等攻击性行为,普通幼儿家长常常找老师反映情况。这些情况不仅增加了幼儿教师的工作量,也在一定程度上加大了幼儿教师的心理压力。

## 二、建立学习共同体的益处

### (一)在组织方面能够有利于搭建幼儿园教师学习与交流的平台

一般幼儿园的学习共同体由幼教专家、教研管理者(业务园长、保教主任、教研员)及幼儿教师组成,不同成员在学习共同体中发挥不同的职能作用。学习共同体的主要成员一般为有共同愿景的教师,共同愿景在这里可解读为同类学习需求。现阶段,多数幼儿教师在解决实际问题上,以个人经验为导向,学习共同体促使教师形成以探究教研与协同学习为主要活动的关系,让理论与实践并举。此外,利用学习共同体这一平台,我们可以开展形式多样化的特教课例研讨、现场观摩、听评课、读书分享、研究型课题学习等活动。

### (二)有利于营造良好的教研生态环境,弥补特教专家资源不足的局限

幼儿教师在职场中均有自身的知识经验,但局限状态下也会让教研环境显得呆板,学习氛围相对较凝滞。学习共同体中,成员间分享资源、经

验、技术，且通过成员间的不断对话、磨合，能建构起更有意义的知识经验。此外学习共同体还体现出行动与反思相结合的特点，学习之外，教师面对的是学习角色的成长(被动学习/接受者向学习者、行动研究者、反思研究者转变)。在这个环境中，共同体成员可以进行良好的同伴互助，从而相互学习、相互促进。一位老师可以活跃在多个共同体之中。也可以形成"互助式"或"抱团式"的研究平台，共享信息资源，共同提高。

(三)针对问题、困难的研讨有利于促进教师队伍业务水平的提升

教师学习的初衷从"被迫""激励"再到"自觉"。学习共同体可以在协同学习的过程中，激发教师个体自身的学习需求、进而激励团队形成可视化的学习氛围和学习结果，让成员的学习、反思和研究成果看得见。在交流过程中，学习共同体"以问题为导向"，把解决实际有价值的问题放在首位，在这个过程中就会呈现出"提出问题、研究问题、解决问题、实践、反思、再实践"的循环。当然在学习共同体起步之时，教研管理者的统筹能力至关重要，教研管理者需要善于抛出问题，组织好研讨方向，尤其是要引导共同体成员归纳总结出较为可信可行的结论，让研讨内容可视化，研讨过程成果化。

### 三、建立学习共同体是提升幼儿园融合教育师资水平的重要途径

针对目前幼儿园的各种现状，我们认为建设学习共同体能够有效地支持幼儿园开展融合教育。共同体概念是德国社会学学者滕尼斯提出的，这是基于共同的理想、信念和追求而形成的一种紧密合作的关系。融合教育向幼儿园教育延伸是必然趋势，建立学习共同体为幼儿教师提供专业支持是有效促进学前融合教育的重要举措。

(一)以理论学习为主的学习共同体

冯雅静在其研究中指出，我国融合教育职后培训形式较为单一，以高校特殊教育专家、学者就特殊教育相关知识和理论进行讲座的短期集中培

训为主。

教师 C 所在单位与省内高校特教专家常保持联系，并能创造机会要求专家进园为教师进行理论培训。教师 C 在培训中了解到不同类型特殊需要儿童的行为表现，在专家的讲座后，教师 C 有所进步，眼里、心里和以往一样能看到特殊需要儿童的行为表现，但不会执着于就行为干预行为，而能主动思考行为背后的原因，然后"对症下药"。此外，该教师还了解到实用的个别化教育计划制定方面的知识。教师 D 所在幼儿园与香港某机构保持长期合作关系，机构定期到园开展理论培训，教师 D 表示这是她职后对于特殊教育的理论学习主要来源，教师 D 常常会带着工作中出现的疑问参训，相较于自己在网络上进行"大海捞针式"的理论学习，机构更有针对性，更加专业。由此可见，以理论学习为主的学习共同体能有效支持学前融合教育。

（二）以解决问题为导向的学习共同体

教师 B 所在的单位也与高校特教专家保持长期的联系，B 赞同理论学习的重要性和现实意义。但在实际工作过程中，能够及时干预特殊儿童出现的行为问题更加关键。教师 B 所在的幼儿园每月还会由保教部门牵头举行特殊需要儿童教师、家长座谈会，形式多样，以经验分享、案例分析为主，重点分享干预成功的例子，对教师、家长的疑惑则会以案例的形式组织大家分析原因、商讨对策。这样的由幼儿园、融合班级教师、特殊需要儿童家长组成的学习共同体一起解决了不少现实存在的问题并帮助特殊需要儿童更好、更快地融入到集体当中。

此外，园内以解决问题为导向的学习共同体更需要特殊教育专职教师的加入。特教专职老师可以承担园内资源教师的日常工作，并且能够持续地观察和跟踪园内的特殊需要儿童，这样对于学前融合教育而言更有效果。

（三）以项目小组为特征的学习共同体

项目式小组应该整合理论学习为主的学习共同体和以解决问题为导向

的学习共同体的特征，进一步提高学习共同体的学习效率。

1. 建立相同类型需要儿童的学习共同体。由园领导、特教专家、治疗师、特教老师、普通老师、家长组成学习共同体，从而更有指向地对自闭症谱系儿童、唐氏综合征儿童、发育迟缓儿、多动儿等进行更有针对性的全方位、多渠道的支持和实践研究。亦可建立案例库供幼儿教师学习和参考。据统计，教师 B 所在幼儿园累计毕业生及在读的特殊儿童人数为 109 人，具备分类型建立案例库的条件。

2. 建立研究课程体系的学习共同体。我国融合教育正处于由规模效应走向质量提升的过渡阶段，学前融合教育处于起步阶段，发达地区进入了融合教育发展的快车道，台湾地区在学前融合教育方面也取得了不少成绩。现阶段，进入普通幼儿园进行融合教育的特殊需要儿童一般采取半天班的形式，半天在幼儿园融合，半天到机构进行专业训练。曾有不少专家提出，普通幼儿园在课程设计上，应该照顾到特殊需要儿童。因此，不妨借鉴国内外先进经验，以"学、用、研"为导向构建本土化或园本化的学前融合教育课程体系。

以上两种以项目小组为特征的学习共同体能够帮助教师更好、更快掌握特殊需要儿童的发展水平和需求，有效支持学前融合教育。

（四）"保—教—康"相互结合、相互促进的学习共同体

经过文献研究和访谈，笔者认为"保—教—康"相互结合、相互促进的学习共同体是一种接近理想状态下的学习共同体。共同体内由接纳度高的学前融合教育教师、园长、特教专业工作者及从事特殊需要儿童治疗和康复工作的医务工作者、家长共同组成，是一种借鉴跨学科、跨领域、跨部门的团队合作模式，具备专业性、协同性、实践意义。从保育、教育、康复治疗三方面促进特殊需要儿童的发展。

总而言之，基于幼儿教师在学前融合工作中存在理论基础不足、实操能力不强、整体接纳度需要提升等现实情况，建立不同类型或不同专业层次的学习共同体，能够帮助幼儿教师解答特殊需要儿童教育教学的疑惑，

切实解决工作中的问题，有效支持学前融合教育的发展。

**参考文献**

[1]孙玉梅．湖北省幼教工作者学前融合教育观念与态度的研究［D］．武汉：华中师范大学，2008．

[2]周念丽．中日幼儿园教师学前融合教育意识比较［J］．幼儿教育（教育科学版），2006（12）：35-37．

[3]谈秀菁，尹坚勤．普通幼儿园中特殊教育服务现状调查与思考［J］．学前教育研究，2008（5）：13-15．

[4]谢立正，邓猛．论融合教育教师角色及形成路径［J］．教师教育研究，2018（6）：25-30．

[5]冯雅静．国外融合教育师资培训的部分经验和启示［J］．中国特殊教育，2012（12）：3-7．

[6]赵巧云．"融合教育"背景下学前特教专业人才培养实践探索［J］．河北工程大学学报（社会科学版），2017（12）：124-126．

[7]欧阳新梅，张丽莉．专业学习共同体：学前融合教育的有效支持模式［J］．现代特殊教育（高等教育研究），2019（4）：74-75．

[8]陈艺璇．台湾学前融合教育的启示［J］．课程教育研究，2019（20）：1-2．

[9]孟莎莎．我国学前融合教育发展的现实困境与路径选择［J］．当代教育理论与实践，2019（5）：18-22．

[10]邓猛，赵泓．新时期我国融合教育现状和发展趋势［J］．残疾人研究，2019（1）．

[11]吴海燕．学前融合教育分析［J］．课程教育研究，2019（6）：15-16．

[12]陈青云．建设一支推动融合教育高质量发展的骨干队伍［J］．现代特殊教育（基础教育研究），2019（4）：74-75．

# 特殊孩子特别对待

顺德区容桂东逸湾英伦幼儿园　李乐文

涵涵是我刚接手的新生。她属于发育迟缓，虽然已经5岁了，但因各方面的能力离正常水平还有一些差距，因此安排到我们小班。当知道班上来了一位特殊需要孩子，我心里既紧张又忐忑，因为这是我第一次带特殊需要孩子，不知道如何应对。

为了让涵涵尽快适应新的环境，我尽量和她多接触，给予更多的关心和照顾，让她感受到在幼儿园和在家一样温暖，缩短与她的距离，让她进园就有好心情。按说，她这个年龄段的孩子，一般已经具备了一定的生活能力和规则意识，但是由于各种原因，她的许多行为显得有些"特别"，如：不知道爱护桌椅、玩具；衣服、鞋子不会整理；经常独自走开等。对此，我没责怪她，而是耐心地引导她，手把手教她该怎样做，还组织孩子们一起学习关于良好行为习惯的儿歌，一日生活中注重对她的观察，并随时对她进行提醒，同时小朋友们也积极地帮助她。过了一个月以后，涵涵乱扔东西的习惯改掉了，也变得有爱心了，和小伙伴有时能相处一会儿。对于她的点滴进步，我都及时地给予表扬。

涵涵开学后的前3个月需要妈妈陪读，在陪读的过程中我们发现涵涵很依赖妈妈，而且比较任性，注意力不集中，很难自己独立地去完成事情。当发现她的这个问题时，我们就开始有意地带着她一样一样地去完成小任务，在园期间逐渐减少妈妈的陪伴。渐渐地，妈妈不在的时候，她会听老师的话，注意力也比较集中，虽然偶尔会控制不住自己的行为，但是对比以前进步明显。看到孩子的进步，我们也及时调整了陪读策略，3个月后妈妈就不用再来陪读了。现在涵涵在幼儿园的表现让人欢喜，她会听老师的指令做事情，能自己独立完成更多的事情。

因此，对待特殊的孩子，要有打持久战的准备，只要我们有足够的爱心、耐心和恒心，最终会做到"从量变到质变"的效果，得到丰厚的回报。

## 走进"特殊需要儿童"内心世界，我们该做什么？

顺德区容桂东逸湾英伦幼儿园 李禧祺

5年前，刚刚专科毕业的我接纳了第一个特殊需要的孩子——东东。几个月后，第二个特殊需要的孩子桦桦也插班进来了。接下来的日子，班上像炸开了锅。孩子们的各种投诉，今天这个被打了，明天那个被咬了，还有两个陪读妈妈的如影随形，对于刚为人师的我来说备感压力。这两个小家伙像两枚炮弹，把我对幼儿园教师的美好憧憬炸得支离破碎。我最初并不愿意主动去探寻特殊教育这片未知的领域，甚至是排斥的。后来，在专家、园长的指导和帮助下，我慢慢地接受了他们，寻找到了自己的专业价值。我发现我会从他们的角度去思考问题，看到他们的进步我很开心，同事们为我点赞，在陪伴他们成长的时间里，我也收获了不一样的成长。

### 一、让我学会换位思考

在我还没有接触这类孩子之前，我也和大多数普通人一样，不排斥他们，但也谈不上包容他们，或许，也会带着一点有色眼光去看待他们。但自从他们真真正正来到我的身边后，我知道要帮助他们就必须先走进他们的世界。所以，在与他们接触的过程中，我经常会代入他们的角色中，假设如果是我会怎么想、怎么做。渐渐地我发现，我变得越来越体谅别人，抱怨的情绪也越来越少了。

### 二、让我的教育视野更广

作为他们的老师，我必须从更专业的角度去分析这些孩子的个案行为，需要通过各种途径去了解这片未知的领域。在繁忙的工作之余，要认识一门新的领域，需要投入更多的时间和精力。幸亏我们的幼儿园在这方面提供了很多资源与帮助，如：设立"特殊教育"教研小组、组织系统的特殊教育专家讲座、提供有关的教育书籍报刊等。在这5年时间里，通过各种形式的学习，以及自身的经验积累，我比许多一线老师积累了更多的特殊教育专业知识，从中也掌握了更多有效的教育策略与方法。

### 三、让我的沟通能力更强

在这里所提到的沟通能力，不仅是与孩子的沟通能力，更重要的是与其父母的沟通能力。这类家长往往比普通孩子的家长更敏感，更留意老师对孩子的每一句评价。所以，在与这些家长沟通的过程中，我会更重视沟通的方法，努力使自己更专业，表达上让家长更能接受，使他们更信服，并积极配合我开展工作。另外，这些家长往往还有一个共性，如果他们接受了孩子"与众不同"的事实，就会非常投入地去学习、研究孩子的问题，很多时候他们成了"半个专家"，让我鞭策自己更努力地学习这方面的知识，在与他们交流的时候可以更有专业优势，他们也更乐意配合我的工作。

### 四、收获了更多发自内心的感谢

其实很多时候我更感动于家长们的付出。当他们感受到你对孩子那种真切的、爱护的心，他们也把发自内心的感激送给你。在我带的这几位孩子当中，有一位家长每次与我交流，总是情不自禁地握着我的手，无论交流的时间有多长，那双手就这么一直紧紧地握着；又有一位家长，无论身在何方，总牵挂着顺德这边的气候和新闻，随时都送上温暖人心的"温馨提示"；还有一位家长，每到教师节、中秋节，都会花数倍的精力和孩子一起做祝福卡，然后让孩子亲手送到我的手里。每当我看着他们感激的眼神，便会提醒自己，千万不能辜负了家长们的期望与信任，我必须做得更好！

虽然我并不是一个很有智慧的人，但我是一位有心的老师，我愿意去观察他们的一举一动并提供适合他们需要的帮助，也愿意走进他们的内心，倾听他们的声音。《我爱喜禾》这本书中提到："每一个孩子都是一个奇迹。喜禾，是一个神迹，一个恩赐！"这句话我一直印象深刻。我一定要传递一个信念：不能放弃每一个有"特殊需要"的孩子，只要我们有坚持的恒心，有排除万难的毅力，我们就能靠近他们、改变他们，给予他们温暖，哪怕只是微小的一点点。

让我们感到欣喜的是，目前已有越来越多的群体为此付出了更多的努力，我所在的佛山市顺德区机关幼儿园尽其最大的能力，为这群孩子争取到了更多的资源和社会支持。作为一名教师，我更希望所有老师和我一样，真正包容与接纳这一群孩子，他们等待着我们不断挖掘更多无限的潜能！

# 第四节　来自家长的心声

## 共融共乐共成长
### ——乐乐在顺德机关幼儿园的时光
#### 顺德机关幼儿园家长　黎贝球

我的儿子叫黎嘉乐。自从他被确诊为自闭症之后，我就改名字叫"乐乐爸"了。我很喜欢这个名字，因为它每天都在提醒我要快乐，要开心接受自己自闭症的孩子。

乐乐两岁半的时候，完全没有语言、没有沟通与交流。每天只喜欢撕纸，吃纸条，反复按开关，反复地玩柜门，完全不听呼唤与指令，像一个外星球的孩子，实在让人头疼和心痛！后来经中山三院诊断为自闭症。

于是，我们夫妇俩辞去了白天的工作，改为晚上做兼职。从此，学习、求医、训练便成了我们的主业。可喜的是：我们看到他有音乐方面的潜能，于是想尽办法支持他；渐渐的，孩子不断地进步：眼睛会看人了，会说话了，会自己吃饭、上厕所了，每一项进步都是一种感动与惊喜。孩子的健康成长最终还是要融入普通群体中去的。但是，由于自闭症孩子不擅于沟通与表达，在普通幼儿园或学校中的表现可能跟不上正常小朋友，一些行为也许不太恰当，使得他们的求学过程变得那么艰难。

我常常对身边的人说："乐乐是幸运的！因为有顺德机关幼儿园（以下简称顺德机幼）的好老师！顺德这个城市是幸运的！因为有顺德机关幼儿

园。"乐乐4岁多进入顺德机幼进行尝试融合，每周一天。5周岁转到机幼分园万圣怡幼儿园进行半天融合，半天机构训练，从2020年9月开始又转回顺德机关幼儿园全天融合。

每一天，都是乐乐快乐的一天、进步的一天、让人惊喜的一天。

下面我们来看看乐乐在幼儿园的情况：

乐乐在顺德机幼65周年园庆典礼上与妈妈、同伴和老师们登台演出

乐乐在"2017顺德机幼红旗小军营结营活动"中担任班旗手（帅吧！）

乐乐可以专注地坐着听讲

乐乐在周一的升旗仪式上担任仪仗队指挥

乐乐与同伴们一起玩，一起游戏

乐乐在机幼的时光，正是共融共乐共成长的值得永远纪念的日子！

### 一、园长有教育情怀

"把唯一的童年留给每个孩子"是顺德机幼的办园宗旨，17 年来在开展融合教育方面不断摸索，为当地树立标杆榜样，这与领导的教育情怀、高度的社会责任感是分不开的。以陆园长为代表的各园长与老师们，当见到特殊小朋友时，再忙也会弯下腰来给孩子一个拥抱、一句问候与互动！让人感动！每月组织相关家长与老师，举办分享会，倾听家长心声，让老师在实践中不断积累经验，提高干预能力。

### 二、老师有大爱之心

1. 老师经常学习特殊教育的方法与技巧，天天与家长交流、讨论孩子的情况，用心寻找有效解决问题的方法。

2. 老师信任孩子，创造各种机会，让孩子充分参与各种活动，增强孩子的自信心，提高融合度。

3. 利用休息时间家访，了解特殊孩子在家的表现，与家长携手进行家园共育。

## 三、家长要全情配合

作为家长，一定要全情投入积极配合老师的工作，要把孩子的真实情况向老师介绍，与老师详细沟通平时的"问题"，要与老师一招一式商量对策。

1. 开课前，利用老师家访的机会，详细真实地介绍孩子的情况，为日后处理问题提供解决的思路。

2. 进园陪读的时候，学会正确陪伴，而不是包办。用心观察、记录，并及时与老师交流；而且要准确地角色定位，不仅仅是孩子的"陪读"家长，更是班上的一位工作人员，随时协助老师管理班务。

3. 利用放学或假期，抽出一切空闲时间，有效地陪伴孩子。

（1）带孩子外出接触大自然；去不同的地方，了解不同的事物，融入社会。拍照片或录像并分类整理好。

关键在于事后用最简单的方法，把一件件事做成"生活小视频"：帮助孩子回忆所发生过的事，帮助孩子理解事情发展的顺序，学习做事的步骤，帮助孩子慢慢地理解生活。

（2）带领孩子共同参与各种活动，例如运动、手工制作、科技小实验等，提高孩子的合作能力与共同关注的能力。（这是走出自闭，融入生活的根本）

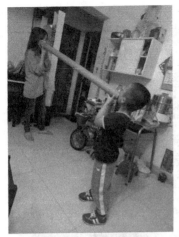

（3）培养孩子的劳动习惯，提高自理能力

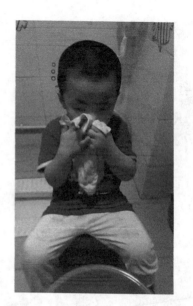

　　(4)给孩子创造机会，接触艺术生活，让音乐走入他的心灵。不要求他学得有多好，只是让他玩，让这些事情填满他的时间，不再无聊，不要发呆！让孤独的心灵有艺术的滋养。

　　因为无聊是问题行为的温床！

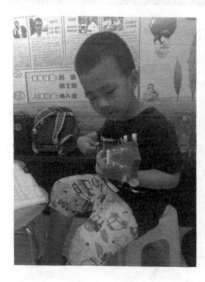

小结：

共融共乐共成长！乐乐现在在顺德机关幼儿园过得很充实很快乐，在日常生活中也过得很好！我相信，有社会各界人士的努力，像他一样的所有特殊小朋友日后一定也会生活得更好！

最后，给大家分享一点乐乐的作品：

这幅画是乐乐画的《小小消防员》，在省残联举办的"广东省残疾人美术作品大赛"中获奖了。

感谢所有为特殊儿童的健康成长而做出努力的人！
感谢顺德机关幼儿园及所有分园！
感谢陆园长！感谢乐乐的每一位老师！感谢在座的每一位！

## 接纳与努力同行

——陪读妈妈之感想

顺德区机关幼儿园家长　苏冰

看着致远熟睡的小脸，我的脑海里回荡着《蜗牛和黄鹂鸟》的旋律："阿门阿前一棵葡萄树，阿嫩阿嫩绿地刚发芽，蜗牛背着那重重的壳呀，一步一步地往上爬……"并且浮现小蜗牛背着重重的壳独自爬上葡萄架的情景，慢慢地致远成了小蜗牛。但是，致远比那只独自爬上葡萄架的小蜗牛幸运多了：因为他不孤独，他有妈妈、老师、同学，我们牵着他的手，一起奋力攀爬！

从 2018 年 9 月 1 日开始，我们在机关幼儿园这个大家庭的接纳和关爱下，顺利开始了我们的融合之旅。与此同时，我也成了一名陪读妈妈，至今陪读了一个半学期。致远在这种融合环境中不断有改变，在陪读过程中，幼儿园提供的各种学习信息和平台、老师们的因材施教、学校特殊教学环境的布置等，都让我获益良多，感想甚多！感谢感恩满心，我就选几个方面谈谈我与致远在这里成长的感想：

### 一、融合方法

在这里，我特别感谢陆园长为我提供的陪读机会。为常规不够好的孩子提供家长陪读的机会，会给融合初始阶段的特殊孩子带来安全感，能快速帮助孩子适应陌生的融合环境，而极少幼儿园愿意提供陪读的机会。随着孩子能力的逐渐提高，达到独立适应幼儿园活动的能力要求了，老师会辅助家长慢慢撤出陪读。这里的老师不仅幼儿教育教学专业能力很强，而且特殊融合教育的专业能力也在快速成长，并且成效让我作为家长都看得见。例如，在本学期的元宵节系列活动之"做汤圆"中，国小三班和国中一班有一场联谊活动，我记得国中一班有位老师问国小三班的老师："你能看得出这是星宝宝吗？"我非常惊讶，眼前这个小女孩很活泼很有礼貌，很难看出有 ASD 孩子的痕迹。这位老师接着说："这个小女孩，我从小班就一直跟着她，变化是巨大的！"老师们的交谈虽然简短，但是却给了我很大的鼓舞和对老师由衷的敬佩！老师们都在为这些宝宝努力，不懈的坚持让孩子有了巨大的进步，我作为家长有什么理由不努力、有什么借口不坚持呢？也可见，机关幼儿园在融合教育方面不管是理念还是实际行动和方法已经成为教师的常规工作！

## 二、环境设置

### 1. 物质环境

在这里除了有专业的特殊教育资源教室，我觉得普通班级的环境布置也符合特殊教育的需要。教室里每一项活动、每个区域都有视觉提示，细致到就连厕所男女位置、洗手步骤等都有视觉提示，这些对特殊孩子的常规培养非常有效。其实这些布置让我也受教了，给我起了示范作用，我回家也按照幼儿园的布置在家给致远做视觉提示训练，家园结合让他更快进步！

### 2. 人文环境

（1）幼儿园的领导楷模：在机关幼儿园很多领导都认识致远，每天上学进园，都热情地和致远打招呼问好，在机关幼儿园看不到领导架子，尤其是我们的陆园长，不管看到哪个孩子都是热情洋溢的。记得本学期开学那天入园，陆园长一看到致远，就远远欢迎并拉着他一起看"喜羊羊"！

（2）班级、特教老师：国小三班的老师和成老师在致远融合这方面的努力，真的值得无数点赞，让我们非常感动！也是我坚持努力的动力源泉之一！有些时候致远闹情绪而我又一筹莫展的时候，Selina 和 Lily 老师会主动过来帮我们，平复我和致远的情绪，包括 William 在内。他（她）们在上课的时候都会根据致远的能力提供展示的机会，给致远创造平等的学习环境！而我们的李老师，更是在生活自理方面提供机会给致远锻炼；我们的特教成老师，更是每周二给致远特殊教学的指引，每周与我深入交流，给我明确的融合训练方向！

（3）家长、孩子：遇到国小三班的家长和孩子是我和致远的幸福。在第一个学期开学第三周的家长会上，Selina 老师与我都坦诚向家长介绍了致远的情况，告知家长本班有特殊儿童。出乎我的意料，家长们不仅没有为难我，还给我提供帮助，走上前给我拥抱、给我努力的力量！有如此优秀、有爱的家长们，国小三班的孩子们也都很喜欢致远，平时争着牵致远的手、主动邀请他玩游戏或分享玩具，每天进园和离园，孩子们都热情地和我们打招呼！

(4)幼儿园其他工作人员：机关幼儿园的融合环境在各个部门都有充分的体现，幼儿园的门卫叔叔、饭堂的工作人员都认识致远，每次遇到都主动与致远互动交流。

## 三、师资队伍

我认为高素质教师是推进融合教育的关键，融合教育首先要重视教师的教育与在职培训，使教师具备实施和谐融合教育的条件，这点机关幼儿园做得相当好，不仅为老师提供了很多的学习平台，同样也无私地为家长们提供学习交流的机会。国小三班的老师们都共同为致远创造融合的学习环境。

1. 一视同仁, 共同成长。在国小三班, 虽然致远是特殊儿童, 但在常规中老师们也把他当作普通小朋友一样教育, 一样排队取餐就餐, 一样听从指令进行活动。在课堂教学上, 致远跟别的小朋友一样有机会到台上展示, 让其他小朋友觉得致远没什么特别, 也和大家一起学习一起游戏。国小三班的老师们为致远创造了一个良好的学习环境。如果在某些活动中跟不上或者开小差, 老师们也会主动去辅助致远, 并不会因为致远有妈妈陪读而不理不睬。

2. 特殊关爱, 因材施教。致远在国小三班共同学习的同时, 老师们为了让致远有更多参与活动的机会, 经常会与我交流致远的动态情况, 结合实际和教学设计给我们最大化的帮助。最让我感动的是, 本学期我们班换了另一位外籍教师 William, 刚开学, William 就找到英语助教 Lily 说希望向我了解致远的情况并与我商量如何在英语课堂中让致远有更多的参与机会! 这种被重视与被尊重的感觉让我特别感动, 让我更加热爱机关幼儿园, 把人文关怀融入课堂教学中, 真正做到了因材施教!

## 四、我的转变

从孩子的特殊被发现到确诊，我花了相当长的时间从心里接受这个事实。但当我陪读后，更加清楚地认识了什么叫全接纳，更加充分认识到我要先做好学生，然后才能当好孩子的老师！所以，在陪读的过程中，我也细心观察老师的活动设计、对孩子的引导、环境的布置、出现问题如何处理，这些都适用于致远的身上。我告诉自己，致远只是成长得慢点而已，我必须像老师们一样接纳他并坚持努力下去！因此，在这样的融合环境下我比致远进步更快！经常有同事会问我：致远去幼儿园学到了什么？我回答说：不是问他学到了多少，而是我作为陪读妈妈学到了多少。其实，在陪读的过程中我明白了：孩子能走多远取决于父母的态度和父母的学习能力！很庆幸能进入优秀的机关幼儿园，让我们在迷茫中快速成长！

## 五、孩子的变化

1. 入学前的情况：2017 年 6 月我们带孩子到中山三院进行了为期一个月的亲子班学习，当时治疗师给他做康复上课，不管是一对一还是小组游戏，治疗师努力想逗他开心，可是让他笑一下都没有实现过，大家都称他"冷酷小王子"。他总是自己玩，也不跟不熟悉的人拥抱。他有一定的认知能力，但社交能力很差，呼名反应也不好！

2. 入学后：刚开始，如果我没有跟紧他，他会坐立不安，总会离开位置去做自己想做的事情，例如他喜欢跑到娃娃家的区域玩，或者班里有新玩具的时候，他心里总是惦记着去触碰；跟随班级的常规活动会带有情绪，户外活动不跟随班集体等。但我和老师们都随时留意他，努力把他带回集体中，手把手教他参与活动。

3. 目前的情况：虽然现在课堂上他也会有坐不住的时候，但频率大大降低了，如果离开位置，经我语言提示他会坐回自己的位置；坐姿不好的时候我动作示意，他也会纠正；班级常规：如排队上洗手间、喝水、取餐就餐基本不需要大的辅助，有时候取汤还知道小心翼翼走路以免倒洒；在户外活动时也会离开班集体，但如提示他"我们国小三在哪里活动？我们要一起"，他会回到原地活动；致远的味觉比较敏感，4岁前从不肯接受吃水果。到了幼儿园后，每天都有水果餐的时间，他从不肯吃到愿意接受吃多种水果和吃很多种类的蔬菜；这些都是平时坚持不断纠正出现在他身上的问题的结果。相信功夫不负有心人，在机关幼儿园这个有爱的集体中我们会越来越好！

分享一个让我相信一切贵在坚持的小表现：2019年11月29日，我在辅助班里分发午餐，致远跑过来拉我裤腿，着急地说："妈妈，急尿尿！妈妈，急尿尿！"这两句简短的话，4年加47天，第一次听到他这么有意义地叫妈妈！这件小事让我激动了一整天，坚信要努力坚持下去！感谢机关幼儿园提供的融合机会！

鱼妈

"妈妈，急尿尿！""妈妈，急尿尿！"正当我给小朋友们分午餐的时候，你跑过来拉我裤腿着急说这两句话，我第一反应是说：快去厕所！等你转身那一秒我才再反应过来：你和我说话！你叫我：妈妈！对，是叫妈妈！四年加四十七天，第一次这么主动叫我，还是有意义的称呼，不管你今天这主动表达是昙花一现还是会越来越好，我都照单全收，并且一样继续努力👊送你回家后赶着来看午测，一路上脑海里都是在回荡你这两句话，沉醉不能自拔，眼泪不自觉的跟车速一起飞飙，开个摩鸡时速都不小心去到九十多，大概这就是喜极而泣吧！时间过得太快，怕忘记你成长的每一瞬间，因此你的每一点进步都值得我帮你记录下来！🌟🌟🌟

幸福是奋斗出来的，我们是那么地努力，致远如同那只奋力攀爬葡萄架的小蜗牛。但是，他比那只独自爬上葡萄架的小蜗牛幸运多了。因为他不孤独，他有父母、老师、同学，我们牵着他的手，一起奋力攀爬！感谢陆园长的接纳，感谢机关幼儿园创设的融合环境，我们会继续努力！致远的每一点进步就意味着很多人十分的努力和付出！我们的努力能激励起别人的斗志，从我们的身上看到自己拥有的并珍惜！不要抱怨命运的不公，应当奋勇前行！

借《小蜗牛的故事》中的一段话来结束我的感受（也是我想对致远说的）：我们要尊重每位奋斗者。曾经妈妈对你的未来很忧伤，总想比你多活一天，总想着在离世前将你一同带走，免得你受苦。可现在，妈妈不这么想了。因为在这世上，你除了爱你的爸爸妈妈外，还有一个日益强大的非常厉害的祖国，他有能力许你一世安宁，保你一生幸福，在奔赴小康社会的道路上，一个也不能少，当然包括你啦。而这份日益强大的保护力，正是来自千千万万我们的奋斗者的付出。所以，我们要对每一位奋斗者心存敬意，甚至是感恩！努力吧！奋斗吧！

# 后　记

从第 1 位到 108 位，从 2000 年到 2020 年，顺德机关幼儿园用了整整20 年走上融合教育之路，帮助了 108 个孩子！起步艰辛，过程障碍重重，一路上洒满家长的泪水、老师的汗水，步步留下深刻的印记！

每位"特殊需要"的孩子，都有着一段段不寻常的故事，为了研究他们，我在 2006 年出版的《孩子，我们的至爱》一书中便和老师们记录了"奇孩子"们种种特别的举动和那些令人费解的行为！

曾经，为了一位孩子，我们通过各种途径，找到了全国权威的孤独症评估专家邹小兵教授。当年的情景历历在目：当我们带着孩子前往中山大学第三附属医院接受评估时，在邹教授的诊室，他开口了："来这么多人干嘛？有关系的请留下，没关系的请出去吧！""邹教授，都有关系的，我是孩子的园长，她是班主任，她是妈妈，他是外公。"我赶紧说。"啊！那就都留下吧。"我们被特许留下后，看着邹教授评估的全过程，结果当然是很明显的了。于是，老师、家长都改变观念、研究策略、调整方法，从了解到理解，从痛苦到接受，孩子一点一点发生变化，当年的那位孩子，现在已经大学毕业并参加工作了。

这种例子，这些故事，实在太多太多！

早发现、早干预，是促进特殊需要孩子发展进步的关键因素！

20 年来，我们那些孩子的家长，全身心投入，放弃工作，不断充电学习，全程陪伴，好几位家长甚至可以当特教老师；20 年来，我们很多老师，需要面对坐在教室里"陪读"的家长，有时甚至一个班就有两位"特儿"

家长。可老师们仍泰然处之，联手共研，他们都写下了大量生动的案例和一个个有趣的故事；20 年来，更有海内外各地的专家教授，前来讲课培训、跟踪观察、指导分析。马来西亚的李素贞、台湾的林宝贵、香港的陈惠玲、澳门大学的胡碧颖、中山大学的静进、中山三院的邹小兵、华南师范大学的李闻戈、自闭症研究中心的樊越波等教授，湛江、广州、佛山的特殊教育专家石梦良、郑荣双、张欣华、何智芳……没有他们的指导帮助，情况肯定不是今天这样！

　　当然，最后要感谢的还有广东省教育厅、顺德区政府、顺德区和佛山市教育局等上级部门及领导，以及顺德的慈善机构、大爱家长，他们都给予资源调配和资金的鼎力支持！有几位家长，一捐就是好几万元。

　　过程虽艰辛，但，值得！

　　因为，帮助了一个孩子，便救助了一个家族！

　　谨附后记，一并感恩！

顺德机关幼儿园

2020 年 4 月 20 日